建设模范机关
服务保障新时代首都发展

北京市模范机关创建典型案例选编

北京市直机关工委
北京市机关党的建设研究会 | 编

北京日报出版社

图书在版编目（CIP）数据

建设模范机关　服务保障新时代首都发展：北京市模范机关创建典型案例选编 / 北京市直机关工委北京市机关党的建设研究会编． —— 北京：北京日报出版社，2024.6
　　ISBN 978-7-5477-4870-1

Ⅰ．①建… Ⅱ．①北… Ⅲ．①国家行政机关－行政管理－案例－汇编－中国　Ⅳ．①D630.1

中国国家版本馆CIP数据核字(2024)第028848号

建设模范机关　服务保障新时代首都发展

出版发行：	北京日报出版社
地　　址：	北京市东城区东单三条8-16号东方广场东配楼四层
邮　　编：	100005
电　　话：	发行部：（010）65255876
	总编室：（010）65252135
印　　刷：	雅迪云印（天津）科技有限公司
经　　销：	各地新华书店
版　　次：	2024 年 6 月第 1 版
	2024 年 6 月第 1 次印刷
开　　本：	787 毫米×1092 毫米　1/16
印　　张：	21
字　　数：	350 千字
定　　价：	108.00元

版权所有，侵权必究，未经许可，不得转载

编委会

主　编　李彦来

副主编　常红岩　何　群　杨　琦　徐　斌　黄　鹏

编　委　董福志　霍　光　张国友　李国富　宋国斌
　　　　　张军锋　杜晓娜　刘　洋　李树刚

指导专家（按姓氏笔画排序）
　　　　　吕学军　李俊伟　何忠国　储著武　戴立兴

党中央关于建设模范机关的有关要求

2018年7月8日,习近平总书记对推进中央和国家机关党的政治建设作出重要指示,强调中央和国家机关首先是政治机关,必须旗帜鲜明讲政治,坚定不移加强党的全面领导,坚持不懈推进党的政治建设。希望中央和国家机关各级党组织和广大党员干部牢固树立"四个意识",坚定"四个自信",带头维护党中央权威和集中统一领导,在深入学习贯彻新时代中国特色社会主义思想上作表率,在始终同党中央保持高度一致上作表率,在坚决贯彻落实党中央各项决策部署上作表率,建设让党中央放心、让人民群众满意的模范机关。

2019年1月31日,中共中央印发了《中共中央关于加强党的政治建设的意见》,明确提出,中央和国家机关要在推进党的政治建设上带好头、作示范,在深入学习贯彻习近平新时代中国特色社会主义思想上作表率,在始终同党中央保持高度一致上作表率,在坚决贯彻落实党中央决策部署上作表率,建设让党中央放心、让人民群众满意的模范机关。

2019年2月25日,中共中央印发了《关于加强和改进中央和国家机关党的建设的意见》,明确提出要开展"让党中央放心、让人民群众满意的模范机关"创建工作。

2019年7月9日,习近平总书记在中央和国家机关党的建设工作会议上发表重要讲话强调,新形势下,中央和国家机关党的建设的使命任务是:以新时代中国特色社会主义思想为指导,增强"四个意识",坚定"四个自信",做到"两个维护",以党的政治建设为统领,着力深化理论武装,着力夯实基层基础,着力推进正风肃纪,全面提高中央和国家机关党的建设质量,在深入学习贯彻新时代中国特色社会主义思想上作表率,在始终同党中央保持高度一致上作表率，在坚决贯彻落实党中央各项决策部署上作表率，建设让党中央放心、让人民群众满意的模范机关。

2019年11月29日，党中央修订《中国共产党党和国家机关基层组织工作条例》明确提出，全面提高机关党的建设质量，在深入学习贯彻习近平新时代中国特色社会主义思想上作表率，在始终同以习近平同志为核心的党中央保持高度一致上作表率，在坚决贯彻落实党中央各项决策部署上作表率，建设让党中央放心、让人民群众满意的模范机关，促进本单位各项工作任务的完成。

2020年6月29日，习近平总书记在中央政治局第二十一次集体学习时强调，中央和国家机关是贯彻落实党中央决策部署的"最初一公里"，要认真贯彻执行党组工作条例和党的工作机关条例，把中央和国家机关建设成为讲政治、守纪律、负责任、有效率的模范机关。

2020年8月31日，习近平总书记主持召开中央政治局会议时强调，要认真贯彻落实新时代党的组织路线，加强领导班子建设、干部人才队伍建设和基层党组织建设，把中央和国家机关建设成为讲政治、守纪律、负责任、有效率的模范机关。

2023年4月3日，习近平总书记在学习贯彻习近平新时代中国特色社会主义思想主题教育工作会议上的讲话，强调要在主题教育中抓好机关和系统内干部队伍教育整顿，切实加强政治教育、党性教育，严守规矩、严明法纪，以严肃教育纯洁思想，以严格整顿纯洁组织，努力建设让党中央放心、让人民群众满意的模范机关，走好践行"两个维护"的第一方阵。

指导专家介绍

（按姓氏笔画排序）

吕学军，中央对外联络部《当代世界》杂志社社长兼总编辑、全国党建研究会特邀研究员，长期在地方和部委从事专兼职党务工作。作为党支部书记，积极创新方式方法，着力推进党建与业务工作深度融合，所在单位近几年来获评中央和国家机关创建模范机关先进单位、中央和国家机关"四强"党支部、中央和国家机关模范职工小家等称号，荣获中央和国家机关五一劳动奖状。长期兼任全国党建研究会理事、全国党建研究会机关专委会委员，主持的党建课题多次获奖；曾获评中直机关优秀党务工作者、黑龙江省高校优秀思想政治工作者等称号；在《人民日报》《党建》《旗帜》等报刊发表相关文章 30 余篇，主编、参编著作 5 部；所在党支部系列创新活动信息在人民网、新华网、共产党员网、党建网、旗帜网、中国网和学习强国平台等央媒报道 200 余篇次。

李俊伟，中央党校党建部思想政治教育教研室主任、教授、博士生导师，全国党建研究会特约研究员，中国领导科学研究会常务理事。著有《思想政治工作科学化》《中国共产党人的理想信念》等多部专著，主编《国有企业党的建设史》《基层党组织建设》等多部教材，主持国家社科基金、中宣部、中组部、中央党校多项关于党的建设、思想政治工作、意识形态课题。

何忠国，中央党校学习时报社副总编、《中国党政干部论坛》主编，马克思主义哲学博士、政治学博士后，全国党建研究会特邀研究员，中国科学社会主义学会理事，中华全国新闻工作者协会理事。长期在中央和国家机关、党校系统从事党的思想理论宣传和政策研究工作，多次参与中央有关重大调研任务和重要文稿起草工作。主持和参与中国博士后基金项目、国家社会科学基金项目等课题研究多项，独立或参与完成著作10余部，在中央媒体发表理论文章100余篇。

储著武，中国人民大学教授，吴玉章青年学者，中国社会科学院世界社会主义研究中心特邀研究员。研究方向为中共党史党建学理论、中国共产党与当代中国文化、中华人民共和国史研究的理论与方法等。独立主持国家社会科学基金等项目5项；出版《当代中国哲学社会科学发展史（1949—1966）》等学术专著3部；在国内学术刊物发表学术论文50余篇，多篇论文被《新华文摘》《中国社会科学文摘》以及人大报刊复印资料《中国现代史》《历史学》等转载。

戴立兴，中国社会科学院马克思主义研究院习近平新时代中国特色社会主义思想研究部副主任、研究员、博士生导师。主要研究方向为执政党建设、习近平新时代中国特色社会主义思想。兼任全国党建研究会特邀研究员，中国社会科学院大学长聘教授，中国社会科学院新时代党建研究中心常务理事，中国无神论学会常务理事。主持完成国家社科基金项目2项，出版学术专著6部，发表论文110多篇。撰写的内参信息曾获中国社会科学院优秀对策信息特等奖1项、一等奖1项、三等奖4项。

序 言

模范机关创建是贯彻落实习近平总书记关于党的建设的重要思想、加强机关党的建设的重要任务和具体举措。党的十八大以来，习近平总书记多次对全面提高机关党建质量，当好"三个表率"、建设模范机关作出重要部署。

近年来，北京市直机关工委认真贯彻落实习近平总书记关于建设模范机关的重要指示精神和市委有关部署要求，每年市直机关党的工作会议都对建设模范机关作出具体部署，先后制定印发《关于在市直机关创建模范机关的意见》《关于深化市直机关模范机关创建的若干措施》《市直机关模范机关创建示范单位（处室）认定办法（试行）》等制度规定，坚持以高质量机关党建引领模范机关建设，以模范机关创建促进机关党建高质量发展，引导市直机关各级党组织争做政治坚定、提升组织力、作风优良、业绩过硬、关心关爱的"五个模范"，并通过开展专项调研督查、召开现场会等系列举措，持续推进模范机关创建工作。

北京市直机关各单位坚持以首善标准推进模范机关创建工作，取得显著成效。政治担当进一步彰显，始终把政治建设摆在首位，坚持不懈用习近平新时代中国特色社会主义思想凝心铸魂，牢记"看北京首先要从政治上看"的要求，持续开展政治机关意识教育和对党忠诚教育，引导广大党员干部坚定拥护"两个确立"，坚决做到"两个维护"。基层党组织组织力不断提升，牢固树立大抓基层的鲜明导向，坚持以提升组织力为重点，不断夯实基层基础，持续锻造坚强有力的机关党组织。为民服务能力不断增强，加强关心关爱，力所能及为干部职工办实事、做好事、解难事，营造和谐温馨的机关氛围。干事创业氛围不断浓厚，自觉担负起首都工作职责使命，坚持在重大活动、重大任务服务保障中冲锋在前，担当奉献，展现了讲政治、能扛活、有情怀的鲜明特质。

为深化模范机关创建，北京市直机关工委面向市直机关各单位广泛征集典型案例，从中精选了54个，根据案例最突出的亮点，按照"五个模范"归类，汇编形成本书。本书编写过程中，全国党建研究会机关专委会给予了大力支持，推荐了 5 位机关党建领域专家帮助把关定向。这里对专家悉心的指导表示诚挚的谢意。各单位对本书编写也给予了广泛的支持，很多优秀案例由于篇幅限制未能入选，这里一并表示感谢。此外，由于时间仓促，加之水平有限，书中难免有不足之处，敬请广大读者批评指正。

"他山之石，可以攻玉。"希望本书的出版能进一步激发机关各级党组织和广大党员干部的积极性、主动性和创造性，不断深化模范机关创建工作，努力打造让党中央和市委放心、让全市人民满意的政治机关、首善机关、模范机关。

李彦来

2024 年 6 月

目 录

深化理想信念教育　做政治坚定的模范 1

打造对党绝对忠诚的模范政治机关 / 市纪委市监委机关 3

牢记第一方阵使命　永葆政治机关本色 / 市委网信办 8

深化创新理论武装　做政治坚定的模范 / 市人力资源和社会保障局 13

用好红色资源　赓续红色血脉　以高质量机关党建引领模范机关建设 /
市退役军人事务局褒扬纪念处党支部 18

文化引领　品牌推动　标准夯基　以模范机关创建
助推市场监管高质量发展 / 市市场监督管理局 24

贯彻新时代党的治藏治疆方略　全力做好对口支援工作 /
市支援合作办支援合作一处 30

以"五项工程"为引领　全力打造让党中央和市委放心　让全市
人民满意的模范机关 / 天安门地区管委会 35

把牢意识形态导向　走好政治机关第一方阵 /
城市副中心党工委管委会机关党委 41

当好模范检察机关"排头兵"　筑牢机关党的建设"连心桥" /
市检一分院机关党委 46

I

始终牢记党报姓党　践行政治机关使命 / 北京日报报业集团 52

首都缉私警察　讲政治　守纪律　担使命　守国门　促发展 /
　　北京海关缉私局机关党委 57

夯实基层基础　做提升组织力的模范 63

坚持"五有"标准　以"五联"促"五融"　推动机关党建
　　高质量发展 / 市司法局机关党委 65

聚焦立德树人　打造三"一"合力　以高质量党建引领教育
　　高质量发展 / 市财政局教育事业处党支部 70

强堡垒　当先锋　促发展 /
　　市住房城乡建设委房地产开发管理处党支部 75

坚持"五个聚焦"创建模范机关　为城管执法工作高质量发展
　　提供坚强政治保证 / 市城管执法局党委 80

党建引领促业务　"三能联动"谋发展 /
　　市交通委丰台运输管理分局党支部 86

用"党建红"点亮三中院模范机关建设 / 市三中院执行局党总支 91

打造"五学五创"学创先锋党支部工作法　推动涉外审判工作
　　高质量发展 / 市四中院民庭（北京国际商事法庭）党支部 96

强化责任担当　以提升经济服务组织力助推首都民企高质量发展 /
　　市工商联经济处党支部 101

挺膺担当勇奋进　"四心"绘就同心圆 /
　　北京社会主义学院教务处党支部 106

以"五型"党支部创建打造广电品牌　助力首都新型主流媒体建设 /
　　北京广播电视台机关党委 111

严格纪律规矩　做作风优良的模范 117

扎实开展调查研究　积极创建模范机关 / 市委组织部 119

建设"五个一"党建工作机制　以党建引领业务能力提升 /
　　市委研究室经济处 124

"三聚三促三用力"　推动应急管理科研事业高质量发展 /
　　市应急管理科学技术研究院党委 130

打造"四同"支部党建品牌　引调查研究"绣花针"穿党建与业务
　　"融合线" / 市审计局第十八派出局党支部 135

改进工作作风　强化担当作为　不断推动党建引领模范机关创建 /
　　市体育局 141

党建引领争做先锋　融合发展同谱新篇 / 市园林绿化局机关党委 146

坚持诉求驱动问题导向　深入推进"每月一题"专项治理 /
　　市政务服务和数据管理局接诉即办改革处党支部 152

坚持"以人民为中心"思想　努力打造服务型模范机关 /
　　重点站区管委会北京西站办党总支 158

做实做细"服务管家"机制　汇聚科技工作者力量　服务首都
　　高质量发展 / 市科协 163

"四转四新"引贤才　打造外籍人才服务管理新模式 /
　　北京海外学人中心外国人来华工作事务部党支部 168

坚持党建引领深化接诉即办改革　打造"主动治理、未诉先办"
　　首都样本 / 国家税务总局北京市税务局 173

激励担当作为　做业绩过硬的模范 179

建设以高质量党建引领模范机关建设　推动首都生态环境
　　监测事业高质量发展 / 市生态环境监测中心 181

以过硬业绩争创模范机关　奋力推动首都文博事业高质量发展 /
　　市文物局 186

党建引领"七度争先"　推动中心工作高质量发展 /

市人防指挥工程管理中心党支部 192

坚持"三个聚力" 打造模范机关 / 市检二分院 198

运用"三突出、三结合"党支部工作法 打造"守正创新 公益卫士"
　　支部品牌 / 市检四分院第四检察部党支部 203

打造"知者行"党建品牌 推行"五知五行"工作法 为首都高质量
　　发展提供知识产权司法保障 / 市高院民三庭党支部 208

创新党建工作模式 为新时代知识产权审判工作高质量发展蓄势赋能 /
　　北京知识产权法院机关党委 214

"首互未来":法治之光育网络素养 /
　　北京互联网法院综合审判三庭(少年法庭)党支部 220

充分利用红色档案资源服务群众 以服务型机关建设不断推进
　　模范机关创建 / 市档案馆 225

扎根沃土 情系"三农" 党建引领乡村振兴路 / 市农林科学院 230

擦亮服务品牌 创建模范机关 /
　　市投资促进服务中心企业服务处党支部 235

首善国调 服务民生 以模范机关创建力推统计调查事业高质量发展 /
　　国家统计局北京调查总队 240

服务干部职工　做关心关爱的模范 245

坚持从实际出发 抓好青年党员教育 / 市委办公厅 247

着力打造"上讲台"品牌 推进一流模范机关建设 / 市发展改革委 252

打造"远航计划"特色党建品牌 锻造高素质科技创新研究型
　　人才队伍 / 北京科技创新研究中心党支部 257

创建模范机关 打造亮点品牌 高质量培树司法审判中坚力量 /
　　市一中院清河法庭党支部 262

打造"一室三站"党建实训阵地 锻造让党放心、让人民群众

满意的法院队伍 / 市二中院 267

"12351"工作法：深入推进模范机关创建　以党建工作高质量发展

  擦亮首都"工"字品牌 / 市总工会机关党委 272

建强"青年讲堂"品牌　让理论学习"活起来" / 团市委 278

做优做强党员大讲堂　全面创建模范机关 / 市妇联 283

深化模范机关创建　当好科技工作者"后勤部长" / 市科研院 288

立足"四个坚持"　创建模范支部 /

  市国家安全局某总队某支队党支部 294

附　录 299

附录1　关于在市直机关创建模范机关的意见 301

附录2　关于深化市直机关模范机关创建的若干措施 310

附录3　市直机关模范机关创建示范单位（处室）认定办法（试行）.....315

深化理想信念教育
做政治坚定的模范

打造对党绝对忠诚的模范政治机关

市纪委市监委机关

【专家点评】

纪检监察队伍建设，既是推动党的自我革命的重要着力点，也是落实纪检监察工作严要求和实举措相结合的实现途径。市纪委市监委机关把纪检监察干部队伍建设作为检验主题教育和教育整顿成果的重要标准，作为模范机关建设的落脚点，创新了机关党建工作。这些好的经验和做法可以总结为：坚持不懈用习近平新时代中国特色社会主义思想凝心铸魂，在感悟思想伟力中夯实政治之基；保证党中央政令在北京畅通，在强化政治监督中彰显政治之责；坚定不移正风肃纪反腐，在敢于斗争、善于斗争中检验政治之能；坚持抓党建带队伍促业务，在强化组织功能中提升政治之效。推动党的建设与业务工作相结合、相促进，并以具体举措落在队伍建设上，值得借鉴。

（李俊伟）

【背景介绍】

习近平总书记在二十届中央纪委三次全会上强调，纪检监察机关是推进党的自我革命的重要力量，肩负特殊政治责任和光荣使命任务，必须始终做到绝对忠诚、绝对可靠、绝对纯洁。市纪委市监委机关将创建模范机关作为检验主题教育和教育整顿成果的重要标准，制定工作指引，明确创建措施，努力打造对党绝对忠诚的模范政治机关,努力打造一支让党中央放心、让人民群众满意的纪检监察铁军。

【做法成效】

在感悟思想伟力中夯实政治之基

聚焦铸就政治忠诚,引导党员干部坚持不懈用习近平新时代中国特色社会主义思想凝心铸魂。一是把学习习近平总书记关于党的建设的重要思想、对北京工作重要讲话、《论党的自我革命》等作为重点,建立领学、助学、研学、践学、品学"五学"机制,带领全系统干部读原著、学原文、悟原理,举办纪检监察大讲堂24期、培训6.8万人次。二是健全完善"第一议题"制度,坚持学习议题制度化、学习内容具体化、学习程序规范化、学习形式多样化、议题决策实效化,常委会开展"第一议题"学习35次,持续解决认识问题、转变思想观念,不断正本清源、固本培元。三是举办新时代纪检监察系统先进事迹报告会、"我身边的优秀共产党员"主题演讲、香山时期中国共产党自我革命实践专题展览等系列活动,引导党员干部坚定理想信念。

在强化政治监督中彰显政治之责

围绕中心、服务大局,保证党中央政令在北京畅通。一是把落实习近平总书记重要指示批示作为"第一要件",制定督办工作流程,发挥"三督联动"作用,建立督办"一本账"。紧盯疫情防控平稳转段、丰台长峰医院"4·18"重大火灾事故追责问责、深入推进京津冀协同发展、"23·7"强降雨抢险救灾和灾后恢复重建,推进政治监督具体化、精准化、常态化。二是坚持以维护首都政治安全为首要监督责任,制定维护首都政治安全监督工作指引,完善监督任务清单,督促建立健全首都政治安全责任制,严肃查处落实党中央关于防范化解金融风险、规自领域整改要求打折扣、搞变通等违反政治纪

2023年10月，市纪委市监委第二监督检查室前往房山区周口店镇检查灾后恢复重建情况

律案件。三是以保障新时代首都发展为目标强化政治监督，制定《关于纪检监察工作高质量服务保障新时代首都发展的意见》，提升监督保障首都现代化建设的系统性、实效性，立项推进市场监管等系统行业治理，围绕首都功能提升推动巡视向专发力，部署推进对科创领域、副中心建设领域的专项巡视巡察，助力解决体制性障碍问题，切实提高"四个服务"水平。

在敢于善于斗争中检验政治之能

坚定不移正风肃纪反腐，推动全面从严治党向纵深发展。一是重塑监督理念，深刻把握运用"六个必须坚持"立场观点方法，树立以政治为统领、以为民为宗旨、以辩证为基点、以事实为依据、以纪法为准绳、以善治为主线的"六以六为"监督执纪执法理念。二是持续深化纠治"四风"，强化明察暗访、大数据筛查和由腐纠风，制发《关于加强对形式主义、官僚主义监督执纪问责的指导意见》，紧盯殡仪服务乱象、票务黄牛、文旅项目预约资源紧张等关系群众切身利益的具体问题，推动主责部门开展集中整治。三是深化反腐败斗争，协助市委制定《北京市落实〈中央反腐败协调小组工作规划（2023—2027年）〉分工方案》和重点举措清单，推动健全党领导反腐败斗争的责任体系。着力查处国企、金融、政法、粮食购销、供销等重点领域、重点行业影响大的典型案件，深入剖析暴露出的问题，推动办案成果转化为治理成果。

在强化组织功能中提升政治之效

坚持抓党建带队伍促业务，不断提高组织工作质量。一是高标准推进队伍建设。制定《北京市纪委市监委干部队伍建设规划（2023—2027年）》，推进干部队伍建设更加适应高质量发展要求。统筹干部考核、表彰、选任，修订职级晋升规定，优化选拔任用流程，制定轮岗交流、离岗离职从业限制等制度，形成选育管用的完整闭环。更加突出择优导向、实绩导向，加强骨干和优秀年轻干部的培养选拔。二是坚持大抓基层的鲜明导向。每季度分板块组织支部书记述职评议考核，主要领导亲自点问题、提要求、抓整改。持续推进支部标准化规范化建设，建立支部常态化理论学习机制，全面推进"四强"支部建设。加强责任落实情况检查考核，推动各党支部书记扛牢党建责任。三是大兴调查研究之风。市纪委常委领题调研15项，示范带动全系统完成调研课题242个，在调研基础上协助市委制定《关于深入推进全面从严治党提升党员干部干事创业精气神的若干措施》，出台《形式主义、官僚主义突出问题清单》《北京市政商交往负面清单》。

在勇于刀刃向内中铸就忠诚之军

主动接受最严格的约束和监督，努力做自我革命的表率、遵规守纪的标杆。一是抓实纯洁思想。坚持"学查改"同步推进，组织开展纪律规矩意识大讨论，制定《机关思想政治工作指引》，督促支部书记定期开展全覆盖谈心谈话，分层分类开展党员思想状况专题调研，不断清除干部思想上的杂质、认识上的偏差。二是从严纯洁队伍。建立主体责任和监督责任一体查、领导责任和直接责任一体问的"双查双问"机制，推动更大范围、更加精准地发现和查处害群之马，以最鲜明的态度、最有力的措施、最果断的行动坚决清除纪检监察系统"两面人"，锻造纯度更高、成色更足的铁军。三是健全严管机制。围绕管思想、管工作、管作风、管纪律制定和修订相关制度45项，成立机关全面从严治党领导小组，修订《北京市纪检监察干部行为规范"十不准"》，出台并推动落实宽严相济指导意见，制定问题线索处置、措施使用、案件审理等工作指引，不断深化纪检监察机关自我革命。四是自觉接受监督。修订《北京市监察委员会特约监察员工作办法》，聘任第二届特约监察员，将市纪委市监委机关纳入市委全面从严治党考核和市级年度审计计划，自觉接受各方面监督。

（执笔人：邹佥　张君）

牢记第一方阵使命　永葆政治机关本色

市委网信办

【专家点评】

建设"两型"机关，是机关党的建设的总要求。市委网信办遵照习近平总书记关于机关党的建设的重要论述，坚持突出政治机关建设，做到"两个维护"；突出党建质量提升，坚持守正创新；突出党建业务互促，全力服务大局；突出网信铁军打造，锤炼过硬作风，将党的建设落实落地。市委网信办全面落实习近平总书记关于网络强国的重要思想，结合业务实际、突出网信特色，强化党建引领保障，推动首都网信事业高质量发展。

（李俊伟）

【背景介绍】

"建设让党中央放心、让人民群众满意的模范机关"是习近平总书记站在政治和全局高度，对推进新时代机关党建工作提出的明确要求。市委网信办贯彻落实中央、市委关于党建工作部署要求，认真落实市直机关工委创建模范机关工作意见，把建设模范机关作为目标，把创建模范机关作为重要手段，突出网信特色，实化创建举措，着力在重点突破中实现整体推进，以高质量机关党建引领模范机关建设，以模范机关创建促进机关党建高质量发展。

【做法成效】

突出政治机关建设，在做到"两个维护"上走在前、作表率

习近平总书记强调，带头做到"两个维护"，是加强中央和国家机关党的建设的首要任务。市委网信办作为市委工作部门和政治机关、意识形态主责部门，是贯彻落实党中央决策部署和市委工作要求的"第一方阵"，始终旗帜鲜明讲政治，从严落实"看北京首先要从政治上看"的要求，持续开展政治忠诚教育和党性教育，严明党的政治纪律和政治规矩，引导党员干部把"两个维护"体现在坚决贯彻党中央决策部署和市委要求的行动上，体现在履职尽责、守住守好网络意识形态阵地的实效上，体现在党员、干部的日常言行上。持续深入学习习近平总书记关于网络强国的重要思想，坚决落实习近平总书记关于网信工作的重要指示批示精神，对批示事项及时跟踪督办，对落实情况进行全过程督查，坚定不移推动首都网信事业沿着总书记指引的道路奋勇前行。坚决落实重大事项请示报告制度，及时向市委报告落实中央决策部署和市委工作要求的情况，及时报告重点工作进展情况，做到应报尽报、快报速报。毫不动摇坚持党管互联网，全力做好网上正面宣传，让党的声音成为网络空间最强音。防范化解各类网络意识形态风险隐患，重拳整治网络生态突出问题，网络空间进一步天朗气清、生态进一步向好，实实在在地把党中央决策部署贯彻落实到网信工作各方面全过程，坚定拥护"两个确立"、坚决做到"两个维护"。

突出党建质量提升，在坚持守正创新上走在前、作表率

习近平总书记指出，只有与时俱进、改革创新，勇于探索实践、善于总结经验，机关党建工作才能不断提高质量、充满活力。市委网信办始终坚持把守正创新作为夯实党建工作基础的"重要法宝"抓紧抓好。不断强化理论武装。深化"第一议题"制度，坚持把第一时间学习传达情况纳入基层

建设模范机关　服务保障新时代首都发展

党建述职评议考核，推动形成理论学习中心组引领学、参观走访实践学、支部集中深入学、青年读书交流学、搭建平台自主学的学习模式，2023年组织理论学习中心组学习31次，开展交流研讨6次。深入学习贯彻习近平新时代中国特色社会主义思想和党的二十大精神，跟进学习习近平总书记重要讲话、重要指示批示精神，特别是习近平文化思想、习近平总书记关于网络强国的重要思想，结合职能拓展、新业态发展，强化全员学习，引导建立"边工作、边学习、边总结"的常态化机制。领导班子成员和部门负责人结合岗位职责撰写学习心得、深入交流研讨。开设处级干部专题课，邀请知名院士教授、行业专家进行授课辅导。召开党员代表分享会，推动青年党员深刻领悟、共同提升。分类指导134家属地企业平台用好"共同学习"制度，明确中央精神、市委要求、行业政策"三必学"，努力在以学铸魂、以学增智、以学正风、以学促干上见实效，推动党的创新理论入心见行、善思善用。高质量开展主题教育。第一时间成立主题教育领导小组，下设"一办四组"，召开动员部署会，统筹推进机关、市委互联网企业工委、首都互联网协会党委主题教育，研究制定"3+N"个主题教育实施方案。建立"一事一提醒、一周一汇报、一月一总结"工作机制，组织开展领导班子读书班、集体学习、专题研讨，持续推进领导班子领题调研，赴智源研究院、美团、京东等走访学习，累计调研113次，动态列出问题清单48项并逐条销账，抓紧抓实主题教育每一个环节。主题教育期间，在《网络安全和信息化动态》《北京信息》《北京调研》等刊发16条相关信息，充分展现阶段性成果。持续创新党建品牌。创新开展"干部大讲堂""读原著·学新知""青年党员微讲堂"等活动，推出《学习进行时》刊物，每月邀请知名专家学者、互联网企业高管等为全办党员干部集中辅导，定期组织党员干部交流经验、相互启迪，不断提升党员干部理论思维和实践运用能力。创新制定机关基层党组织党建工作考评办法，组织开展机关全面从严治党（党建）工作检查考核等，注重强化结果运用，党建品牌示范引领作用进一步彰显。

市委网信办组织召开"学思想、强党性、迎七一"——"读原著·学新知"党员代表交流会

突出党建业务互促，在全力服务大局上走在前、作表率

习近平总书记强调，网信事业发展必须贯彻以人民为中心的发展思想。市委网信办牢牢聚焦"让人民群众满意"，坚持党建工作和网信业务工作一起谋划、一起部署、一起落实、一起检查，为首都高质量发展提供强大网上舆论支持、可靠网络安全保障、有力信息化支撑。坚决捍卫网上政治安全和意识形态安全。推进落实网络意识形态工作责任制，做好涉市网络舆情服务保障，把"信息灵、反应快、处置得当"落到实处，高水平完成全国两会、"一带一路"国际合作高峰论坛、北京文化论坛等重大任务服务保障工作，网络意识形态斗争能力持续加强。强化正面宣传引导。始终把习近平新时代中国特色社会主义思想网上宣传作为重中之重，全力推动党的创新理论统领网络空间。做好主题教育的宣传和典型经验的推广，深入推进"网红"培育工程，强化议题设置，用好新媒体矩阵，大力奏响首都奋进新征程的网络好声音。统筹推进网络安全和信息化发展。以推动网络安全工作责任制为抓手，建立全市常态化巡查巡检机制，完善网络安全自查检查、演练演习、监测预警、应急处置等工作链条，提升全市关键信息基础设施和重要业务系统网络安全

建设模范机关 服务保障新时代首都发展

保障能力,深入推进 IPv6 规模部署和应用,积极推动国家数据出境安全评估在京率先落地,39 家单位通过数据出境安全评估,积极推动"文心一言"等 38 款大模型成功备案上线,数量均居全国第一,更好服务北京科技创新中心建设和全球数字经济标杆城市建设。**强化互联网企业党建。**充分发挥企业工委职能,深化与行业监管部门、园区、街乡协同联动,抓好常态化调研摸排,落实企业党组织参与企业重要事项制度和"双报告"制度,企业党组织把关定向作用不断增强。积极打造"互联网人讲互联网故事"特色宣讲团,深入开展"E 企跟党走,奋进新时代"主题活动,引导互联网企业抢占创新发展制高点,自觉服务首都发展大局。

突出网信铁军打造,在锤炼过硬作风上走在前、作表率

推动网信事业发展,离不开一支过硬的干部队伍。市委网信办瞄准"讲政治、懂网络、敢担当、善创新"的重要标准,切实加强思想淬炼、政治历练、实践锻炼和专业训练。坚持"严"的主基调,加强对党员、干部全方位的管理监督。严格执行党的纪律规定和规章制度,定期召开全面从严治党暨党风廉政建设专题会,精准运用"四种形态",持续深化纠"四风"工作,坚决克服形式主义、官僚主义,组织召开全办警示教育大会,深化以案促改、以案促治,纵深推进全面从严治党。走好网上群众路线,积极回应群众关切,办好《网络诉求舆情》,落实"报到明身份、居家作表率、参与有作为、调研出主意"要求,积极参与路口文明引导、垃圾分类、光盘行动等志愿服务活动,展示市委机关党员的良好形象。特别是在服务保障党的二十大、北京冬奥会等重大任务中,始终秉持"时时放心不下"的责任感、使命感,全体动员、全面部署、全程保障,在实践考验中进一步提升党性修养、砥砺政治品格、考验党员队伍。经过意识形态斗争主阵地、主战场、最前沿的不断磨炼,全办党员干部始终以高度的政治责任感和顽强战斗力,用担当诠释忠诚,用实干诠释尽责,共同筑牢保障国家政治安全和网络安全的坚强堡垒。

(执笔人:白洁 吕疆川 谷颖)

深化创新理论武装　做政治坚定的模范

市人力资源和社会保障局

【专家点评】

　　思想建党、理论强党是中国共产党的重要优势，市人力资源和社会保障局以理论武装为抓手，聚焦队伍建设推动模范机关建设，有新的举措和好的做法。第一，理论学习制度化常态化。坚持局党组理论学习中心组学习制度、健全完善"第一议题"制度、坚持基层党组织理论学习的常态化。第二，理论学习有益有趣。针对年轻干部，开展"情景剧创作""青年荐书""社保干部话廉政"等活动；将理论学习与机关文化结合起来，建立干部职工阅览室，设置办公区廊道学习角，举办青年干部读书分享会等。第三，理论结合实际、指导工作。坚持不懈用习近平新时代中国特色社会主义思想凝心铸魂，着眼于"学思想、强党性、重实践、建新功"总要求，坚持学以致用、以学促干，聚焦干部职工思想实际抓内化、聚焦学习教育载体创新抓深化、聚焦人力社保服务质效抓转化，也就是把理论学习与思想实际、工作实际相结合，把理论成果转化为工作成效。理论学习、理论武装的重点在指导实践、推动工作，市人力资源和社会保障局的这些经验做法值得学习和借鉴。

（李俊伟）

【背景介绍】

　　市人力资源和社会保障局是首都重要的民生部门，肩负着开发和配置人力资源、保障和改善民生的重要职责。局属处室和事业单位多、业务战线长、工作体量大，共有 267 个基层党组织，6095 名党员，其中流动人才党员 4290 名。局党组坚决贯彻落实习近平总书记"三个表率，一个模范"重要指示精神，坚持不懈用习近平新时代中国特色社会主义思想凝心铸魂，牢记增进民生福祉这个"国之大者"，坚持以党的政治建设为统领，教育引导各级党组织做政治坚定的模范。

【做法成效】

充分发挥理论学习中心组龙头作用，在用党的创新理论武装头脑上作表率

局党组理论学习中心组始终聚焦政治学习定位，充分发挥"关键少数"表率作用，推动党的创新理论武装走深走实。一是打造理论武装"领头雁"示范学。局党组理论学习中心组坚持领学、研学、共学、督学、自学、见学"六学模式"，明确集中办班、专家授课等 7 种学习形式和载体，列出全年学习计划清单，推进理论学习、研讨交流、调查研究、贯彻落实"四结合"，不断提升中心组学习制度化规范化水平。2023 年，局党组理论学习中心组围绕习近平新时代中国特色社会主义思想的世界观和方法论等，安排专题学习 15 次。围绕全面落实以人民为中心的发展思想、深入推进全面从严治党等，开展交流研讨 13 次；邀请专家专题辅导 4 次。局领导班子成员认真学习贯彻习近平总书记深入推进京津冀协同发展座谈会精神，集体赴北京规划展览馆参观。二是狠抓主题教育"全覆盖"精心学。牢牢把握"学思想、强党性、重实践、建新功"总要求，把理论学习摆在首位、贯穿始终，为首都人力社保事业高质量发展提供强大精神动力和政治保证。举办学习贯彻习近平新时代中国特色社会主义思想培训班，分 3 批对全局 450 名处级以上干部进行轮训。组织基层党组织书记和党务干部参加"党支部云课堂"等线上培训，共计 1000 多人次参加。针对流动人才党员人数多、分布广、集中难等特点，深入开展"送书籍、强化学习，送指导、强化引领，送保障、强化服务"学

深化理想信念教育　做政治坚定的模范

局属宣传中心青年理论学习小组创作情景剧《热心小王二三事》，积极宣传北京市人力社保部门促进就业工作

习实践活动。局理论学习和主题教育的做法先后被《北京市学习贯彻习近平新时代中国特色社会主义思想主题教育简报》《前线》《北京调研》等刊发。三是培育机关文化"新模式"浸润学。局党组把党的创新理论融入机关文化建设中，深入学习贯彻习近平文化思想，加强意识形态教育，牢固树立社会主义核心价值观。重视加强青年干部理论学习，建立10个青年理论学习小组，突出加强对党忠诚教育和理想信念教育，定期组织学习交流和研讨活动，开展"情景剧创作""青年荐书""社保干部话廉政"等活动，努力实现以文育人、以文立心、以文铸魂。建立干部职工阅览室，设置办公区廊道学习角，举办青年干部读书分享会，营造浓厚学习氛围。局属北京市就业促进中心荣获第十三届书香中国·北京阅读季"书香机关"称号。深入推动"一支部一品牌、一支部一特色"活动，形成"就促先锋""阳光仲裁"等人社党建品牌。

健全完善"第一议题"制度，在用党的创新理论指导实践上作表率

局党组把学习贯彻习近平新时代中国特色社会主义思想作为首要政治任务，紧跟形势任务要求，紧贴人力社保工作实际，不折不扣落实"第一议题"制度，推动党的创新理论落地开花、形成生动实践。一是在学研结合上求实效。局党组及时跟进学习习近平总书记最新重要讲话、党中央重大决策部署和市

建设模范机关　服务保障新时代首都发展

委各项工作要求，与习近平总书记对北京一系列重要讲话精神、关于人社工作重要指示批示精神一体学懂弄通做实。每次学习都安排班子成员谈心得体会，研究提议贯彻落实的具体思路和措施，做到第一时间传达学习、研究部署、贯彻落实。2023年局党组组织"第一议题"学习46次。二是在贯通推进上求深入。加强对基层党组织学习贯彻"第一议题"内容的指导检查，第一时间制发学习习近平总书记重要讲话、中央和市委重要会议精神的通知，组织基层党组织集中学习和研讨交流，并跟进抓好学习督查、信息汇总和情况反馈，确保每次学习教育安排部署落实到每名党员。采取"一对一"把脉问诊的方式，对28个局机关处室全覆盖帮带和指导，采取"过筛子"的形式，对全局党支部组织生活制度落实情况进行检查。局属单位党组织牢牢把握政府机关首先是政治机关的政治属性，持续深化政治机关意识教育和对党忠诚教育，引导党员干部不断深化对人力社保工作政治属性、民生部门政治责任的认识，不断增强政治功能和政治能力。三是在闭环管理上求精准。局党组坚持项目化、清单化、责任化管理，推动学习研究、督办立项、推进落实、考核评估、整改提升全流程闭环运行，确保事事有着落、件件有回音。动态梳理汇编习近平总书记关于人力资源和社会保障工作重要论述，制定习近平总书记关于人力资源和社会保障工作重要论述督查台账、局年度重点业务工作目标督办台账，2023年入账事项合计174项，扎实做好月督查、季推进、年考核。局党组落细党中央和市委关于加强党的政治建设决策指示，明确政治机关建设6项标准措施，深入人力社保工作实际抓好落实。全力加大民生服务保障力度，抓实抓细就业优先政策，加强重点群体和地区就业帮扶，2023年城镇调查失业率控制在5%以内。

深入抓好理论学习成果转化，在用党的创新理论推动工作上作表率

全局各级党组织坚持学以致用、以学促干，紧紧围绕人力社保事业高质量发展这一实践主题，边学习边调研边实践边创新，持续推动理论学习走深走实、见行见效。一是聚焦干部职工思想实际抓内化。开展在职干部职工思想状况调查，精心设计调查问卷，收到1164份答卷，参与率达78%，深入摸清干部职工思想状况。充分利用线上线下学习教育资源和平台，通过"三会一课"、专题教育、理论宣讲、辅导报告等方式，深入开展理论学习、集中研讨和体会交流。开展"新时代十年看人社答卷"学习教育活动，系统梳理、回顾、解读10年来首都人社事业发展成就，激励人力社保党员干部使命感荣誉感。举办"局处长大讲堂"，围绕人社业务职责、履职能力建设、廉洁自律等组织8期专题授课，共培训1000余人次。开展"以学铸魂担使命、人社青年建新功""不负青春强本领、社保经办走基层""首都乡村振兴行"等系列活动，引导青年干部坚定理想信念，扎根岗位贡献青春力量。二是聚焦学习教育载体创新抓深化。创新理论学习新阵地，建立具有人社工作鲜明特色的线上学习平台，采用"主题学习+日常学习"模式，持续开展"一日学一日悟一日评"学习交流活动，通过主题推动、领导带动、日常发动、全员行动，打造"不下课"的党校、"人人讲"的课堂。2023年以来，围绕学习贯彻党的二十大精神、习近平总书记关于党的建设的重要思想等内容，策划部署系列主题讨论，累计发表心得体会700多篇。通过举办主题教育和机关党建成果展览、在局属媒体开设"党建领航"专栏、制作专题片等形式，充分展现全局党员干部在奋进人力社保事业新征程中的鲜活形象，激发党员干部干事创业精气神。三是聚焦人力社保服务质效抓转化。广大党员干部自觉用党的创新理论解决发展所需、改革所急、基层所盼、民心所向的问题，一批学习调研成果转化为政策文件和工作举措。在全系统开展"持续深化行风建设、提高人社服务满意度"专项行动，持续深化"局处长走流程"，解决企业、群众实际问题136个，打通为民服务堵点淤点难点。深化"全城办同标办"，动态更新调整《北京市人力社保服务规范》，配套推出企业版和群众版办事指南，208项人社服务实现全城办同标办，申报材料精简达七成。推出"一事一讲""一件事"集成服务、"专家工作室"等服务模式，让企业和群众办事更便捷、更高效、更精准。实施"我为群众办实事"重点民生项目清单，做好18件重点民生实事，着力解决群众急难愁盼问题和诉求。

（执笔人：吴旻　陈永涛　万江川）

用好红色资源 赓续红色血脉
以高质量机关党建引领模范机关建设

市退役军人事务局褒扬纪念处党支部

【专家点评】

市退役军人事务局褒扬纪念处党支部以习近平总书记关于烈士褒扬工作重要指示精神为根本遵循,以高质量机关党建引领模范机关建设,在坚定政治信仰、提升政治能力等方面争作表率。在具体实现路径上,聚焦红色文化传承、用好红色资源,推动机关党建高质量发展。多年来,市退役军人事务局褒扬纪念处党支部坚持用心用情用力保护好、管理好、运用好红色资源,率先建立市级烈士纪念设施修缮维护专项资金补助机制、上线烈士纪念设施电子地图、成立烈士纪念设施保护中心、组建烈士纪念设施保护中心专家委员会,等等,桩桩件件、有形有效,值得学习借鉴。

(李俊伟)

【背景介绍】

习近平总书记强调,"各级党组织要充分用好红色资源,教育引导广大党员、干部赓续红色血脉,做到学史明理、学史增信、学史崇德、学史力行""红色资源是我们党艰辛而辉煌奋斗历程的见证,是最宝贵的精神财富,一定要用心用情用力保护好、管理好、运用好"。这些关于用好红色资源、赓续红色血脉的重要论述，为做好新时代褒扬纪念工作提供了科学指引。北京是中国共产主义运动的发祥地之一，是最早建立共产党早期组织的城市之一，也是许多重大党史事件发生地，拥有丰富的红色资源和强大的红色基因，全市在册烈士1.6万余名，建有烈士纪念设施千余处。市退役军人事务局褒扬纪念处党支部坚持用心用情用力保护好、管理好、运用好红色资源，率先建立市级烈士纪念设施修缮维护专项资金补助机制、上线烈士纪念设施电子地图、成立烈士纪念设施保护中心、组建烈士纪念设施保护中心专家委员会，本市褒扬纪念工作法纳入中央退役军人事务工作领导小组推广典型，网络祭英烈工作经验受到中央党史学习教育领导小组和退役军人事务部关注，"红色九月·开学季"主题宣传活动作为思政课典型案例在全国退役军人事务系统推介。

【做法成效】

强化思想理论武装，争做坚定政治信仰的表率

聚焦政治建设，将加强理论武装放在党支部工作突出位置，以习近平总书记关于烈士褒扬工作重要指示精神为根本遵循，坚决贯彻党中央和市委决策部署，将"第一议题"制度贯穿每次会议，认真制订年度及月度党建计划，每周跟进学习习近平总书记重要讲话、重要论述、重要指示精神，系统学习研讨党史学习教育及主题教育相关文献，邀请专家教授开展宣讲授课，在推动新时代烈士褒扬工作高质量发展过程中坚定理想信念，学懂弄通做实习近平新时代中国特色社会主义思想，深刻领悟"两个确立"的决定性意义，增强"四个意识"、坚定"四个自信"、做到"两个维护"。

注重党建业务融合，争做强化政治功能的表率

落实"一切工作到支部"要求，牢牢把握烈士褒扬工作鲜明的政治属性，从巩固发展社会主义意识形态的角度，压紧压实支部建设主体责任，提升党

建设模范机关　服务保障新时代首都发展

内政治生活质量,打造红色党建品牌,政治功能不断强化。突出教育管理职能,坚持严管和厚爱相结合,注重平常、抓在日常,通过谈心谈话、教育培训、困难救助、政治家访、精神抚慰、荣誉激励等措施,服务党员成长成才、干事创业,形成了"以关心关爱党员推动党员关心关爱群众"的特色理念。突出统筹规划潜能,会同市发展改革委将"实施褒扬纪念示范工程"纳入北京市"十四五"规划纲要和"十四五"时期社会公共服务规划,把褒扬纪念设施建设工程纳入"十四五"时期退役军人服务和保障规划"十大重点工程"并优先实施。突出政策制度效能,相继出台烈士纪念设施规划建设修缮管理维护实施方案、加强新时代烈士褒扬工作实施方案以及《北京市烈士纪念设施修缮管理维护暂行办法》《北京市市级烈士纪念设施申报工作规程(试行)》等近20项政策制度,初步构建起烈士褒扬政策制度体系。突出服务保障功能,按照中央的统一部署和退役军人事务部、市委市政府的总体要求,每年组织老战士和烈属代表参加国家烈士纪念日向人民英雄敬献花篮仪式,组织参加庆祝中华人民共和国成立70周年、抗战胜利纪念日、纪念中国人民志愿军抗美援朝出国作战70周年等党和国家重大活动,充分发挥了支部

老战士向烈士敬献鲜花

战斗堡垒作用和党员模范先锋作用，激发了党员干事创业热情。

走好新时代群众路线，争做坚守政治立场的表率

烈士褒扬工作是党的重要政治优势，事关经济社会发展和国防军队建设，事关党心军心民心。党支部始终坚持以人民为中心的根本立场，坚持走好新时代群众路线，常态化做好烈士评定、证书换发补发、身份核对认定等工作，聚焦烈属日益增长的美好生活需要，集中开展好春节、清明、烈士纪念日等重要节点烈属走访慰问、烈士祭扫、烈士纪念等活动，建立较为完善的褒扬金科学增长机制。深入贯彻落实习近平总书记在北京、河北考察灾后恢复重建工作时的重要讲话精神，按照市委市政府、局党组要求，关心关爱"23·7"强降雨灾害中牺牲烈士的家属，用好用足烈士褒扬及抚恤优待相关政策，用心用情安排好照顾好烈士家属的生活，指导相关区妥善安葬烈士，高效将国家和地方性褒扬金发放到烈属手中，并为符合条件的烈属落实定期抚恤补助以及教育、就业等优待政策，动员社会力量开展帮扶救助，让烈属感受到党和政府的温暖。在党史学习教育中，扎实开展"我为群众办实事"活动，动员社会力量开展"双百工程"，走访慰问100户烈属，为100名烈属组织免费体检活动，烈属的获得感、幸福感、荣誉感不断提升。

勇于破解发展难题，争做提升政治能力的表率

牢记"看北京首先要从政治上看"的要求，着力提升政治判断力、政治领悟力、政治执行力，从讲政治的高度破解首都烈士褒扬工作难题，推动烈士褒扬工作实现"四化"。服务管理标准化。将出台地方性标准《烈士纪念设施保护单位服务与管理规范》纳入主题教育"同题共答 促进发展"专项工作，用一年时间高效完成立项、论证、评审及发布工作，明确了烈士纪念设施保护单位服务与管理的基本要求、主要内容及流程，在标准化方面走在全国前列，工作经验被退役军人事务部推广。烈士纪念设施宣教功能智慧化。

建设模范机关　服务保障新时代首都发展

打造"互联网+烈士纪念设施",完成县级以上烈士纪念设施"一设施一码"工作,建立"北京烈士纪念设施电子地图",全方位、多角度展示京津冀三地主要烈士纪念设施,倡导网络祭奠亲人、缅怀英烈,累计2355.77万人次参与,实现实地祭扫与"云"上缅怀一体延伸。英雄烈士保护法治化。以《中华人民共和国英雄烈士保护法》颁布实施5周年为契机,集中开展"弘扬英烈精神 凝聚奋进力量"主题宣传,以"筑牢法治长城 捍卫英烈荣光"为题在《北京日报》刊发5年来褒扬纪念工作成果和英烈保护经验做法。联合宣传、政法、检察院等13部门建立英烈保护联动协调制度,构建齐抓共管的"一盘棋"新格局。红色资源保护利用协同化。签署《京津冀烈士褒扬合作框架协议》,其成为全国退役军人事务部门组建以来签署的第一份褒扬纪念工作领域跨省级合作协议;指导相关区推进京津冀、京蒙烈士褒扬工作协同发展,合作开展红色资源挖掘、保护、管理、宣传,形成东有"通武廊"(北京通州、天津武清、河北廊坊)、西有"房涞涿"(北京房山,河北涞水、涿州)、

利用烈士纪念设施开展青少年爱国主义教育

北有"延怀赤太"(北京延庆,河北怀来、赤城县,内蒙古自治区太仆寺旗)的红色资源共享格局。

始终坚持严的基调,争做涵养政治生态的表率

认真学习贯彻《关于新形势下党内政治生活的若干准则》《中国共产党纪律处分条例》等党内法规,突出抓好廉政教育、廉政风险管理、典型案例警示等工作,以严的基调、严的措施、严的氛围纵深推进全面从严治党。同时,在整理宣传建党百年来北京地区牺牲的著名烈士英勇事迹中激励党员不忘初心、牢记使命,在"不忘初心话英雄""追寻先烈足迹"等英烈专题宣传活动中浸润党员谦虚谨慎、艰苦奋斗作风,在依法打击歪曲、丑化、亵渎、否定英烈的言行中培育敢于斗争、善于斗争的精神,积极营造崇尚英烈、缅怀英烈、学习英烈、捍卫英烈、关爱烈属的良好社会氛围。

(执笔人:张绪峰　彭珍玉)

文化引领　品牌推动　标准夯基
以模范机关创建助推市场监管高质量发展

市市场监督管理局

【专家点评】

市市场监督管理局党组坚持以习近平总书记关于党的建设的重要思想为指导，结合市场监管主业，围绕"强党建、稳秩序、促发展、保安全"工作主线，践行"首善标准、监管为民"市场监管文化，落实"讲政治、守纪律、负责任、有效率"要求，深入开展主题教育，全面创建"建强堡垒、争当先锋"党建品牌；提出"首善标准、监管为民"市场监管文化；以模范机关创建助推市场监管高质量发展，党建工作有实招、见实效。尤其值得学习借鉴之处在于，把党的建设的总体要求融入业务工作和具体举措，体现在党员干部的实际行动中。

（李俊伟）

【背景介绍】

市直机关工委印发《关于在市直机关创建模范机关的意见》以来，市市场监督管理局党组深入贯彻习近平总书记关于党的建设的重要思想，全面落实习近平总书记对北京一系列重要讲话精神和关于市场监管重要论述，把坚持高质量发展作为新时代的硬道理，把推进中国式现代化作为最大的政治，围绕"强党建、稳秩序、促发展、保安全"工作主线，践行"首善标准、监管为民"市场监管文化，落实"讲政治、守纪律、负责任、有效率"要求，深入开展主题教育，全面创建"建强堡垒、争当先锋"党建品牌，不断提升党组织标准化规范化建设水平，持续增强基层党组织政治功能和组织功能，引领广大党员干部在推进首都市场监管现代化建设，服务保障首都高质量发展方面勇担当、善作为、走在前、作表率，努力打造让党中央和市委放心、让全市人民满意的政治机关、首善机关、模范机关。

【做法成效】

突出政治建设，坚决做到"两个维护"，确保模范机关建设的正确方向

政治建设是党的根本性建设，"两个维护"是党的政治建设的首要任务。市局党组始终牢记"看北京首先要从政治上看"的要求，深刻领悟"两个确立"的决定性意义，坚决做到"两个维护"，确保模范机关创建和机关各项工作的正确方向。一是坚持和加强党的全面领导。严格落实"第一议题"制度，三年来，党组会及时传达学习习近平总书记重要讲话和指示批示精神等223次，不折不扣抓好"第一政治要件"落实，不断提升政治判断力、政治领悟力、政治执行力。严格落实重大事项请示报告制度，以市局党组名义向市委请示报告56项次。充分发挥市局党组把方向、管大局、保落实重要作用，召开党组会180次，研究议题1055个，切实将党的领导落实到市场监管工作全过程各方面。二是全力服务保障新时代首都发展。坚持以新时代首都发展为根本任务，将模范机关创建与首都市场监管职能相结合，探索创新"党建+"工作模式，教育引导党员凡事都要从政治上考量、在大局下行事，时时处处严要求、走在前、作表率，以"时时放心不下"的责任感，严格落实安全生产责任制，从讲政治高度抓好"三品一特"安全，高标准完成党的二十大、全国两会、北京冬奥会冬残奥会等重大活动服务保障工作，坚决走好"第一方阵"。三是严格落实意识形态责任制。将意识形态工作纳入党组会重要议程和全面从严治党责任考核重要内容，每季度召开意识形态会商研判会，运用法治思维和法治方式处置市场监管领域涉意识形态风险点，坚决筑牢意识形态领域安全防线。

突出凝心铸魂，推进主题教育走深走实，夯实模范机关创建的思想根基

市局党组始终坚持用党的创新理论凝心铸魂，切实筑牢信仰之基、补足精神之钙、把稳思想之舵。一是从严领学促学提升政治能力。市局党组始终把学懂弄通做实习近平新时代中国特色社会主义思想作为首要政治任务，三年来，组织党组理论学习中心组学习 97 次，充分发挥领学促学作用。坚持用党的创新理论凝心铸魂，采取专题读书班、专家辅导、参观见学、研讨交流等灵活多样的方式，扎实开展"不忘初心、牢记使命"主题教育、党史学习教育和学习贯彻习近平新时代中国特色社会主义思想主题教育，切实在以学铸魂、以学增智、以学正风、以学促干上见实效。二是从严带学促学坚定理想信念。每月下发基层党支部理论学习重点内容，做到年度有计划、月度有安排。认真落实党的重大理论轮训制度，把党的创新理论作为党员干部教育的首课、主课、必修课。三年来，举办各类培训班、专题讲座 131 期次，参训人员 4.7 万人次，切实筑牢信仰之基。充分运用首都红色资源开辟"第二课堂"，持续加强政治机关意识教育和对党忠诚教育。三是从严加强和改进思想政治工作。制定印发思想政治工作责任清单，加强思想动态分析，落实谈心谈话和走访慰问帮扶制度，及时摸清思想底数，化解矛盾，不断激发内生动力。

突出文化引领，激发内生动力，凝聚模范机关创建的强大合力

习近平总书记指出，"一项没有文化支撑的事业难以持续长久"。市局党组高度重视市场监管文化建设，通过自上而下的系统设计，自下而上的生动实践，形成"一个局、一家人、一条心"的氛围，带领市局党员干部坚持首善标准，牢记监管为民，持续提高市场监管效能。一是全面开展北京市场监管文化建设。市局党组经反复研究，提出"首善标准、监管为民"市场监管文化，得到全局上下广泛认同。各基层党组织坚持将市场监管文化与业务工作深度融合，从精神理念"铸魂"、从制度行为"培根"、从物质形象"润心"，努力打造一支"讲奉献、勇担当、善作为、守底线"的高素质市场监管干部队伍。持续深化"送温暖、送文化、送健康"工作，举办市局第一届运动会，不断提升干部职工身心健康水平，增强凝聚力，做关心关爱的模范。二是坚持以首善标准引领市场监管创新发展。教育引导党员干部积极参与"首都高质量发展先锋行动"，深化改革创新，市场经营主体量质再创新高；提升质量高线，北京地方标准位居全国前列，连续三年获得省级政府质量考核A级。服务"五子联动"，启动全国市场监管数字化试验区（北京）建设，落实首都城市战略成效显著。以"四个机制"加强统筹谋划，京津冀协同发展迈出新步伐。三是坚持以监管为民引领"接诉即办"。聚焦群众"急难愁盼"问题，领导干部率先垂范，积极参加"局处长走流程"活动，沉到基层

市场监管干部开展食品安全检查

建设模范机关 服务保障新时代首都发展

"解剖麻雀",主动帮助基层和企业解决困难问题;各级党组织广泛开展"党旗在基层一线高高飘扬"和"机关接地气 干部走基层"活动,狠抓基层联系点和"双报到"制度落实,用心用情走好新时代群众路线。全系统"接诉即办"解决率均值99.49%,满意率均值99.48%,创历史新高。

突出品牌推动,坚持标准夯基,打牢模范机关创建的组织根基

严密的组织体系是党的优势所在、力量所在。市局党组牢固树立大抓基层的鲜明导向,坚持抓品牌促活力、抓标准促规范、抓党建带群团,持续强化组织体系建设,做提升组织力的模范。一是全面开展党建品牌建设。制定开展"建强堡垒、争当先锋"党建品牌创建方案,以"四强"为目标,培育推广"四强四优""初心在怀 改革尖兵""市监组工 首善争先"等支部特色,积极打造"一机关一品牌、一支部一特色",有效激发基层党建新活力。二是持续提升党组织标准化规范化建设水平。认真落实市直机关工委《党支部标准化规范化建设工作指引》等要求,扎实推进党支部标准化规范化建设。运用标准化方法梳理、构建市场监管党建工作标准体系,共包括9大类70余项具体标准,着力解决"谁来做""做什么""怎么做"问题。三是着力激发青年干部活力。组织开展"共创市监未来、不负青春韶华"系列活动,有效发挥青年突击队、学员讲坛等作用,带动全系统青年干部跟党走、勇担当、强作风、展风采。

突出全面从严治党,持之以恒正风肃纪,营造模范机关创建的良好政治生态

市局党组牢固树立抓好党建是最大政绩的理念,严格落实管党治党政治责任,加强对机关党建工作的统筹谋划,严格纪律规矩,打造风清气正的良好政治生态,做作风优良的模范。一是持之以恒正风肃纪。严格贯彻落实中央八项规定及其实施细则精神,研究制定政商交往正负面清单,规范政商交往行为。强化政治监督,修订巡察工作五年规划,出台"十个严禁",深入开展行风问题排查治理，推动系统行风持续好转。二是强化廉政警示教育。开展"三个一"常态化警示教育，筑牢拒腐防变的思想防线。在10个单位设立"廉洁教育阵地"，在新OA平台设立廉政板块，积极开展廉洁文化宣传教育。三是扎实履行管党治党政治责任。坚持书记抓，将党建重要事项列入党组会议事规则，三年来，研究审议党建议题360个。坚持抓书记，严密组织基层党组织书记述职评议考核，加强与各单位"一把手"谈心谈话。坚持齐抓共管，形成班子成员带队开展党建工作动态抽查、民主生活会督导、全面从严治党责任考核等常态化工作机制，使各班子成员做到守土有责、守土负责、守土尽责。

（执笔人：韩淼　韩福贵　孙伟）

贯彻新时代党的治藏治疆方略
全力做好对口支援工作

市支援合作办支援合作一处

【专家点评】

北京肩负首都职责，践行新时代党的治藏治疆方略，具有特殊重要意义。市支援合作办以铸牢中华民族共同体意识为主线，坚持首善标准，用心用情用力做好对口支援工作，助力受援地区长治久安和高质量发展。围绕中心工作，推进党建工作创新，坚持加强政治建设以把牢"方向盘"，加强思想建设以拧紧"总开关"，加强组织建设以扎实"打地基"，加强纪律建设以坚持"树新风"。强化党建引领带队建促援建，打造首都文化援建品牌、突出民生导向、增强造血功能。推广北京对口援藏援疆经验，对于其他单位推进民族和谐发展具有重要借鉴意义。

（李俊伟）

【背景介绍】

习近平总书记强调，东西部扶贫协作和对口支援，是推动区域协调发展、协同发展、共同发展的大战略，是加强区域合作、优化产业布局、拓展对内对外开放新空间的大布局，是实现先富帮后富、最终实现共同富裕目标的大举措。市委书记尹力在市支援合作工作领导小组会上强调，要高质量做好对口支援工作。持续促进各民族交往交流交融，打造首都文化援建品牌。按照中央部署，北京对口支援西藏拉萨市"两区两县"、青海玉树州"一市五县"、新疆和田地区"一市三县"和兵团第十四师。按照机构改革工作安排，市支援合作办对口支援工作划归市发展改革委，承担北京对口援藏、援疆、援青任务，坚持以习近平新时代中国特色社会主义思想为指导，学习贯彻党的二十大精神，完整准确全面贯彻新时代党的治藏、治疆方略，围绕铸牢中华民族共同体意识主线，深入贯彻落实中央、市委对口支援决策部署，强化党建引领，发挥首都优势，围绕智力支援、产业支援促进就业、保障和改善民生、促进各民族交往交流交融、文化教育支援等领域开展支援帮扶，助力受援地区长治久安和高质量发展。

【做法成效】

坚持政治统领，着力夯实基层基础

一是加强政治建设，把牢"方向盘"。牢记"看北京首先要从政治上看"的要求，落实全面从严治党责任，教育引导党员坚持和捍卫"两个确立"，自觉增强"四个意识"、坚定"四个自信"、做到"两个维护"。不断提高政治判断力、政治领悟力、政治执行力，不折不扣贯彻落实中央、市委市政府对口支援决策部署，坚持首善标准，发挥首都优势，推动对口支援工作提质增效，在国家对口支援综合绩效考核评价中持续走在全国前列。

二是加强思想建设，拧紧"总开关"。把思想建设作为党的基础性建设，扎实开展"不忘初心、牢记使命"主题教育、党史学习教育、学习贯彻习近平新时代中国特色社会主义思想主题教育，坚持不懈用习近平新时代中国特色社会主义思想凝心铸魂。坚持"第一议题"制度，以习近平总书记关于北京、西藏、新疆、青海工作的重要指示精神为根本遵循，以增强受援地区群众获得感幸福感安全感为出发点和落脚点，更好满足人民群众对美好生活的需要。落实意识形态工作责任制，坚持国家总体安全观，牢牢把握意识形态工作主动权，加大对口支援工作总结宣传。

三是加强组织建设，扎实"打地基"。贯彻新时代党的组织路线，清单式完成党支部全面从严治党工作任务，做到有计划、有部署、有落实、有检查。落实"三会一课"、组织生活会、主题党日、民主评议党员、谈心谈话等制度，开展习近平总书记关于西藏、新疆、青海工作的重要讲话精神集中学习、交流研讨，赴通州第一党支部开展主题党日活动等，结合对口支援工作打造特色党建品牌。把谈心谈话作为交流思想、关心关爱、教育管理监督的重要途径，结合七一建党节、主题党日、过"政治生日"等，把握党员思想动态，开展党性教育，全面提升组织建设质量，增强组织力凝聚力战斗力。

四是加强纪律建设，坚持"树新风"。将对口支援工作作为党中央交给北京的光荣政治任务和义不容辞的责任，弘扬伟大建党精神、脱贫攻坚精神，学习受援地区"老西藏精神"、"沙海老兵"精神，发挥党支部战斗堡垒作用和党员先锋模范作用，履职尽责、攻坚克难，为援受双方高层领导互访、受援地区群众生活做好服务。深入开展"接地气、走基层、促援建"党建活动，党员同志克服缺氧、高反等艰苦环境，每年赴拉萨、玉树、和田基层一线蹲点调研、对接推动工作近20人次90余天，与前方和受援地干部"同吃、同住、同调研"，为对口支援工作夯实基础。积极促进成果转化，支部3名同志撰写的调研报告荣获北京市机关第六届青年技能大赛优秀奖。

坚持首善标准，统筹联动推进重点任务

一是打造民族团结工程。不断擦亮首都"三交"品牌名片，组织援受双方优秀青少年、文化艺术界代表、基层干部、民族团结模范等互访互学互鉴，结对区县干部群众"走亲戚、话家常"，诠释了祖国大家庭的相亲相爱。深化"我在北京有个家"品牌活动，近2000名少数民族青少年与"北京爸爸北京妈妈"结对认亲。拓展平台开展"童心向党 歌唱祖国——北京拉萨青少年云合唱系列活动"、京和书香等特色活动，面向"异地办学"玉树学生组织"京玉行""润心田"等系列活动。

二是扎实开展文化援建。持续打造"京和丝路情""京彩拉萨""首望三江源"首都文化援建品牌,支持拍摄制作完成电视剧《大漠魂》、创作文学作品《雪域丰碑》、纪录片《岁月拉萨》等一批文化精品。持续开展"中华文化耀和田"首都文化月等文化惠民项目,积极引导各族群众融入现代社会、共享文明成果,参与覆盖群众近200万人次。"弘扬北京冬奥精神 共促边疆地区发展"主题展在和田、玉树、拉萨巡回开展,走进中小学校园,激发青少年学生爱国热情。

北京冬奥精神巡展边疆青少年冬奥梦想营开营

三是民生项目普惠群众。聚焦民生基层精准发力,巩固拓展脱贫攻坚成果,严防规模性返贫,持续改善群众生产生活条件。拓展"组团式"医疗援建成果,援藏帮扶拉萨市人民医院成为首家完成西藏自治区"五大中心"建设任务的医院。"组团式"医疗支援玉树获评国家发展改革委典型经验,为"组团式"帮扶国家乡村振兴重点县工作探索提供了有益路径。持续扩大"组团式"教育援建覆盖面,引进支教大学生参加援疆支持,解决教师缺口,强化拉萨教师队伍建设。

四是拓展提升智力支援。发挥首都人才优势,激发当地内生发展动力。

建设模范机关　服务保障新时代首都发展

用心用情用力做好对口援疆工作,"组团式"教育援疆助力受援地教育水平提升

培训受援地区党政人才、专业技术人才和乡村振兴带头人等千余人。聚焦"关键少数",开展和田地区和兵团第十四师基层"两委"班子培训班等。加大市政、旅游、农业、生态保护等领域"小组团"支援。精准选派援藏援疆援青干部人才,在当地积极发挥高质量"种子"带动和桥梁纽带作用。

五是发展产业促进就业。"造血式"支援推动产业结构优化升级。立体化构建产业援疆模式,支持五大园区建设,引入北京联东集团专业化运营,持续推进国企产业援疆工作。办好"心连心·京藏号"旅游专列,创新拉萨"铁路＋文化旅游＋市场"模式。扶持玉树民族制造业产业和特色中小微企业,加强就业技能培训。积极开展"京彩西品"行动,通过双创中心、百店专柜、建行善融等线下线上平台加大消费帮扶。

市支援合作办支援合作一处贯彻落实中央、北京市对口支援决策部署,凝心聚力、久久为功,高标准完成对口支援各项工作,受援地区群众获得感幸福感安全感不断增强,促进民族交往交流交融,持续铸牢中华民族共同体意识,推动首都对口支援工作形成生动实践和样板。支援合作一处各项工作得到充分肯定,被评为第九届首都民族团结进步先进集体。

（执笔人：徐飞）

以"五项工程"为引领
全力打造让党中央和市委放心
让全市人民满意的模范机关

天安门地区管委会

【专家点评】

党建工作如何与业务工作相结合相融合，是机关党的建设的要点和难点。天安门地区管委会聚焦"作示范、勇争先"目标要求，不断深化模范机关创建，有创意有新意。实施"铸魂工程"，构建"1+8+N"理论研学机制；以"我爱北京天安门""党建同心圆"等活动培育党建"品牌工程"；坚持"先锋工程"找准党建工作和重点工作的最佳结合点，用业务工作完成质量来检验党建工作成效；坚持抓好群众关心事、耐心回应群众细微事、全力以赴解决群众揪心事等涉及群众利益的"一线工程"；坚持"强基工程"，如，年初制定"一张表"以明晰年度重点任务，通过日常督导、季度推进、半年会商研判等方式跟踪问效。正是通过深入细致、行之有效的创建活动，不仅促进了党员干部思想淬炼、政治历练、实践锻炼、专业训练，也确立了以党建和业务深度融合推进模范机关建设的发展路径，探索了党建与业务深度融合的有效机制，推进模范机关创建工作走深走实独具特色。

（李俊伟）

建设模范机关　服务保障新时代首都发展

【背景介绍】

天安门地区是中央政务、国际交往、国事活动的核心承载地，是全国各族人民向往的地方，是向世界展示中国的首要窗口。做好各方面工作责任重大、使命光荣。近年来，天安门地区管委会深入学习贯彻习近平总书记在中央和国家机关党的建设工作会议上的重要讲话精神，制定印发《关于模范机关创建活动的实施方案》，聚焦"作示范、勇争先"目标要求，深入实施"铸魂工程""品牌工程""先锋工程""一线工程""强基工程"五项工程，在党员干部思想淬炼、政治历练、实践锻炼、专业训练上下功夫，确立了以党建和业务深度融合推进模范机关建设的路径，全力打造让党中央和市委放心、让全市人民满意的模范机关。

【做法成效】

深入实施"铸魂工程"，建设对党绝对忠诚的模范机关

理想信念坚定才能对党忠诚，对党忠诚是对理想信念坚定的最好诠释。认真落实"第一议题"制度，跟进学习习近平总书记最新重要讲话、重要指示批示精神，坚持不懈加强党的创新理论武装，做到学习跟进、认识跟进、行动跟进。通过专题学习研讨、集体过"政治生日"、领导干部讲党课等方式，持续深入开展政治机关意识教育和对党忠诚教育，引导各级党组织和全体党员干部深刻领悟"两个确立"的决定性意义，增强"四个意识"、坚定"四个自信"、做到"两个维护"。牢记"看北京首先要从政治上看"的要求，严格遵守政治纪律、政治规矩，严格落实重大事项请示报告制度和意识形态工作责任制，走好贯彻落实党中央决策部署和市委工作要求的第一方阵。在学习贯彻习近平新时代中国特色社会主义思想主题教育期间，积极发挥党组理论学习中心组示范带动作用，以解决地区服务管理工作中出现的新情况新问题为着力点，构建"1+8+N"理论研学机制（"1"即举办一次领导班子读书班集中学习;"8"即聚焦"政务服务保障功能提升""党建和业务有机融合"等8个专题,组织开展研讨交流;"N"即组织全委处级以上领导干部做研讨发言),坚持不懈做好习近平新时代中国特色社会主义思想的深化、内化、转化工作。举办"学习贯彻党的二十大精神,创建最讲政治的模范机关"等主题鲜明的交流研讨会,交流运用党的创新理论解决实际问题的具体案例和体会,教育引导各级党组织和党员干部从党和人民的立场、首都发展大局出发想问题作决策办事情,以实际行动为党中央站好岗、放好哨。

深入实施"品牌工程",建设基强本固的模范机关

培育创新党建品牌是基层党组织凝心聚力的重要抓手。管委会坚持把党建品牌创建作为模范机关创建的切入点,从固本强基、增强活力、体现特色入手,以打造"我爱北京天安门"党建品牌矩阵为主线,注重内外结合,创新党建引领各项工作高质量发展的实践路径。在委内建设方面,以增强基层党组织的政治功能和组织功能为抓手,锚定"一支部、一品牌、一特色"目标精准发力,分类指导、综合施策,培育形成了"接好第一棒,带头马上办"等一批党员群众认可、富有部门特色的党建品牌,让党建工作更接地气、更有生气。创建"以小见大"党员教育品牌,通过办好"小课堂"、及时"小慰问"、讲好"小事例",让党员教育"活"起来、"暖"起来、"深"起来。在地区联创共建方面,持续擦亮天安门地区"党建同心圆"品牌,以党建品牌赋能基层治理。深入驻区单位和相关对口业务单位,主动对接、务实服务,通过举办"吹响新号角 奋进新征程"等主题宣讲报告会,联合地区各级党组织开展"同走中轴线,感受文化魅力"等共学共建活动,探索建立理论联学、问题联解、管理联抓、形象联创工作机制,协调有关部门圆满完成全国两会、烈士纪念日向人民英雄敬献花篮仪式等国事外事服务保障任务,切实把党的政治优势、组织优势、制度优势转化为做好地区管理服务的工作优势。

建设模范机关　服务保障新时代首都发展

深入实施"先锋工程",建设本领过硬的模范机关

党员带头是最有力的动员,一名党员就是一面旗帜。深化拓展"首都高质量发展先锋行动"成果,组织开展评选表彰"两优一先"、创建党员先锋岗、争当服务群众标兵等活动,不断增强党员身份意识。制定实施提升党员干部干事创业精气神若干措施,健全培养优秀年轻干部常态化工作机制,注重在政务保障前沿、服务群众一线和急难险重任务中让年轻干部经受政治历练,提高政治站位,着力建设忠诚干净担当的高素质干部队伍。坚持重点工作推进到哪里,党建工作就跟进到哪里,党组织的作用就发挥到哪里,充分发挥党员干部的主观能动性,打造"党建+服务""党建+形象""党建+安全"项目,找准党建工作和重点工作的最佳结合点,用业务工作完成质量来检验党建工作成效,实现两者的同向聚合、深度融合。有效发挥党建在基层治理中的引领作用,统筹高质量发展和高水平安全,优化公共服务设施设置和参观流线,打造符合首都功能核心区定位、与群众需求相适应的服务模式,在加强"四个中心"建设,提升"四个服务"水平上作出表率、走在前列。

深入实施"一线工程",建设担当作为的模范机关

始终坚持以人民为中心的理念,把服务群众作为工作的出发点和落脚点,推动机关干部深入基层、服务基层、转变作风。聚焦"服务品质更优",深化拓展"我为群众办实事"实践活动,广泛开展各类党员志愿服务、承诺践诺活动,认真抓好群众关心事、耐心回应群众细微事、全力以赴解决群众揪心事涉及群众利益的"三件事",切实把"问题清单"变为"履职清单"。积极探索创建天安门地区党群服务阵地,创新工作思路,延伸服务触角,设置失物招领处,免费提供轮椅、婴儿车、急救药品、热水和参观咨询等志愿服务项目,全力做好"送上门的群众工作"。深化运用"四下基层"工作方法,委领导班子成员带头深入升(降)国旗仪式保障、天安门城楼开放服务、环境秩序维护等一线前沿,多轮次采取解剖式、蹲点式调研,直面困难,抓住关键,解决问题。在"五一"、国庆等重点时间节点,组织机关党员干部下沉一线,坚持"问、答、找、研、改"五步工作法开展调查研究,准确掌握群众所思所盼所想,努力把惠民生、暖民心、顺民意的工作做到群众心坎上。

深入实施"强基工程",建设作风优良的模范机关

纪律规矩是不可逾越的底线。坚持把学习党章党规党纪作为党员干部的必修课,深化"以案为鉴、以案促改"警示教育,党员领导干部带头严守纪律、严明规矩,常张"婆婆嘴",念好纪律"紧箍咒",引导党员干部在工作和生活中注意一言一行,以实际行动擦亮"天安门"金字招牌。坚持年初制定"一张表",明晰年度全面从严治党重点任务,通过日常督导、季度推进、半年会商研判等方式跟踪问效,贯通基层党组织落实管党治党政治责任"最后一公里"。坚持与驻市城市管理委纪检监察组"同题共答",完善"纪

前往市全面从严治党警示教育基地开展警示教育活动

建设模范机关　服务保障新时代首都发展

审"联动监督机制，突出政治监督，抓好重点部门和关键岗位的风险防控，修订委采购管理办法、财务收支管理办法等制度规范，扎紧制度的"笼子"，不断推动主体责任和监督责任同向发力、综合发力。管委会主要负责同志带头广泛开展谈心谈话活动，将谈心调研作为倾听干部诉求、掌握干部动态、关爱激励干部的切入点和着力点，探索建立全委思想政治工作责任清单，压实责任，细化任务。机关党委牵头开展"党建走基层，你说我来听"活动，面对面了解掌握党员干部思想动态，变"望远镜"为"显微镜"。统筹人事处、机关党委、机关工会开展"大帮扶"活动，把解决思想问题和解决实际问题结合起来，积极营造风清气正的干事创业氛围。

（执笔人：左敦华　余扬钒）

把牢意识形态导向　走好政治机关第一方阵

城市副中心党工委管委会机关党委

【专家点评】

意识形态工作事关国家地区安全稳定、人心民心导向和舆论安全等问题，影响着社会心理和社会风气。城市副中心党工委管委会机关党委坚持党的全面领导，形成具有副中心特色的"两结合、两贯穿"的工作定位，围绕副中心高质量发展这个中心任务，明确意识形态工作的职能职责，坚守首都思想文化导向的基本要求，将城市副中心的宣传报道落实到位，成为意识形态建设的有效载体。从意识形态的核心问题即理想信念、价值观念、道德理念视野，由内在到外在、由观念到行动，系统阐述了意识形态导向的意义、途径和实际效能。

（李俊伟）

【背景介绍】

规划建设北京城市副中心是以习近平同志为核心的党中央作出的重大决策部署，是千年大计、国家大事。近年来，在市委的坚强领导下，副中心党工委始终坚持以习近平新时代中国特色社会主义思想为指导，坚持和加强党对副中心工作的全面领导，围绕副中心高质量发展各项任务，认真落实意识形态工作主体责任，积极推进模范机关建设，主动讲好副中心故事，始终牢牢把握正确舆论导向，极大振奋了副中心干部群众干事创业精气神，保持了城市副中心"生机勃发"的良好态势，有力回答市委提出的"二十年之问"。

【做法成效】

紧扣主题主线，结合年度特点，抓牢意识形态工作

坚持每年对副中心取得"开门红"、副中心重大工程接续推进、副中心谋划新一年开局起步等话题主动发声和全面报道，生动反映副中心平稳健康的发展态势。

2022年，紧扣迎接党的二十大、学习宣传贯彻党的二十大精神这条主线，抓牢意识形态工作。配合全市做好党的二十大系列宣传和氛围营造工作，牵头参与"奋进新时代"主题成就展北京展区布展工作，副中心形象宣传片、沙盘和图片成为习近平总书记等党和国家领导同志参观时驻足观看的重点。组织机关全体党员干部集中收听收看党的二十大开幕会，第一时间制定《副中心党工委学习宣传贯彻党的二十大精神工作方案》。以深入读原文悟原理、深入讲解新思想新理念、深入交流学习心得、深入总结全年工作、深入谋划新举措新项目"五个深入"为目标，开展"听报告、读原文""理论中心组学习研讨""机关专兼职党务干部专题培训班""党员专题学习辅导报告会""主题党日展示交流""2023年工作思路大讨论"六个方面活动，系统推进学习宣传贯彻党的二十大精神，引导机关党员干部进一步把思想统一到党的二十大精神上来，把力量凝聚到实现党的二十大确定的各项任务上来。

2023年，以深入开展学习贯彻习近平新时代中国特色社会主义思想主题教育为主线，始终将"学思想"摆在首位，着力引导和推动党员干部在学深悟透习近平总书记对北京重要讲话精神和对城市副中心重要指示批示精神上下功夫。综合运用专题研讨、辅导报告、实践调研等学习形式，先后组织理论学习中心组学习9次、机关党委学习3次，各支部学习活动75次。探索形成具有副中心特色的"两结合、两贯穿"工作实践路径。两结合，即结

合赋权、结合机构改革深入推进主题教育。在结合赋权方面，组建助企纾困改革工作专班，深入调查研究，定期统筹调度，找准赋权行使过程中的痛点、难点、堵点问题，有针对性地推出一批"小切口"改革，接续形成企业可直接感知受益的政策红利。在结合机构改革方面，发扬敢于担当、敢于碰硬、敢于创新、甘于奉献的"三敢一甘"精神，夯实党员教育管理基础工作，确保党员干部思想在改革过程中积极稳定。两贯穿，即贯穿为群众办实事、贯穿全面加强党的建设，坚持为群众办实事，发挥党建平台作用，加强警示教育、支部建设、专兼职党务干部建设等，确保主题教育取得扎实成效。

全面贯彻落实习近平总书记在深入推进京津冀协同发展座谈会上的重要讲话精神，围绕副中心高质量发展这个中心任务，抓实意识形态工作

认真贯彻落实习近平总书记在深入推进京津冀协同发展座谈会上的重要讲话精神，以及市委十三届三次、四次全会精神，以模范机关创建为抓手，引领带动党员干部聚焦高质量发展主题，走好第一方阵，更加奋发有为推动副中心规划建设发展提升到新水平，推动两个示范区建设、京津冀协同发展迈上新台阶。一是千亿投资目标有序推进，重大工程进入新节点。副中心已连续四年圆满完成千亿投资任务，建安投资位居全市第一。行政办公区二期交付使用，三大文化建筑精彩亮相，副中心站综合交通枢纽、M101线、通州堰加快建设。二是绿色发展积蓄新动能，产业振兴打开新局面。绿色城市建设加速推进，成功摘取平原地区首个国家森林城市金字招牌，累计建成城市绿道375.5公里，城市道路慢行系统1360公里。三是总体方案获国务院批复，一体化高质量发展迈上新台阶。制定与北三县一体化高质量发展实施方案及"三个清单"，大运河京冀段全线62公里通航。通州区与北三县一体化高质量发展示范区理事会、执委会实体化运行，轨道交通22号线（平谷线）政务中心站及东站主体结构封顶，厂通路道路工程部分基本完工。四是城市承载力不断增强，功能品质实现新提升。北京第一实验学校、景山学校通州分校高中部实现招生。友谊医院通州院区二期全面开诊，安贞医院通州院区基本完工。北京（通州）大运河5A级旅游景区正式揭牌，潞城全民健身中心已对外开放，成功举办城市副中心马拉松比赛等系列品牌活动。

注重加强宣传，高标准组织3场贯彻落实市第十三次党代会精神专题发布会，通过全程直播方式向公众全面解读副中心贯彻落实会议精神，迈向高质量发展的做法和成效。2020年以来，依托副中心新闻发布机制，累计举行新闻发布活动30场，生动讲述城市副中心日新月异的发展变化和生机勃发的喜人面貌，增强了党员干部干事创业的信心和底气。

深入挖掘副中心文明内涵、文化价值，以打造传播副中心的精品力作为突破点，创新意识形态工作

自2020年8月起，围绕提升副中心思想文化影响力和国际传播力问题谋划支撑项目，与文明杂志社就编写《文明·北京城市副中心》特刊进行深入探讨。2022年11月出版中文版特刊，2023年12月出版英文版特刊。特刊紧密结合新时代首都发展，从北京城市副中心的战略定位出发，以大运河

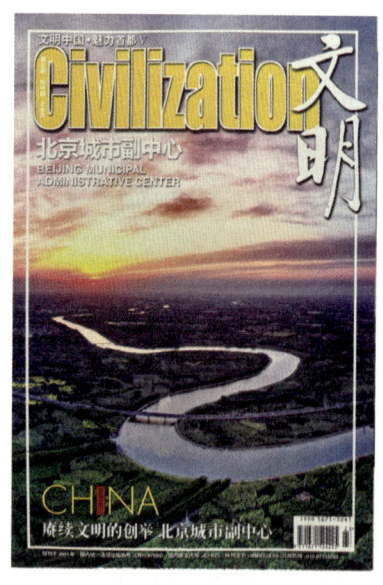 

《文明·北京城市副中心》特刊是城市副中心党工委管委会与文明杂志社合作编写出版的副中心重点文化宣传工作项目。图为《文明·北京城市副中心》特刊中文版（左）和英文版（右）

文化、通州历史文化作为背景，对规划建设北京城市副中心作为"千年大计"进行解读，对北京城市副中心"生机勃发"的当下和未来作出呈现和昭示。特刊共6篇（含序篇），16章，81节，10万余字，是解读城市副中心古往今来深厚历史文化底蕴的"最佳读本"，是展现城市副中心古今同辉多姿多彩烟火气息的"小百科全书"，是透视城市副中心贯彻新发展理念、规划建设呈现生机勃发良好态势的"全息名片"。此外，围绕城市副中心绿色发展论坛、城市副中心产业高质量发展推进大会等活动，开展了形式多样的专题报道，持续保持宣传热度，不断扩大副中心影响力。

持续正面发力，不断强化引导，做深意识形态工作

与中央、市级媒体以及新媒体、自媒体建立紧密合作关系，共同策划选题，深度报道副中心高质量发展情况和人民群众的获得感、幸福感，推动副中心正面宣传从量的突破转为质的提升。2023年，中央媒体报道城市副中心相关新闻2263条，其中《人民日报》报道《北京城市副中心三大文化建筑开放》、央视新闻联播播出《新思想引领新征程｜北京城市副中心高标准建设高质量发展》、《新华每日电讯》整版报道《重识"通天下之州"》等。不断强化与北京广播电视台、北京日报等市级媒体深度合作，提升副中心报道的内容生产力、信息聚合力、传播影响力，持续发挥正面宣传主阵地作用。

（执笔人：徐俊　钟维涛　姜利鹏）

当好模范检察机关"排头兵"
筑牢机关党的建设"连心桥"

市检一分院机关党委

【专家点评】

市检一分院机关党委以落实"两型"机关为契机,将党的领导贯彻到检察工作全过程,推动党建工作与业务工作相互促进相互融合,在具体工作机制上,提出以"对党忠心、学习用心、指导细心、服务贴心、工作尽心"的检察党建履职标准,把"检心向党、守护公正"的价值观贯彻到位,把政治建设的成效生动体现到推进检察业务高质量发展的"事上见",创新思想建设的新载体新方法,如推行新时代检察故事汇主题宣讲会,建设政治过硬、业务精通的干部队伍,推动干部队伍政治能力与业务能力"双过硬",特色鲜明、亮点纷呈。

(李俊伟)

【背景介绍】

市检一分院机关党委坚持不懈用习近平新时代中国特色社会主义思想凝心聚魂,贯通落实习近平法治思想和习近平总书记关于党的建设的重要思想,贯彻落实习近平总书记关于建设模范机关的重要论述与对北京工作、政法工作重要讲话和指示批示精神,锚定党建引领推动全院争创"双一流"、实现

"双争先"目标方向，以"对党忠心、学习用心、指导细心、服务贴心、工作尽心"的检察党建履职标准打造紧密联通党组、党支部和党员群众的"连心桥"党建工作品牌，当好政治坚定、提升组织力、作风优良、业绩过硬、关心关爱"五个模范"，以检察党建与检察业务深度融合服务保障全院检察工作现代化和首都高质量发展。

【做法成效】

夯实政治建设"主阵地"，当好模范"政治部队"排头兵

牢记"政法姓党是政法机关永远不变的根和魂"，坚持党对检察工作的绝对领导，确保党建业务"融"有所向，模范机关"创"有所依，从严治检"令"有所止。一是以党的政治建设为统领。制定党组加强政治建设19条工作措施，把政治建设的成效生动体现到推进检察业务高质量发展的"事上见"。制定党建与业务深度融合工作措施，闭环推进党建与业务更高层次融合发展，持续激发"全员争先、全面争先"的奋进精神。严格执行请示报告制度，协助党组把机关党建主体责任融入检察履职全过程，坚决做到中央和市委有部署，一分院第一时间见行动，市检一分院获评"首都文明单位标兵"等荣誉称号。二是以党的科学理论武装头脑。落实"第一议题"制度，常态化安排党支部书记和党员代表列席党组会会前学习和理论中心组扩大学习，提高政治判断力、政治领悟力、政治执行力。深化青年忠诚教育，开展"学习二十大、实干看青年"岗位建功活动，教育引导干警把"如此小我"融入"国之大者"，指导机关团委开展的"青春建功、百年回响"红色教育"行走的思政课"被《中国共青团》等宣传报道。三是以首善标准开展主题教育。统筹推动各支部每周开展主题教育学习研讨，做到自觉主动学；动员全院干警积极参加主题教育知识挑战赛，做到以赛督促学；协助党组赴北大红楼开展"重温觉醒年代、砥砺检察初心"主题党日活动，做到以上率下学，使坚定拥护"两个确立"、坚决做到"两个维护"成为新时代新征程一分院检察干

建设模范机关　服务保障新时代首都发展

院党组带队赴北大红楼开展"重温觉醒年代、砥砺检察初心"主题党日活动

警的鲜明政治底色,主题教育经验做法被《北京工作》刊发。

锻造素质过硬"主力军",当好模范"专业部队"排头兵

牢记"抓好党建就是最大的政绩",把旗帜鲜明讲政治一体融入检察业务各条线,以党性修养的提升来检视检察履职的实效。一是发挥分院党建职能作用。立足"市级政法机关、市院下级机关、辖区牵头机关、一线办案机关"分院职能定位,发挥统筹推动和承上启下层级作用,联合辖区院成功举办"检心向党、守护公正"新时代检察故事汇主题宣讲会,充分展示了上下一体抓党建带队建促业务谋发展新气象新成效。健全完善分院与辖区院党建队建高质量发展现场研讨会商机制,在辖区院举办党建与业务深度融合研讨交流会,以检察党建与检察业务深度融合助推分院及辖区检察工作现代化。二是增强党组织政治功能和组织功能。在内设机构改革过程中,统筹推进15个新组建部门同步成立临时党支部,确保组织建设不断档、党建业务同推进、党员管理不断线。规范高效完成机关两委和党支部集中换届,一批政治立场坚定、业务能力过硬、纪律作风优良的年轻干部走上了党务工作岗位，为党支部标准化规范化建设输送了新鲜血液。主动对接属地党委政府，依托市检一分院选派青年骨干担任社区"第一书记"工作机制，服务基层社会治理，1人获评2022"石景山青年榜样"。制定临时党组织实施办法，在重大专案、重大活动、疫情防控等工作专班第一时间成立临时党支部或临时党小组，以组织力增强战斗力，确保各项任务高质高效完成，2个党支部荣获"北京市青年文明号"集体称号。三是深化模范检察机关创建。完善党建与业务融为一体教育培训体系，推动干部队伍政治能力与业务能力"双过硬"，市检一分院获评国家检察官学院新一轮教学实践示范基地。2023年新增1人获评全国检察业务专家，1人获评全国民事检察业务能手，1人获评第十一届北京市"人民满意的政法干警"。2名干警家庭入选"首都最美家庭"。在北京市机关第六届青年技能大赛中，6个参赛作品获奖，市检一分院获评优秀组织奖。注重"一案一总结、一事一积累"，立足分院院情、辖区区情、业务实情，打造亮点更突出、特色更鲜明的"一支部一品牌"，以检察业务争先实绩体现党建品牌创建价值，机关党委申报的市直机关党建研究课题连续三年获奖，4个支部入选市直机关工委"六个引领工作法"典型案例、1个支部获评北京市政法系统首届优秀支部工作法、3个支部获评全市检察机关党建与业务深度融合典型案例。

打好服务大局"主动仗"，当好模范"战斗部队"排头兵

牢记"看北京首先要从政治上看"，聚焦法律监督主责主业，始终在服务首都发展大局中谋划推动机关党建工作，既为一域争光，更为全局添彩。一是党建引领为大局服务。把市委十三届四次全会工作部署细化为检察工作的"任务书"和机关党建的"路线图"。充分发挥"战时党建"工作机制和党员先锋模范作用，选拔政治过硬的干警服务保障首都重大活动，1人获评"北京2022年冬奥会、冬残奥会北京市先进个人"。选派党员干部多批次下沉社区溯源流调，以检察之为服务首都疫情防控经验做法被北京市直机关

建设模范机关　服务保障新时代首都发展

党建网转发。2023年在首都汛情紧急时刻，选派干警下沉一线全力开展防汛救灾和群众救助的工作信息被最高检微信公众号转发。二是党建引领为人民司法。践行全心全意为人民服务的根本宗旨，聚焦"七有""五性"抓实首都检察版"接诉即办"，检察服务中心获评2016—2020年度全国检察机关"文明接待室"。依法能动履行检察职能，主动向前一步做好因案致困群众的司法救助工作，持续做实人民群众可感受、能体验、得实惠的检察为民实事。1个党支部获评"全国巾帼文明岗"。三是党建引领为法治担当。深入贯彻党的二十大关于"加强检察机关法律监督工作"的部署要求，以落实《中共中央关于加强新时代检察机关法律监督工作的意见》及市委实施意见带动检察全局工作。牢记"红墙卫士"职责使命，依法严惩各类犯罪，坚决维护首都政治安全、社会安定、人民安宁。对接北京"四个中心"功能建设法治需求，以检察之力服务新首钢地区转型发展和京津冀协同发展。深入实施数字检察战略，以大数据法律监督模型促进法律监督"本"的提升与"质"的嬗变。按照"党建引领、绩效牵引、统筹协调、共建共享"的原则，完善"领导联系、班子联学、支部联建、干部联训、人才联培、工作联动、案件联办、矛盾联处"等工作机制，以政治建设与业务建设融合发展一体带动"高质效办好每一个案件"。2023年，实现了全市检察业务绩效评价分院自身第一、辖区整体第一的"双争先"目标。

拧紧正风肃纪"主链条"，当好模范"纪律部队"排头兵

牢记"打铁必须自身硬"，以严的基调、严的措施、严的氛围持续强化检察队伍革命性锻造，奋力答好全面从严治党检察答卷。一是让"责"字如影随形。修订党组、党组书记、党组成员抓党建工作责任清单，用责任制管住责任人、靠责任人管住一班人。制定纵深推进全面从严治检13条工作措施，一体推进不敢腐、不能腐、不想腐。制定年度党组落实全面从严治党主体责任重点任务分工，以责任制"大闭环"确保严于律己、严负其责、严管所辖。二是让"严"字如雷贯耳。协助党组召开专题会听取党支部工作汇

报,层层传导监督压力。召开机关两委委员扩大会暨党支部书记全面从严治党专项会,层层压实监督责任。每季度召开党支部纪检委员工作会,发挥纪检委员党内监督"前哨""探头"作用,耕好全面从严治检"责任田"。三是让"治"字如臂使指。坚持严管厚爱抓在经常,用好关怀帮扶政策,把组织的温暖送到党员心里。修订党费收缴管理使用规定,严格规范开展党建活动。每季度召开意识形态工作联席会,管好守住意识形态主阵地。巩固检察队伍教育整顿成果,严格执行新时代政法干警"十个严禁""三个规定"等铁规禁令,筑牢廉洁从检底线。常态化用身边案警示教育身边人,真正让干警受触动、受警醒、受教育,实现一严而风气清、力量聚,一严而纲纪振、事业兴。

(执笔人:邢永杰　刘伟杰)

始终牢记党报姓党　践行政治机关使命

北京日报报业集团

【专家点评】

北京日报报业集团落实政治家办报办刊办新媒体要求，践行政治机关使命，把政治建设落实。着力加强政治机关意识教育，引导党员干部深刻认识首都党报集团的政治属性、政治责任、政治要求，不断提高政治判断力、政治领悟力、政治执行力，坚定走好践行"两个维护"的第一方阵；时刻牢记党报姓党，坚持党管宣传、党管意识形态、党管媒体不动摇，教育引导党员干部坚持正确的政治方向、舆论导向、价值取向。将政治建设的具体要求落地落实，推动政治要求内化于心、外化于行，探索党建业务深度融合机制，带领党员干部在壮大主流思想舆论中担当作为，在服务新时代首都发展中彰显价值，在推进媒体深度融合中强身健体，在落实主体责任中推进全面从严治党。

（李俊伟）

【背景介绍】

《北京日报》在北平解放前夕酝酿，在新中国成立的喜悦和百废待兴的考验中正式诞生，至今已走过71年的光辉历程。作为首都意识形态的核心阵地、舆论引导的可靠平台、市委领导各项工作的有力抓手，这份因党而生、为党而兴的报纸，红色始终是最鲜亮的底色。近年来，在市委坚强领导和市直机关工委直接指导下，北京日报报业集团深入学习贯彻习近平总书记关于加强机关党的建设的重要讲话精神，坚持以党的政治建设为统领，全面加强集团党的建设，引导党员干部深刻认识首都党报集团的政治属性、政治责任、政治要求，时刻牢记党报姓党，坚持党管宣传、党管意识形态、党管媒体不动摇，围绕中心、服务大局，推动党建和业务深度融合，带领党员干部在壮大主流思想舆论中担当作为，在服务新时代首都发展中彰显价值，在推进媒体深度融合中强身健体，在彻底的自我革命中推进全面从严治党，朝着建设新型主流媒体集团的目标迈出了坚实步伐。

【做法成效】

提高政治站位，推动政治要求内化于心、外化于行

北京日报报业集团牢牢把握政治建设这个党的根本性建设，紧密结合模范机关创建工作，持续深入开展政治机关意识教育，积极探索加强党员干部思想淬炼、政治历练、实践锻炼、专业训练的创新思路和有效举措。大力加强党的创新理论武装，充分发挥理论学习中心组示范带动作用和党员领导干部领学促学作用，推动党员干部理论学习提质增效。指导督促各级党组织认真落实"第一议题"制度，做到第一时间传达学习、第一时间研究部署、第一时间贯彻落实。推进学习贯彻习近平新时代中国特色社会主义思想常态化长效化，教育引导党员干部在真学真懂真信真用、深化内化转化上下更大功夫，从党的创新理论中悟规律、明方向、学方法、增智慧，在以学铸魂、以学增智、以学正风、以学促干方面取得实实在在的成效，不断巩固拓展主题教育成果。全力助推全市开展学习贯彻习近平新时代中国特色社会主义思想主题教育，积极报道全市两批次主题教育的经验做法、进展成效，着力打造"党员干部应知应会每周学习包"，使其成为社内外党员学习知识库。紧密结合首都党报集团的政治属性、政治责任和政治要求，通过召开工作会议、讲党课、组织开展党支部书记培训和全员培训等，持续深化增强"脚力、眼

建设模范机关　服务保障新时代首都发展

力、脑力、笔力"教育实践，教育引导党员干部坚持从政治高度认识和处理业务问题，让业务工作更深更实体现政治要求。在党建述职评议考核、民主评议党员、重点任务督查等工作中，将政治建设情况作为主要内容，有力推动了政治机关建设。

强化政治担当，推动政治任务落地生根、开花结果

北京日报报业集团坚持围绕中心、服务大局，认真贯彻落实《关于深入推进全面从严治党 提升党员干部干事创业精气神的若干措施》，巩固拓展"首都高质量发展先锋行动"成果，激励党员干部展现讲政治、能扛活、有情怀的鲜明特质，让每名党员都成为一面鲜红的旗帜、每个支部都成为党旗高高飘扬的战斗堡垒，在加强"四个中心"功能建设、提高"四个服务"水平、深化"五子"联动服务和融入新发展格局中奋发作为。推出《沿着习总书记指引的方向》等特别报道，全景展示习近平新时代中国特色社会主义思想在京华大地落地生根、开花结果的生动实践，彰显了习近平新时代中国特色社会主义思想的实践力量和真理力量。推出"新时代首都发展巡礼"系列报道，刊发稿件2000余篇、开设话题390余个，总阅读量超12亿次，50余篇优秀报道被《北京新跨越》一书收录。加强京津冀协同发展战略宣传，推出《行走京津冀 看运河新韵》等精品栏目，描绘副中心城市发展新画卷、京津冀协同发展新成果。加强中关村论坛、服贸会、北京文化论坛、"一带一路"国际合作高峰论坛等盛会宣传，得到中央和市委充分肯定。创新推动首都民生福祉发展，在省级党报中率先建立"监督—核查—研判—处置—回应"工作闭环，推动问题办结率超过90%。全媒发力助推全国文化中心建设，做强"艺绽""北青艺评"特色品牌，联合出品的新空间剧场《猫神在故宫》完成百场驻场演出，进一步擦亮了"大戏看北京"文化名片。建强海外新闻版面和20个海外社交媒体账号，全力讲好北京故事、传播中国声音，国际传播影响力稳步提升。

深化理想信念教育　做政治坚定的模范

"新时代首都发展巡礼"系列报道
全景展示习近平新时代中国特色社会主义思想在首都的生动实践

提高政治能力，推动核心功能优化提升、充分发挥

突出宣传阐释习近平新时代中国特色社会主义思想这个首要政治任务，建好融媒体理论传播矩阵，把党报传统优势延伸到互联网主阵地，探索理论传播可视化轻巧化常态化，推出了理论季评五季、微视频"理论1点点"，长安街知事、京平、七日谈、长安观察、北京论语、客户端"锐评"等品牌越擦越亮，首都党报声音在网络舆论场始终清晰响亮。严格落实集团意识形态工作责任制实施细则，第一时间传达学习中央、市委有关意识形态工作的重要会议和文件精神，集团社委会召开专题会议研究意识形态工作，研判风险隐患，提出防范措施。领导班子成员将意识形态工作作为民主生活会和述责报告的重要内容，接受监督和评议。持续深入开展马克思主义新闻观教育和宣传纪律、宣传精神学习教育，提升党员干部防范化解风险的素质能力。夯实"全员、全时、全程、全域"把关体系，坚持传统媒体与新媒体"一把尺子量到底"，坚持各端口和员工自媒体同时监管，压紧压实意识形态工作全链条责任。敢于善于开展舆论斗争，针对美西方抹黑诬蔑言论、渗透破坏行为和历史虚无主义、泛娱乐化等错误思想倾向，约请专家学者解疑释惑，组织生产原创评论，旗帜鲜明亮剑发声，有力维护了意识形态安全。

压实政治责任，推动全面从严治党向纵深发展、取得实效

北京日报报业集团社委会坚持专题研究全面从严治党工作，认真制定落实年度全面从严治党主体责任任务安排和分工方案，统筹推进集团社委会、机关党委、党支部党建工作责任清单落实。突出政治监督，紧盯习近平总书记重要指示批示和党的二十大精神落实情况跟进精准监督，督促集团各部门各单位立足新发展阶段，完整、准确、全面贯彻新发展理念，融入新发展格局，不折不扣落实党中央和市委决策部署。全力配合市委巡视工作，对反馈的立行立改事项坚决整改到位。抓好2022年度北京市全面从严治党（党建）工作考核暨政治生态分析研判反馈问题的整改，指导督促集团二级单位做好巡察反馈问题整改工作并及时组织开展了"回头看"。严守党的政治纪律和政治规矩，严格执行党章和党内政治生活准则，加强党员干部经常性政治体检，发展积极健康的党内政治文化。坚持大抓基层的鲜明导向，增强党组织的政治功能和组织功能，高质量完成了年度党建重点任务。深入学习贯彻习近平总书记关于统战、工会、共青团和妇女工作的重要讲话精神，进一步加强了对统战、群团工作和老干部工作的领导。持之以恒正风肃纪，进一步涵养了首都党报集团风清气正的政治生态。通过压紧压实管党治党政治责任，有力推动集团党的建设高质量发展，凝聚起了奋进新征程、建功新时代的强大力量。

（执笔人：刘天粟）

首都缉私警察
讲政治 守纪律 担使命 守国门 促发展

北京海关缉私局机关党委

【专家点评】

北京海关缉私局机关党委结合业务工作尤其是队伍建设的实际，系统介绍了党的建设的基本定位、基本做法、基本经验。就政治建设的基本经验看，提出坚持政治建警、注重思想理论建设、坚持按纲抓建、坚持大抓基层、扎实开展各项主题教育、深入开展思想教育，将党的政治建设、思想建设转化为队伍的忠诚、思想的纯洁、工作的担当和风气的纯洁，体现出党的建设的有形有效。

北京海关缉私局党的建设的经验值得借鉴之处在于，围绕队伍建设这个关键，聚焦中心工作，真正把党的建设贯穿到业务工作中、落实到党员行为上，担负起捍卫首都政治安全、社会安定、人民安宁的神圣职责。

（李俊伟）

【背景介绍】

北京海关缉私局作为首都一支专职打击走私犯罪活动的公安队伍，始终坚持和加强党的领导，牢记"公安姓党"的根本政治属性，努力锻造"三个绝对""四个铁一般"过硬公安队伍。认真学习贯彻党的二十大精神，扎实开展学习贯彻习近平新时代中国特色社会主义思想主题教育，落实新时代党的建设总要求，贯彻落实习近平总书记关于建设模范机关的重要指示批示精神，不断强化政治建设、思想建设、组织建设、纪律建设、作风建设，模范机关建设取得实效。坚决贯彻落实习近平总书记关于打击走私工作的重要指示批示精神，自觉把首都缉私工作放在北京"四个中心"建设大局中去考量，建设"讲政治、守纪律、担使命、守国门、促发展"的首都缉私警察队伍，以坚强有力举措捍卫首都政治安全、社会安定、人民安宁，为推动新时代首都发展、护航首都外向型经济做出积极贡献。

【做法成效】

坚持政治建警，大力加强政治机关建设

以党的政治建设为统领，强化政治机关意识。通过深入学习贯彻党的二十大精神、深入学习习近平总书记向中国人民警察队伍授旗并致训词重要讲话精神，北京海关缉私局党组坚决扛起政治责任，全力推动全局民警深刻领悟"两个确立"的决定性意义，增强"四个意识"、坚定"四个自信"、做到"两个维护"，不断增强政治判断力、政治领悟力、政治执行力。北京海关缉私局坚决把讲政治体现在开展"专业打私、全员打私、综合治理"工作上，以实际行动做到善于从政治上观察和处理问题，使讲政治的要求从外部要求转化为内在主动，更加坚决地忠诚核心、拥戴核心、维护核心、捍卫核心。有力有序推进学习贯彻习近平新时代中国特色社会主义思想主题教育。将主题教育工作与"基层党建年"活动统筹起来，制定实施方案，细化任务分解，明确工作指引。认真落实主题教育大兴调查研究工作部署，梳理问题清单，细化6类19项工作措施，并建立"动态更新"机制。局党组成员、各部门一把手、机关党委委员共完成17项调研课题。举办党组理论学习中心组（扩大）学习主题教育读书班，组织全体民警通过钉钉平台、"指尖课堂"和局网专栏开展理论学习，组织主题教育知识竞赛，掀起学思想、强党性、共奋斗的热潮。

注重思想理论建设，强化理论武装

坚持不懈用习近平新时代中国特色社会主义思想凝心铸魂。制定出台《北京海关缉私局落实"第一议题"制度规定（试行）》。2023年1—6月，局党组通过党组会、形势分析及工作督查例会、党组理论学习中心组学习等形式开展集体学习50余次，深入学习《习近平谈治国理政》《习近平著作选读》等书籍，跟进学习习近平总书记关于机关党建和关于打击走私工作的重要讲话和重要指示批示精神。局党组落实"第一议题"制度，召开专题会议9次，认真学习领会习近平新时代中国特色社会主义思想，深刻领悟这一思想的科学体系、核心要义、精神实质和原创性贡献。积极推进青年民警政治理论素养全面提升。充分挖掘学习强国、新华社、共产党员网等党中央媒体宣传教育资源，通过"京关之盾"公众号向全局民警宣传习近平总书记重要讲话、重要指示批示精神和党中央精神和上级工作部署。发挥青年理论学习小组作用，制定《北京海关缉私局青年干部理论武装和教育管理工作实施细则》，扎实推进"根在基层、关键小事"青年调研活动，引领青年民警更加自觉地用党的创新理论武装头脑、指导实践、推动工作。

坚持按纲抓建，全力推进模范机关建设

深入领会新时代新形势下党的建设使命任务。局党组召开专题会议，深入学习贯彻习近平总书记在中央和国家机关党的建设工作会议上的重要讲话精神，推动基层联系点党支部扎实建设"四强"党支部，争创模范机关。深刻把握全面提高机关党的建设质量的根本要求。认真学习贯彻《关于在市直机关创建模范机关的意见》，深刻把握全面提高机关党的建设质量的根本要求，全面落实"讲政治、守纪律、负责任、有效率"工作要求，制定《北京海关缉私局坚持政治建警 创建"让党中央放心、让人民群众满意"的模范机关总体方案》，对各党支部模范机关创建工作做出细化安排。

建设模范机关　服务保障新时代首都发展

深入开展"护卫"行动,打击走私濒危动植物制品

坚持大抓基层,打牢组织建设根基

积极发挥主观能动性,快速畅通转隶对接机制。党组织关系调整以来,北京海关缉私局机关党委积极作为,主动向市直机关工委请示汇报学习,协调落实日常办公工作机制和汇报联系机制。加强学习,认真履行机关党委各项职责任务。深入学习《北京市贯彻落实〈中国共产党党和国家机关基层组织工作条例〉若干措施》《关于以党的政治建设为统领 进一步加强市直机关党的建设的若干措施》等规定,明确举措,在实践中摸索、总结、进步。深入推进党支部标准化规范化建设。为各支部配发《党支部标准化规范化工作指引》《党支部工作规范》《党支部工作手册》《党支部规范化建设与创新实务》《入党培训使用教材》等党务书籍,做到基层党组织建设"三会一课"、主题党日活动、支部书记讲党课等各项工作有标准、有依据、有台账。

积极开展党务知识培训，组织支部书记、党务干部参加市直机关工委组织的换届选举培训、党建督察等培训 150 余人次，提升党务干部能力水平。扎实开展"两委"委员选举工作。北京海关缉私局党组将机关党委、机关纪委委员选举作为严格落实党内政治生活制度、增强基层党组织政治功能和保障党员民主权利的基础性工作，从扎实推进机关党建高质量发展的高度，严密部署选举工作，召开机关党委会议、办公例会等 6 次，严格按要求对机关"两委"委员构成、选举办法、人选基本条件、会议程序等进行报备审批，对人选进行严格考察。按照请示批复程序，于 2023 年 2 月完成"两委"委员选举工作。及时制定《北京海关缉私局 2023 年党建工作要点》《北京海关缉私局机关党委工作办法（试行）》《北京海关缉私局机关纪委工作办法（试行）》，跟进建立"两委"工作机制和学习制度，确保机关党建工作落地落实。

扎实开展各项主题教育，筑牢公安队伍政治属性

按照公安部统一部署，北京海关缉私局于 2019 年深入开展"不忘初心、牢记使命"主题教育，于 2020 年至 2021 年分两批次开展全国公安队伍教育整顿专项活动，于 2021 年至 2022 年扎实开展党史学习教育，对党史教育常态化长效化工作进行再部署再落实。2022 年，严肃开展全国公安队伍教育整顿专项活动"回头看"工作，北京海关缉私局党组始终坚持强化政治担当，认真贯彻落实各项工作部署，制定《督导意见整改清单》，明确 25 条整改措施均整改完成，与 260 余人次开展谈心谈话，做到了全员谈话、聚焦重点、规范记录。深入自查自纠，查纠问题 21 个。梳理顽瘴痼疾 4 类 22 项，针对突出问题、短板漏洞，建章立制 18 项。坚持政治建警、全面从严管党治警，扎实开展系列专项教育，使全局民警锤炼了党性，受到了思想洗礼，夯实了高举旗帜、听党指挥、忠诚使命的思想根基，确保绝对忠诚、绝对纯洁、绝对可靠，忠诚警魂进一步牢固，党的领导进一步强化，政治生态进一步优化，管党治警长效机制有效运行。

建设模范机关　服务保障新时代首都发展

深入开展思想教育，筑牢忠诚警魂

有力开展忠诚教育。通过开展人民警察节庆祝活动、重温入党誓词、重温人民警察誓词等形式，对外展示队伍风采，对内凝聚警心斗志。持续开展英模教育。开展清明节纪念公安英烈主题活动，组织学习全国公安英模表彰大会精神，张贴英模事迹海报，组织观看"公安心向党 护航新征程"新时代公安英模事迹报告会，开设先进事迹专题推送，开设"青春心向党·建功新时代"专栏，营造学习英模、崇尚英模、争当英模的浓厚氛围。开展警示教育。开展以案为鉴警示教育、"枪车酒赌毒密网"专项整治，常态化开展日常监督检查，以"小切口"推动全面从严管党治警一贯到底。组织观看《警钟》《永远在路上》等警示教育片，围绕30个违法违纪典型案例开展专项学习和讨论，进一步巩固政法队伍教育整顿成果，使全局广大青年民警精神受到洗礼、思想受到震撼，筑牢纪法意识、筑牢廉洁底线。

（执笔人：张翠芳）

夯实基层基础
做提升组织力的模范

坚持"五有"标准 以"五联"促"五融"
推动机关党建高质量发展

市司法局机关党委

【专家点评】

市司法局的案例介绍了以联合主题党日活动为载体推进机关党建与业务工作深度融合的做法和经验。联合主题党日工作机制，以"一季度一主题"的形式展开，形式灵活，内容丰富，成效显著。联合党日主题活动，以小见大、以点带面，推动党建与业务工作的高度融合，达到"两不误、两促进"的目的。

实践是最好的试金石。市司法局机关党委的主题党日活动，凸显了政治机关的本色，提高了党建工作和业务工作的效率，推动广大党员干部形成强大的凝聚力和组织力，确保党的建设高质量发展。

（储著武）

【背景介绍】

2018年3月，第十三届全国人民代表大会第一次会议批准通过了国务院机构改革方案，决定在国务院法制办公室与原司法部的职责整合基础上重新组建司法部。随着党和国家机构改革全面铺开，以及国务院法制办公室撤并的示范效应，2018年11月16日，北京市司法局、市政府法制办公室实现职责整合，新组建的北京市司法局被赋予"一个统抓、五大职能"重要职责。重组意味着在身份认同、机关文化和运转机制等方面将发生重大变革，对组织中的每个个体都是不小的挑战。由于部门间业务差异很大、日常工作交集较少，加速思想凝聚、队伍融合、工作整合，成为迫在眉睫的任务。市司法局党委深入研究，决定从机关党建破题，在"引领队伍建设"上着重用力，探索建立"联合主题党日活动"机制，将"封闭"在不同部门的同志们"联"到一起，构建制度共建、组织共联、理论共研、资源共享、活动共办、工作共促的党建工作新格局，不断增进身份认同、情感认同、价值认同，达到深度融合效果。

【做法成效】

坚持活动实施有"保障"，以联推促进机制融合

先后印发《关于进一步规范和支持党支部开展党日活动的通知》《关于开展联合主题党日活动的通知》，从制度层面严格规范联合主题党日活动的组织实施。坚持时间安排有"保障"，将联合主题党日活动设计为每季度开展1次，机关党委定期下发活动提醒。坚持主题安排有"保障"，实行"一季度一主题"，紧扣党中央决策部署及市委有关工作要求，根据形势要求不断更新，着力在围绕中心、服务大局、推动党建业务融合上下功夫。例如北京冬奥会期间，各支部围绕"冬奥有我"主题开展普法志愿宣传、"北京榜样"走基层、疫情防控志愿服务等形式多样的联合主题党日活动。坚持经费使用有"保障"，落实党费使用审批制，向各支部提供申请开展联合主题党日活动的请示模板，重点强调议程设计的合理性和党费使用的规范性。活动结束后，各支部需向机关党委报送活动开展的情况信息。坚持有效落实有"保障"，将季度联合主题党日完成情况作为支部"过筛子"检查和年度基层党组织书记抓党建述职评议考核中的一项指标，引领带动各支部切实提高思想认识、积极争先创优。

坚持活动开展有"滋味",以联学促进思想融合

突出政治性,让活动有"党味"。活动组织必须紧扣政治性这个鲜明主题,强化庄重感、仪式感和严肃性,通过忆党史、学党章党规、重温入党誓词等形式,让党员增强"四个意识"、坚定"四个自信",真正在活动中受益。例如,为庆祝中国共产党成立102周年,机关党委部署开展了"十个一"系列庆祝活动,各支部以分享入党故事、循迹红色道路等多种红色教育形式开展联合主题党日活动,鲜艳的党旗汇成红色的海洋,成为首都司法行政最亮丽的风景线。把握灵活性,让活动有"鲜味"。支持鼓励各支部在完成好"规定动作"同时,创新"自选动作",着眼于自身实际,积极探索"联合主题党日+"的模式,例如结合讲党课、参观见学、调研座谈、知识竞赛等多种形式,让党员在鲜活的体验中受到教育和熏陶,不断增强践行全心全意为人民服务宗旨的主动性、自觉性。强调严肃性,让活动有"真味"。创新联合主题党日活动的组织形式,绝不意味着可以随意化、庸俗化、娱乐化,更不能借活动之名违规违纪。机关党委坚持从严把关,对于走形式、无效果、有"公费郊游"倾向的活动请示,一律不予批准。对于活动开展不严不实、"走味跑调"的及时纠正,并督促整改到位。

2023年12月,监狱戒毒工作处党支部、人事警务处党支部、装备财务保障处党支部在北京市团河教育矫治所(民警培训中心)开展"强化警察意识 打造过硬作风"联合主题党日活动

建设模范机关　服务保障新时代首都发展

坚持部门联合有"跨度",以联建促进组织融合

注重"内联互补"。搭建系统党组织之间内部联合通道,鼓励"政工+业务""业务+业务"联合,即政工部门党支部与业务部门党支部联合,业务种类不同的党支部之间联合,促进人员深入了解,实现党建业务互融互促。注重"外联提升"。鼓励与工作联系密切的相关部门或管理服务对象党组织开展共建活动,以党建为枢纽促进业务协作。注重"众联共促"。联合主题党日活动参与支部的个数不限于2个,鼓励由其中1个党支部牵头,因地制宜、因势利导,充分利用可触及的平台资源,为联合主题党日活动开展提供便利。例如,市司法局作为市政务服务中心进驻单位之一,与市政务服务局、市统计局、市交通委等13家单位同属第五联合党建组,结合市政务服务中心党建工作安排,市司法局行政审批处党支部作为牵头单位,组织第五联合党建组党员到北京律师博物馆开展"践行初心使命 为首都高质量发展提供法治保障"联合主题党日活动,展示以法律服务业支持首都经济社会发展的生动实践,为各单位开展法治工作提供借鉴。

坚持党员内心有"触动",以联心促进队伍融合

联合主题党日活动建立的初衷就是希望通过共同开展党员教育,增强党员党性修养和政治素质,加深党员之间的交流和联系,提升党组织的凝聚力和影响力。新形势下,开展党员教育越来越注重内容提质和形式创新,体现"以人为本"的特点,把党建工作做到党员心坎里,引发深层次的共鸣、获得精神上的洗礼。紧贴成长需求,让党员在"体验"中有"触动"。将联合主题党日活动与助力青年成长成才工作相结合,由窗口部门党支部设立党员实践岗,定期接待其他支部的青年党员跟班学习。青年党员通过"沉浸式"体验学习,全面深入了解司法行政工作,提升了专业技能,增强了做群众工作的能力。紧贴交流需求,让党员在"互动"中有"触动"。在联合主题党日活动中增设互动交流环节,尤其在机构合并之初,各支部在开展参观见学、讲党课等活动后，都会有交流互动环节，让党员纷纷打开"话匣子"，通过说故事、谈心得、聊体会，促进交流互鉴，巩固学习成果。例如，机关党委（党建工作处）党支部以"支部学堂"支部品牌为依托，定期邀请业务部门党支部书记、党员骨干授课，并围绕主题开展答疑解惑。活跃的互动氛围迅速点燃了党员的参与热情，加深了彼此了解，加强了情感交流，推动了党建与业务互融互促。

坚持能力业绩有"提升"，以联动促进工作融合

机关党建的落脚点在业务工作上，衡量党建工作质量高低最终还得看是否能够促进业务发展。自联合主题党日活动开展以来，各支部结合自身月度主题党日安排，将"联"的形式化为行动自觉，有的支部甚至突破季度联合的底线要求，实现了"月月联、经常联"。做到管理同步，自觉把推动首都司法行政事业高质量发展与联合主题党日制度结合起来，实现党建业务同谋划、同部署、同推进、同落实。做到资源同享，拓宽双方合作领域，积极共享优势资源，架起支部合作的桥梁。例如，机关党委（党建工作处）党支部与复议立案处党支部在联合主题党日活动座谈环节，围绕"如何推进党建与业务融合"主题，提出关于创设"京司青年为民岗"项目的工作建议，推动以复议立案处为代表的窗口单位设立党员实践岗位。目前，该项目已成为市司法局重点推树的党建业务融合特色品牌，正有力有序推进中，既有效整合系统资源，又助力青年党员成长成才。做到目标同向，各支部以开展联合主题党日为抓手，有的围绕业务发展创新的目标方向，有的结合年度调研课题，有的结合"局处长走流程""机关接地气 干部走基层"等重点工作安排，针对攻坚克难瓶颈问题，深入基层、走访一线、与服务对象面对面，都取得了很好的效果。

2023年，市司法局联合主题党日活动共组织了70余场次，实现了组织全覆盖、党员全参与、任务全落实。联合主题党日已成为系统党员政治学习的阵地、思想交流的平台、党性锻炼的熔炉、提升能力的基地，建强了队伍、加速了融合、夯实了根基，形成了党建与业务工作同频共振、两翼齐飞的良好局面。

（执笔人：郑惠云　闫伟　卢楠楠）

聚焦立德树人 打造三"一"合力
以高质量党建引领教育高质量发展

市财政局教育事业处党支部

【专家点评】

市财政局教育事业处党支部的案例介绍了创建三"一"合力的党建品牌来打造高质量机关的做法、成效和经验。所谓三"一"合力，指的是一条主线抓制度，牵住主体责任"牛鼻子"；一心学习把方向，用好党建思想"指南针"；一张蓝图绘到底，守好民生保障"责任田"。该处坚持把制度建设、主题教育、业务工作有机结合起来，大力推动机关党建工作和业务工作的深度融合，为加快首都教育事业的高质量发展做出了积极贡献。

实践证明，三"一"合力的党建品牌符合新时代党的建设的发展规律，符合新时代教育事业发展的现实需要，有利于提高党建工作和业务工作的效率，为相关部门党的建设提供了有益启示。

（储著武）

【背景介绍】

习近平总书记指出，"发展是第一要务，人才是第一资源"。市财政局教育事业处作为市级教育系统预算统筹和资金管理的业务处室，结合教育领域的特殊性质和人才培养的内涵要求，面对新时代新征程各项目标任务，在深入贯彻党的建设新部署新要求的同时，抓住主题教育契机，认真学习习近平新时代中国特色社会主义思想，重点学习《习近平关于北京工作论述摘编》（2023年版）、《习近平新时代中国特色社会主义思想专题摘编》等，充分发挥财政作为国家治理的基础和重要支柱的作用，打造"立德树人"的党建品牌，坚持党建引领、强化政治功能，通过制度建设、主题学习和业务工作三位一体的方式，积极推动党建与业务深度融合，努力提升机关党建质量，为首都教育高质量发展提供坚强保障。

【做法成效】

以习近平总书记关于党的建设的重要思想为指导，发挥以"政"领"财"、以"财"辅"政"的重要作用，发扬"唯公、崇德、精筹、创效"的北京财政精神，全面落实教育优先发展战略，引导党员干部增强"四个意识"、坚定"四个自信"、做到"两个维护"，冲锋在前、勇担使命。坚持将党建工作与机关业务深度融合、一体推进，印发资金管理办法、强化资金管理，切实做到财政资金紧紧围绕均衡发展、重大改革等加大投入，公共资源配置上优先满足教育和人力资源开发需要，为办好人民满意的教育保驾护航。

一条主线抓制度，牵住主体责任"牛鼻子"

一是搭建"党政结合"管理机制。强化党支部政治功能，带头落实"看北京首先要从政治上看"的要求，扎实推进主题教育，按周制订为期4个月的学习计划，采取"全面+重点""集中+分组"的学习方式，认真找准党建工作与财政工作、政治要求与民生需求、理论学习与实践运用的结合点，将所学理论转化为解决问题的工作指南，不断完善教育领域财政政策，确保首都教育高质量发展。二是坚决落实党风廉政责任制。严格落实中央八项规定精神，建立健全组内、组间相结合的谈话交流机制，筑牢意识形态主阵地。规范内控机制，在核心关键岗位设置AB角，加强对财政权力的监督制约。

强化资金监管，注重问题导向，通过系统预警、定期通报等方式，高质量推进教育领域中央直达资金监控管理。三是不断提升党支部组织力。以支部工作规范为指引，严格落实"三会一课"、主题党日活动等制度要求，扎实推进支部标准化规范化建设。团结、教育、引导党员干部，将党员队伍变成团结一心攻克业务难题的"突击队"。发挥青年"引路人"作用，带领鼓励青年干部参加"财·思"青年论坛、法治文艺财政行等活动，鼓励青年干部积极建言献策，支部连续两年获得论坛"优秀组织奖"。

一心学习把方向，用好党建思想"指南针"

一是打造"学研结合"学习模式。坚持"定计划、列清单、抓落实"三步法工作原则，采取支委专题研讨、支部大会传达宣讲、分组集中讨论等方式，坚持"在学习中研讨政策，在政策中紧扣民生"的原则，把学习习近平新时代中国特色社会主义思想融入日常、抓在经常，切实用党的创新理论武装头脑、指导实践、推动工作。二是主动靠前创新学习方法。坚持将"规定课堂"与"特色课堂"相结合，落实支部书记讲党课制度，搭建每位党员干部至少一次牵头学习的理论学习平台，引导党员干部从"被动学"变成"主动学"，高标准开展集中学习、心得分享和专题党课。组织赴冬奥会运动场馆、京西山区中共第一党支部纪念馆等地开展"沉浸式"主题党日活动，不断提高党员干部的政治能力、思维能力、实践能力，为创建立德树人党建品牌夯实基础。三是坚持"知行合一"抓调研。聚焦各项财政政策在执行中的堵点淤点难点，结合中央大兴调查研究之风工作要求，围绕普惠托育、教师交流轮岗、学位扩展压力、市属高校办学空间不足等教育领域难点痛点和改革重点，带领党员干部通过实地走访、座谈、赴外地交流等多种形式开展调研，覆盖16个区、大中小幼所有学段，深入了解各区、学校实际情况和诉求，在具体现象中挖掘本质规律，形成普惠托育财政保障标准和支持大学城建设奖补资金等政策，以实际行动推进北京市教育财政领域的管理改革及制度创新，写好调查研究的"后半篇文章"。

夯实基层基础　做提升组织力的模范

党支部赴门头沟区雁翅镇京西山区中共第一党支部纪念馆开展主题党日活动

一张蓝图绘到底，守好民生保障"责任田"

一是全力保障教育投入"两个只增不减"要求。注重以"政"领"财"带业务，树牢政治机关意识，坚持党建工作与财政工作同谋划、同部署，坚决落实习近平总书记"再穷不能穷教育，再穷不能穷孩子"的指示精神，结合北京市"十四五"时期教育改革和发展规划，梳理甄别教育经费统计各支出事项，合理调整生均经费投入，保障教育经费投入规模。二是推进学前教育普及普惠，增强百姓"幸福指数"。结合"十四五"时期学前教育由"扩学位"向"提质量"转变的发展目标，扎实推进为群众办实事理念，明确普惠性幼儿园办园成本基线，按照北京各区域功能定位进行分档精准补助，巩固"双普"成效。积极落实普惠托育政策，采取试点先行、逐步推开的方式，研究市级财政补助政策，支持义务教育学校试点开设2—3岁托班。三是促进义务教育优质均衡发展，提升教师、家长的"满意度"。聚焦教育公平这一基本原则，落实"双减"保障，为全市课后服务教师提供绩效激励经费，确保教师"多劳多得、优绩优酬"，促进教育优质均衡发展，为乡村教师提

建设模范机关　服务保障新时代首都发展

供岗位生活补助，确保乡村教师"留得住、教得好"，不断推动教育经费从规模扩张向质量提升、结构优化转移，为构建学有所教的基本公共服务制度体系提供财力支撑。四是构建"项目+人才+机构"财政科研保障体系，激发高校"活力度"。落实财政教育支出责任，持续激发高等教育龙头作用，加快推动高校基础研究高质量发展，着力构建"项目+人才+机构"的财政科研经费框架体系，实施高水平人才交叉培养计划，为"卓越青年科学家"提供专项经费支持，支持高校围绕"卡脖子"技术建设高精尖创新中心等，为中华民族伟大复兴提供科技支撑和人才支撑。

经过持续深入推进党建引领业务，教育事业处党支部逐步成为贯彻党的理论和路线方针政策、落实党中央决策部署和市委工作要求的战斗堡垒，成为服务教育改革发展、支撑首都人才培养的排头兵，各项制度建设不断完善，主题教育学习效果逐步彰显，党员干部的政治能力、思维能力、实践能力得到有效提升。在财政投入方面，2018年至2022年，北京市一般公共预算教育经费总投入维持了增长，从1020.72亿元增长至1160.95亿元，年均增幅3.3%，远高于同期一般公共预算增幅。教育支出占一般公共预算支出比例维持在16%左右，是一般公共预算中支出规模最大的领域，各学段生均一般公共预算教育经费保障水平在全国保持较高水平，努力确保教育经费投入"两个只增不减"，为各级各类学校真正做到"为党育人、为国育才"提供了有效支撑。

下一步，在推进现代化建设的新征程上，教育事业处党支部将深入贯彻落实习近平总书记关于党的建设的重要思想，在"润物细无声"中充分融合机关党建和业务工作，用互融共通的叠加效应为首都教育这一基本民生做好强有力的保障，更好地肩负起党和人民赋予的职责和使命。

（执笔人：闫哲　吴燕　张守玉）

强堡垒　当先锋　促发展

市住房城乡建设委房地产开发管理处党支部

【专家点评】

市住房城乡建设委房地产开发管理处党支部的案例介绍了"一二四"党建工作法的情况。"一二四"党建工作法的核心在于"一机制""双融合""四载体"。所谓"一机制",指的是健全学习机制,强化理论武装;"双融合",指的是党建和业务的双融合,提升凝聚力、战斗力;"四载体"指的是"党建+投资调度""党建+疏整促""党建+保交付""党建+优化营商环境",助推业务提质增效。通过实施"一二四"党建工作法,较好地把党建工作和业务工作结合了起来,提高了党建工作的水平,提升了业务工作的效率,有力推动了北京市房地产行业的平稳健康发展。

(储著武)

【背景介绍】

近年来,我国房地产市场供求关系发生重大变化,百姓居住好房的愿望不断增强,对居住品质的要求不断提高,过去在解决"有没有"时期追求住房建设速度和数量的发展模式,已不适应现在解决"好不好"时期全面提升居住品质的新要求。党中央先后作出一系列重要部署,提出要构建房地产发展新模式,推动房地产转型升级、实现高质量发展,让人民群众住上更好的房子,这一重大决策对房地产行业管理部门提出了新的更高要求。

建设模范机关 服务保障新时代首都发展

市住房城乡建设委房地产开发管理处作为全市房地产开发项目和企业管理的职责部门，负责全市房地产促投资、房地产风险协调处置、配套设施管理、企业管理等工作。面对新形势新任务新要求，房地产开发管理处党支部立足于破解房地产发展难题、促进房地产市场平稳健康发展的根本目标，充分发挥党支部战斗堡垒作用，积极探索新的发展模式和实施路径，把"六个引领工作法"融入促投资、保交付、疏解整治促提升等实际工作中，当仁不让、责无旁贷地在行业管理中带好头、作表率、树标杆。

【做法成效】

始终牢记"看北京首先要从政治上看"的要求，坚持党建引领，紧紧围绕中央和市委市政府工作部署，积极探索"一二四"党建工作法，通过"一机制""双融合""四载体"，着力提升党支部的组织力、凝聚力、引领力、战斗力、影响力，积极推进党建业务深度融合，持续推动北京市房地产行业平稳健康发展。

健全学习机制，强化党的创新理论武装

牢记习近平总书记"以学铸魂、以学增智、以学正风、以学促干"重要指示，把深入学习贯彻习近平新时代中国特色社会主义思想作为首要政治任务，健全完善学习机制，不断提高理论学习质量。一是落实"第一议题"制度。持续跟进学习习近平总书记重要讲话、重要指示批示精神，第一时间传达学习，第一时间研究部署，第一时间贯彻落实，悟原理、悟情怀、悟方法，用党的创新理论武装头脑、指导实践、推动工作。二是建立集中学习制度。坚持每周安排时间组织集中学习，采取领学、集体自学、书记上党课、党员讲微党课等形式，重点学习党的创新理论、政策法规及业务知识，不断提高党员干部的政治理论和业务知识水平，做到每周学一次，思想进一步。三是坚持体会交流制度。每月组织党员对政治理论、时事热点、舆论焦点、工作难点等进行研讨交流，让思想相互碰撞，使认识更加统一。四是优化学习激励制度。定期对党员干部的理论学习和体会撰写情况进行讲评，将学习强国平台作为建设学习型党组织的重要阵地，把理论学习评价作为评优评先、推荐干部的重要内容，让学优者有想头、有奔头，大力营造比、学、赶、帮、超的浓厚氛围。通过深入学习、讨论和撰写体会，全体党员的眼界更加开阔，体会更加深刻，思想更加坚定。

党建和业务双融合，打造担当实干的模范党支部

在长期业务工作实践中，把党建与业务双融合的过程转化为打造党建品牌的催化剂，变成凝聚党员干部团结奋斗的推动力。一是把注重发挥党支部战斗堡垒作用与业务工作相融合。围绕贯彻执行中央和市委市政府及委党组决策部署，聚焦促投资、促开工，保交付、保民生，化风险、稳行业等重点工作，增强"一个支部就是一个堡垒，一名党员就是一面旗帜"的意识，推进党建工作和业务工作的各项举措在部署上相互配合、在实施中相互促进。特别是在业务急难险重、人手相对短缺的情况下，注重在思想上引领、工作上支持、生活上关心，引导大家把政治判断力、政治领悟力、政治执行力转化为指导实践、推动工作的强大力量，转化为解决棘手疑难问题的实际行动，党员干部的综合素养在冲锋陷阵、勇于担当中得到全面提升。二是把严格落实组织生活制度与业务工作相融合。针对市民反映集中的开发遗留问题处理等工作，把"三会一课"、主题党日等开到项目现场、开到居民社区，加大调查研究力度，和群众坐在一条板凳上，认真听取业主意见，从群众中寻求解决问题的最佳方案，用形式多样、贴近实际的组织生活，解决市民身边的急难愁盼问题。三是把持续推进正风肃纪与业务工作相融合。在日常工作中，注重作风建设和纪律建设，严格落实《市住房城乡建设委工作人员"十不准"》要求，做到警示教育常态化、个性化、立体化。特别是针对业务工作一头连着开发商、一头连着老百姓的实际，对廉政风险点逐一分析、精准"排雷"，及时列出"小权力"清单，并坚持动态调整，一体推进不敢腐、不能腐、不想腐。

建设模范机关　服务保障新时代首都发展

"党建+"拓展四个载体，助推业务工作提质增效

全面推行"六个引领工作法"，积极探索"党建+业务"新路径。一是通过"党建+投资调度"，推进房地产开发促开工、稳投资工作。认真学习党的创新理论，始终坚持人民至上，切实站稳人民立场。主动与企业、区住建委开展联片共建活动，针对企业遇到的难题，结合实际研究出台办理前期手续的便利措施，上下联动缩短项目手续办理时间；督促各区力推新增、保障续建、深挖遗留，力争实现更多实物工作量；会同相关部门调度集中供地项目，对新成交供地项目，及时跟进对接服务，促进项目尽早开工、尽早投资、尽早纳统；及时做好项目投资推进服务，摸排协调解决房地产项目建材供应、用工需求等问题，确保项目有序推进。在市、区共同努力下，房地产投资任务连续多年圆满完成，为全市固定资产投资增长提供了有力支撑。二是通过"党建+疏整促"，着力提升百姓居住品质。公共服务设施是否顺利建设和移交是衡量居住项目建设品质好坏的重要标尺，直接关系到百姓对美好生活向往的实现。为此，全体党员干部牢记使命、初心不改，全面贯彻以人民为中心的发展思想，持续强化配套设施建设管理，进一步夯实居住项目配套设施建设、移交管理基础。按照市委市政府"疏整促"工作部

2023年2月，党支部赴通州某项目开展调研协调

署,联合相关部门开展商品住宅小区配套公共服务设施建设和移交遗留问题专项治理工作,居住服务品质进一步提升,居民获得感和幸福感逐年递增。三是通过"党建+保交付",扎实抓好风险项目化解工作。防风险、保交付工作,领导关注、群众关心,并且任务重、标准高,涉及部门多、协调难度大。接受任务之初,很多同志有畏难情绪,党支部通过召开支部党员大会,让大家站在群众的角度谈体会,切实认清任务的重要性、紧迫性,统一了思想,明确了责任。在此基础上,会同有关部门采取"一项目一对策"的措施,持续加大对房地产风险项目的防控力度。经过大家的共同努力和艰苦细致的工作,北京市风险项目已基本得到有效化解出清,保证了房地产市场平稳健康发展和首都社会和谐稳定。四是通过"党建+优化营商环境",着力提升行业监管水平。始终坚持问题导向,切实找准实践前进的突破点。结合优化营商环境,对资质审批、项目手册备案管理等多个系统功能进行整合升级,压缩申请材料和工作时限,实现了全程网办,提高服务效率;注重加强事中事后监管,市区采取"双随机"的方式,对在建在售开发项目的企业资质情况进行随机抽查,确保在建在售项目的开发企业符合开发资质要求;加大教育提醒力度,采取与新办理资质企业法定代表人面谈的方式,普及房地产开发政策,开展安全提醒和教育,引导和规范房地产业平稳健康发展。

通过"一机制""双融合""四载体""党建工作法,党建工作与业务工作结合得更加紧密,不仅丰富了党建活动内容,激发了党员干部的参与热情和对支部的归属感,还增强了支部的凝聚力、战斗力,提高了政治站位,提升了工作效率,党员干部的思想境界更高了、工作干劲更足了,为中心工作的圆满完成提供了坚强保证。

(执笔人:姚长飞 刘自辉 赵竞峰)

坚持"五个聚焦"创建模范机关 为城管执法工作高质量发展 提供坚强政治保证

市城管执法局党委

【专家点评】

市城管执法局的案例介绍了坚持"五个聚焦"创建模范机关的做法。"五个聚焦",即聚焦政治标准、思想建设、组织建设、作风纪律建设、党建引领五大方面,把党的政治建设、思想建设、组织建设、纪律建设等贯彻落实到城管执法的业务工作之中,扎实推进党建和业务的融合发展。该案例启示我们,城管执法工作事无巨细,要把这项工作做好,不仅要深入学习习近平新时代中国特色社会主义思想,不断加强理论武装;还必须把党的政策要求同具体业务结合起来,创造性地加强党的领导。

(储著武)

【背景介绍】

市城管执法局认真贯彻落实习近平总书记关于建设模范机关的重要指示精神,全面提高城管执法机关党的建设质量,以高质量机关党建引领模范机关创建,以模范机关创建促进首都城管执法工作高质量发展。局党委高度重视,深入学习贯彻市第十三次党代会精神,按照市直机关工委《关于在市直机关创建模范机关的意见》，坚持"五个聚焦"，认真找差距、议举措、抓落实，扎实开展模范机关创建活动，模范机关创建取得初步成效。

【做法成效】

市城管执法局党委认真贯彻落实习近平总书记关于建设模范机关的重要指示精神，坚持以政治建设为统领，以党建工作为引领，以深入开展主题教育为契机，坚持"五个聚焦"，大力推进模范机关创建工作。

聚焦政治标准，努力创建政治坚定的模范机关

首都的城管执法机关首先是政治机关，必须把旗帜鲜明讲政治作为第一要求。一是严格落实"第一议题"制度。局党委坚持把学习贯彻习近平新时代中国特色社会主义思想、习近平总书记重要讲话和指示批示精神作为党委会"第一议题"，及时跟进传达学习，领会精神实质，不断提高政治站位，深刻领悟"两个确立"的决定性意义，坚决做到"两个维护"。同时，把落实"第一议题"制度与工作实际紧密结合，自觉将习近平新时代中国特色社会主义思想转化为指导实践、推动首都城管执法工作的强大动力。二是强化政治机关意识教育。牢记"看北京首先要从政治上看"的要求，凡事从政治上考量，在大局下行事。突出以上率下，党委书记、党支部书记坚持围绕"强化政治机关意识"讲专题党课，引导党员干部不断提高政治判断力、政治领悟力、政治执行力，切实将政治机关意识体现为工作中的自觉行动，转化为推动城管执法工作的实际成效。三是压实管党治党政治责任。加强党的全面领导，搞好统筹谋划，研究制定党委工作要点、党建工作安排和纪检工作要点，建立四级主体责任清单，层层签订责任清单，落实"清单化管理、项目化推进、动态化考核"工作机制，构建主体明晰的责任体系和工作格局，层层压实主体责任。

建设模范机关　服务保障新时代首都发展

聚焦思想建设，努力创建组织力强的模范机关

坚持思想建党、理论强党，加强党的思想建设，关键在于强化思想理论武装。一是深化理论武装。坚持不懈用习近平新时代中国特色社会主义思想凝心铸魂，突出抓好"关键少数"，发挥党委理论学习中心组领学促学、青年理论学习小组示范学和支部基础学习教育的作用，持续开展学习标兵评选，围绕工作学、结合职责学、带着问题学，在深化内化转化上下功夫，切实把学习成果转化为坚定理想、锤炼党性和指导实践、推动城管执法工作的强大力量。二是深入开展主题教育。牢牢把握"学思想、强党性、重实践、建新功"的总要求，第一时间开展传达学习、研究部署、动员发动，组织领导班子读书班，开展集中学习、交流研讨、主题党日活动，到北大红楼、香山革命纪念地、通州大运河等党性教育基地参观见学，邀请中央党校专家宣讲辅导党的二十大精神，推动全体党员干部读原著、学原文、悟原理取得实效，让思想伟力在首都城管充分彰显，一体推进调查研究、推动发展、整改整治，努力争当首都高质量发展先锋。三是强化思想政治工作。抓好精神文明建设，开展文明单位、节约型机关创建和"北京榜样·最美城管人、最美城管队"推树。严格落实意识形态工作责任制，定期开展意识形态教育、分析，积极稳妥做好突发事件和热点敏感问题的舆情引导。开展党员干部职工矛盾排查和思想动态调查分析，及时跟进了解掌握党员干部思想状况，引导党员干部保持健康向上良好心态，使思想政治工作切实发挥"春风化雨"的作用。

聚焦组织建设，努力创建作风优良的模范机关

牢固树立大抓基层鲜明导向，增强政治功能和组织功能，不断培育优良作风，夯实基层战斗堡垒。一是提升支部标准化规范化水平。认真贯彻《中国共产党支部工作条例（试行）》和市直机关党支部标准化规范化建设工作指引要求，开展"四强"党支部创建和党支部标准化规范化建设提升年行动，规范《党支部工作手册》使用，落实好"三会一课"、主题党日、党员民主评议，开展重温入党誓词、党员过"政治生日"等专题组织生活，做好党员发展，定期开展优秀共产党员、优秀党务工作者、先进基层党组织评选表彰。规范党员领导干部参加双重组织生活和联系支部制度，促进提升党支部工作质量。二是加强党务干部队伍建设。严格党支部换届选举工作，选优配强党支部书记，落实新任书记任前谈话，组织开展党支部书记暨党务干部集中培训。有计划地安排党务干部同行政、业务干部轮岗和专兼职党务干部到基层挂职锻炼，不断激发工作积极性和奉献精神，提高抓党建工作素质能力。三是突出党员先锋模范作用发挥。认真贯彻落实《中国共产党党员教育管理工作条例》，紧紧围绕疫情防控、服务保障首都重大活动、城管执法等开展教育管理，组织"城管开放日"，选派党员干部下沉支援基层一线疫情防控、深入各区检查督查。广大党员积极响应党组织号召，深入开展"双报到"工作，积极投入社区防控、垃圾分类、环境治理等服务活动，用心用力用情做好社区服务，有效诠释城管执法机关党员干部责任与担当，受到社区和群众的广泛好评。

组织"城管巾帼展风采 优质服务做奉献"展览

聚焦作风纪律建设，努力创建关心关爱的模范机关

坚持全面从严治队，培育优良作风，着力锻造过硬城管队伍，涵养风清气正的政治生态。一是持之以恒抓作风。坚持问题导向、多措并举，严格执行中央八项规定精神和市委贯彻落实办法，突出对"一把手"和领导班子的监督制约，用好监督执纪"四种形态"，加强政治监督，持续纠"四风"、树新风，营造不敢腐、不能腐、不想腐的浓厚氛围。二是加强纪律教育。召开全市城管系统"以案为鉴、以案促改"警示教育大会，利用"机关党建专栏"定期发布廉政教育短片，抓住元旦、春节、端午、中秋、国庆等正风肃纪关键时间节点，采取纪检委员工作会部署、印发通知、学习典型案例、开展监督检查等方式，开展廉政教育提醒和监督，有效防止"四风"反弹回潮。三是强化督促指导。定期召开年度全面从严治党（党建）工作部署会、推进会，部署工作、推进落实。组织开展年度全面从严治党（党建）工作检查考核和党建述职评议考核，进行综合评定，反馈考核评价意见。深入开展对"一把手"和领导班子监督意见落实专题检查，查找问题不足，抓好整改提升。领导班子成员深入基层执法一线和联系点调研指导帮建，以上率下，营造良好政治生态。

聚焦党建引领，努力创建业绩过硬的模范机关

牢固树立党建、业务"一盘棋"思想，围绕发展抓党建，抓好党建促发展。一是加强党建品牌建设。按照"四有"标准（有明确的创建思路、有鲜明的品牌名称、有丰富的活动载体、有公认的业绩实效），组织开展具有城管特色的"一支部一品牌"创建，形成办公室"永葆初心 服务为先"、法制处"法制会客厅"、宣传处"凝心聚力 以宣润心"、党群工作处"活力党建 服务发展"等18个党支部党建特色品牌。二是做好统战、群团和老干部工作。建立统战工作台账，定期开展学习，加强沟通联系，强化思想政治引领，组织建言献策活动。支持工会、妇女和青年组织开展丰富多彩的文体活动，召开青年、退役军人座谈会，激发党员干部干事创业的内生动力，营造团结向上、积极健康的工作氛围。按期完成退休党支部换届选举，组织召开退休干部代表座谈会，开展走访慰问，听取老同志意见建议，使其充分发挥余热。三是展现城管执法新作为新担当。坚持以学促干，将主题教育与城管执法中心工作紧密结合、深度融合，以执法工作成果检验主题教育成效，着力推进服务首都功能优化提升、执法为民暖心解忧、安全隐患排查治理、城市人居环境整治，全面推进综合执法和队伍管理，努力打造首都城管执法品牌，不断推动首都城市环境治理提质增效，全面服务首都经济社会发展。市局先后被授予首都文明单位、节约型机关单位、全国行政执法先进集体、全国住房和城乡建设系统先进集体等荣誉称号。

（执笔人：韩利　唐天军）

党建引领促业务 "三能联动"谋发展

市交通委丰台运输管理分局党支部

【专家点评】

市交通委丰台运输管理分局的案例介绍了"三能联动"党支部工作法的做法经验。"三能联动"以"学、做、督"为主线,注重开设多彩课堂、打造党员红旗先锋队、培育表彰文化,工作思路清晰,内容丰富。通过实施"三能联动"工作法,拧紧思想上的"总开关"、奏响行动中的"主旋律"、明确工作中的"指挥棒",最终实现了学深、做实、督严的目的。丰台运输管理分局党支部的经验告诉我们,党的建设思想教育是保障、创新载体是关键、促进发展是根本,党建工作和业务工作是统一的,要不断结合新的形势和要求推动党的建设和业务工作的融合发展。

(储著武)

【背景介绍】

市交通委丰台运输管理分局承担着北京市丰台区范围内公交客运、省际客运、旅游客运、货运、机动车维修、出租客运、租赁、水运、驾驶员培训等九大交通运输经营业务的行业监管和北京南站、北京丰台站、北京大兴国际机场等三大重点场站的运输接续保障工作,特别是近年来首都社会精细化治理水平逐渐提升,新生业态不断出现,对党员干部执法能力、综合素质要求逐年提高,行业监管充满挑战,综合运输保障任务艰巨。2020 年,分局党支部深度聚焦辖区行业综合治理，构建了自上而下、规范运行的党建品牌——"先'丰'力量"，形成了"学—做—督 三能联动"党建工作法。该工作法内在逻辑清晰，基本遵循全面，实践进路可靠，锻炼了一支高素质、勇担当、讲团结的党员干部队伍，营造了创先争优的良好氛围，促进了辖区运输行业的稳定健康发展。

【做法成效】

一、主要做法

一是"学"深——人人乐学人人善教。加大对党员干部的教育培训，切实做到思想源头上高度重视，行动上身体力行，充分发挥各级党组织的战斗堡垒作用和党员的先锋模范作用。坚持"聚焦需求搞培训，立足实用排课程"的原则，开展有针对性的党性教育和专业化能力培训。一方面线上平台随时学。自主搭建"模学院"内部移动教育课堂平台，开设红色党性"主课"、绿色业务"专课"和橙色形势"新课"等六类课程，邀请干部职工录制视频网课，自创立至今3年时间里，党员干部年均授课达到297节，"云端互动评论"模块，党员干部年均累计评论达800余条。另一方面线下课堂促勤政。将"勤政与廉政相结合"，每月开设"匠心大讲堂"，中层领导讲廉政课、年轻干部讲纪法知识、领导班子做点评分享。截至目前已组织"匠心大讲堂"9期，青年干部讲纪法9期，线上知识竞赛2场，线下辩论赛2场。

二是"做"实——打造党员红旗先锋队。注重创新党建工作载体，通过全面营造文化氛围、拓展应用多种媒介、精心开展主题活动等，使党组织更好地发挥作用，打造富有特色的党建文化。坚持"补短板、强弱项、固优势"原则，组建红旗先锋队——凝智组、凝力组和凝心组，引导党员干部把发挥先锋模范作用渗透到业务工作中去。凝智组坚持问题导向，发现行业监管和单位内部管理的问题，寻找破解之道。凝力组抓任务落实，在重点场站保障、接诉即办等工作中创新聚力，助推行业平稳有序发展。凝心组坚持榜样力量，

建设模范机关　服务保障新时代首都发展

通过"电子宣传栏""有声文化墙",宣传先进典型,激发党员干部对标赶超的内生动力。

2021年,围绕党史学习教育,开展"学党史 正初心 办实事"学习教育暨"七个一百"红旗先锋队活动,通过100分学习牛人挑战、100部红色经典分享、100件红色宝物征集、100样献礼作品创作、100秒党建视频拍摄、100张满意笑脸征集、100封感谢信件发放,将"规定动作"做到位,"自选动作"做精准,"亮点动作"做出彩。组建"南站共产党员车队工作室",引导党员干部为北京南站夜间保障发挥先锋模范作用,服务好旅程"最后一公里"。

北京南站先锋队员重点时期夜间保障

2022年,围绕为党的二十大胜利召开保驾护航,赋予"做实"更多含义和内容,通过开展"先锋力量战役当先""手拉手共建活动""我为百姓办实事"等10项活动,擦亮"先'丰'力量"党建品牌,实现党建与中心工作同频共振。在邮件快递和物流业新冠疫情专项治理工作中,坚持党建引领,主动融合属地政府部门力量,建立由行业管理部门统筹、属地街镇具体负责的工作机制,借助街镇力量加强货运行业监管工作,取得良好效果。党员干部积极开展社区"双报到",捐赠防疫物资,开展志愿服务。4名党员干部下沉社区，28名干部主动参加居住地社区志愿服务。

2023年，围绕学习贯彻习近平新时代中国特色社会主义思想主题教育，扎实推进"红旗先锋队五访五问行动"。年初收集资源与需求清单对内17项、对外55项，上半年完成推进落实共23项，成果可观。"23·7"特大暴雨期间，红旗先锋队"汛"速部署，确保丰台站、北京南站、大兴国际机场晚点旅客及时疏散。336人次参与防汛值守，确保所有点位均未发生人员和车辆险情。5名干部报名下沉防汛一线，用实际行动彰显红旗先锋队的责任担当。

三是"督"严——培育表彰文化。在"督"上发力，坚持培育表彰文化，实现队伍能力素养综合提升。按照"全方位、广维度、多层次"原则，建立干部综合评价监督和荣誉考核激励机制。从工作品德、工作能力、工作态度、工作成效、工作纪律五个测评角度，形成干部综合评价分析报告，全面掌握干部成长情况。在工作落实上推行周清、月结、季督、年评"四步"督导工作机制，推进个人工作过程性评价考核，注重干部个人成长。开展党员量化积分评定，从政治理论学习、严肃党内政治生活、履行岗位职责、遵守纪律规矩、发挥模范先锋作用等维度，对全体党员进行积分评价。开展"先锋科室"和"先锋个人"评选，结合综合评价分析报告和党员积分评定情况，评议"优秀党员"，激励党员干部担当作为，发挥"头雁"作用，产生"鲇鱼效应"，形成干部队伍结构优势互补、互帮互助的良好局面。

二、主要成效

坚持党建引领，"学—做—督 三能联动"党建工作法，对加强党员干部教育管理，推进中心工作落实起到了重要作用，2022年该工作法入选北京市委组织部优秀党支部工作案例，同年获评全国交通运输行业基层党建创新行政事业类"十佳案例"，对党支部规范化建设有重要的启示和借鉴。

一是拧紧"总开关"，提升引领力。开放活跃的学习课堂，促进了党员干部学出新境界、新高度，实现了党员干部由"向学"向"乐学"的转变。党员干部主动展示，积极参与，先后荣获北京市机关第五届青年技能大赛"学

建设模范机关　服务保障新时代首都发展

党史、强信念、跟党走——党史学习人"学习能力竞赛二等奖，北京市机关第五届青年技能大赛"青春心向党——红色教育基地代言人"宣讲能力竞赛三等奖，第十一届书香中国·北京阅读季"书香北京系列评选"优秀机关。深入打造"新时代廉洁文化建设"，成功申报第二届交通运输行业廉洁文化建设优秀案例。党员教育培训的创新，切实提升了党员干部的学习能力和综合素质，带动了党支部引领力得到进一步提升。

二是奏响"主旋律"，增强战斗力。红旗先锋队的设立，把党建工作与中心工作紧密相连，把党的政治优势转化为中心工作的优势，充分发挥了共产党员的先锋模范带头作用，党支部战斗力得到进一步增强。在全体党员干部共同奋进下，分局行业工作受到肯定，被评为交通运输部全国交通运输先进集体、北京市交通安全先进单位、市交通委系统"先进基层党组织"。北京南站党员车队工作室被交通运输部、全国总工会、国家铁路局等单位评为"2023年综合运输春运成绩突出集体"。同时，北京南站党员车队工作室荣登"2023北京榜样——每月人物榜单"之特别榜。

三是挥舞"指挥棒"，巩固凝聚力。表彰文化建设激发了党员干部超额、创新、高质量完成工作的热情。科室与科室之间协同合作，党员干部队伍同向而行、同行发力，党支部凝聚力得到进一步巩固。分局党员干部争先创优不断提高自身能力素养，荣获交通运输部交通运输法治政府部门建设成绩突出先进个人、北京市交通行业先进个人、北京市交通委优秀共产党员、北京市国家安全先进个人、北京市交通安全先进个人等荣誉称号。

（执笔人：唐明海　肖湘）

用"党建红"点亮三中院模范机关建设

市三中院执行局党总支

【专家点评】

新时代党的建设的总要求是坚持和加强党的全面领导,坚持党要管党,全面从严治党。市三中院执行局党总支的案例介绍了设立党总支的基本情况。执行局通过设立党总支,解决了党建和业务"两张皮"、各自为战"难统筹"、党建工作"缺抓手"、战斗堡垒作用"难发挥"等问题,最终实现了党建工作和执行工作"两融合、双促进"的目的。执行局党总支的设立,不仅遵循了新时代党建工作的新要求,同时又紧密结合执行工作的现实需要,有效提升了党建工作的水平,有力地推动了执行工作规范高效展开。

(储著武)

【背景介绍】

为加强法院基层党的建设,进一步提升人民法院执行局党建队建质量水平,2022年年初,经请示市直机关工委同意,北京市第三中级人民法院在执行局设立党总支,着力发挥执行局党总支的战斗堡垒作用,推动执行工作规范高效开展。执行局党总支下辖3个支部,6个党小组。自2022年成立以来,在院党组和院机关党委的坚强领导下,执行局党总支坚持党建领航,将强组织、创品牌、提效能、抓规范作为四大抓手,坚持以党建带队建促审执,引领法院模范机关建设和执行工作高质量发展。

建设模范机关　服务保障新时代首都发展

【做法成效】

组织架构一体化，实现由"分散型"向"融合型"转变

按照"选好一个书记，放心一个支部；建好一个支部，放心一个庭室"的思路，在选优配强3个执行庭党支部书记基础上，选好配强执行局副局长。构建"1+3+N"组织架构，新组建的"5人制"党总支，由副局长担任党总支书记，党总支委员由3个执行庭庭长担任，吸收1名骨干进入党总支，集结三个支部支委力量，努力实现组织结构最优化。制定党总支、党总支书记、党总支委员、党支部书记"四个责任清单"，逐级签订零违法、零违纪"双零"目标责任制。建立每月党建+执行工作推进会机制，党总支"一班人"自觉履行"一岗双责"。党总支书记重点履行领导责任、指导责任和监督责任，"两副担子一肩挑，两个责任都要担"，迅速打开工作局面，实现了从召集人到党总支带头人的华丽转变。其他委员按照党内分工，既要当好党总支委员，也要当好本部门支部书记，不断丰富基层党建的内涵和载体，深化工作形式和内容，使党建工作持续焕发生机。

党建品牌一体化，实现由"名称型"向"品牌化"转变

建立"让党旗在执行阵地高高飘扬"党建品牌，党总支书记作为"党建主持"统筹规划，共谋发展。在强化政治引领上，成立"执行局党总支知行宣讲团"，在全局迅速掀起学思践悟笃行党的二十大精神的热潮，党总支牵头制定主题教育实施细则，明确22项工作责任分工和完成时限，结合执行实施工作人员分散的特点，通过"三会一课"、交流研讨、党小组学习、执行团队集中学习、个人自学等多种学习形式，引导干警准确把握主题教育目标要求。党总支成立以来共组织集体学习、研讨交流156次，完成调研课题47个；在党建工作筹划上，强化"大支部"观念，党总支制定"大方案"，明确任务、目标、要求，各支部制定"分方案"，明确落实时限和主体；在联系党员渠道上,共建总支微信群,3 个支部"轮流坐庄",每周推送理论学习应知应会,依托"执行夜校"培训品牌,开展执行经验大家谈、法官课堂、案例讲评等;在人员调配上,赋予总支书记"自由裁量权""晋职晋级一票否决权",消除壁垒,提升合力。

党建路径一体化,实现"单一型"向"多样型"转变

构建"三点一线"串联模式,优化党组抓基层党建工作实施路径,形成工作有人抓、落实有人督、责任有人负、奖惩有人管的良好局面。在主题教育、执行工作专项整顿教育及廉政警示教育等工作中,党总支履行管党治警的主体责任,结合实际创新自选动作,创新拍摄执行普法"连续剧",自创歌曲《执·行》,讲好市三中院执行故事;开展八一建军节"退伍不褪色、执行展风采"主题党日活动,凝心聚力;与通州潞县基层党组织共签合作协议,设立"乡村振兴司法服务工作站"和"零距离驻村法官工作站",为基层治理提供司法服务;开展"三个一"清风行动廉政教育月活动,制发"一封家书"、通过"清风活动"签订"零违法违纪承诺书"、开讲专题党课,筑牢底线守好防线,不断完善岗位廉政风险排查和风险防控工作机制。坚持"三个规定"每月按时填报,达到一事一报、应报尽报,收到表扬信 116 封、锦旗 137 面。

党总支开展庆"八一"主题教育专题党日活动

建设模范机关　服务保障新时代首都发展

党建业务一体化，实现由"封闭型"向"共享型"转变

坚持聚焦主业，以党建带队建促审判，以"六个"狠抓定目标提质效。一是狠抓绩效考核，定期制发《管理月报》，紧盯指标定措施，取得明显成效；二是狠抓标的到位率，将其提升至43.84%；三是狠抓积案清理，清理积案887件；四是狠抓案款管理，发还案款174亿元，位居全市第一；五是狠抓扫黑除恶执行工作；六是狠抓专案要案，取得重大突破。执结中信国安系列案90件，到位253亿元。2023年全年受理1亿元以上首执案件160件，结案157件，局主要领导在京津冀三地协作会上作经验交流。开创的"执行＋保险"机制，把保险服务衔接司法实务，使执行工作提质增效。率先推出大宗股票分拆处置机制，成交金额破亿，被《执行工作动态》刊载向全国推介。与民庭推出建立出资义务证明机制，获中共中央政法委员会网站推广。在全国首创执行案款发还小程序，在中国执行、最高人民法院公众号宣传推广。编纂《创新矩阵使用指南》《执行实施实务工作指引（第二辑）》指导办案。4名干警荣获全市法院标兵称号，11名干警在第十一届"中国执行论坛"获奖，2名干警在人民司法"凤城杯"征文中获奖，170余篇新闻稿、实务案例及理论文章公开发表。

建章立制一体化，实现由"临时性"向"制度化"转变

设立党总支的目的就是加强党的建设。不是临时"搭班子"，而是现实和长远需要，不能按照一般标准泛泛建设，必须按照最严要求、最高标准、最好效果，通过建章立制，实现规范持久。党总支一成立，就认真组织学习《支部工作条例》等法规文件，并就"如何抓、抓什么、怎么抓、谁来抓"集思广益。坚持做到"六先五定期"。"六先"即制订执行工作计划，首先制订党建工作计划；组织党总支学习，首先学习党的创新理论；外出执行任务，首先开展党性教育；召集工作例会，首先讲评党建工作；推选评功评奖，首先看党员作用发挥；年底工作述职，首先述好廉政职责。"五定期"即每月组织召开一次执行局党员大会,讲评工作,提出要求;每季度组织一次廉政党课,委员轮流讲;每半年对党风廉政建设工作进行研判,固强补弱;每年年底召开执行局党总支述职述廉会,联系点党组成员现场点评;每年召开2次干警亲属座谈会,以案说法,提醒干警培育良好家风,共管共育,从而提升了党总支工作实效性。

执行局党总支成立以来,三中院执行实施案件申请标的总额达2766.87亿元,同比增长11.30%,占全市法院的28.52%;目标责任制考核得分为9.5分,在同类中院名列第一。执行工作两次专项巡查中平均总得分为98.5分,在同类中院中名列第一,执行信访案件办理及时度满分。

(执笔人:张鹏程 周圣乔 杨旸)

打造"五学五创"学创先锋党支部工作法推动涉外审判工作高质量发展

市四中院民庭(北京国际商事法庭)党支部

【专家点评】

市四中院民庭的案例介绍了"五学五创"工作法的做法及经验。学理论、学政策、学党史、学典型、学思维,以及创新机制、创设标准、创优队伍、创先服务、创建示范,是其党建工作的亮点和创新之处。

"五学五创"工作法,坚持把党的工作同涉外审判业务工作结合起来,推动党的建设同审判工作深度融合、高质量发展,解决处理了大量涉外案件。通过实施"五学五创"工作法,市四中院民庭打造出一个学习创新型党支部,积累了党建与业务融合发展的宝贵经验,值得相关部门学习借鉴。

(储著武)

【背景介绍】

市四中院民庭(北京国际商事法庭)党支部坚持以习近平新时代中国特色社会主义思想为指导,积极创新党建工作方式,打造党建与审判深度融合"五学五创"学创先锋党支部工作法。开展"五学守正"的党建工作,建立"五创融合"的党建机制,打造"学创先锋"的党建品牌。以党建引领"国内一流、国际领先"的国际商事法庭建设，充分发挥法庭服务保障"一带一路"倡议、首都"四个中心"功能定位和北京"两区"建设的功能作用。

【做法成效】

开展"五学守正"党建工作

学理论，为党育人。建立常态化学习机制，制订支部理论学习计划，提出"党性四化"和"加强思想党建三法"，督促党员干警制订个人学习计划，严格落实"三会一课"制度，开展多形式、分层次、全覆盖的专题学习、研讨交流活动。扎实开展主题教育活动，全面学习贯彻习近平法治思想，以"学习读书会"形式，深入研读《习近平著作选读》《习近平谈治国理政》等重要理论著作，在读原著、学原文中领悟真理的力量，用党的创新理论铸魂育人。

学政策，胸怀天下。深入学习贯彻习近平总书记关于"坚持统筹推进国内法治和涉外法治"的重要论述，聚焦打造涉外商事纠纷解决优选地的目标，学习中央及北京市的大政方针政策，提高涉外审判法官的国际视野及多元化解国际商事纠纷的能力。在涉外审判工作中胸怀"两个大局"，树立涉外审判服务"国之大者"的理念，立足专业审判，发挥职能优势，服务保障首都国际交往中心建设。

学党史，传承红色。开展"读史寻根，读史明志，读史有恒，读史致用"的"党史四读"活动，运用党的历史经验和实践创造，启迪智慧、砥砺品格、鼓舞斗志，在党史学习中增强把"两个确立"转化为"两个维护"的自觉。前往香山革命纪念馆、长辛店二七纪念馆、首钢园等主题教育基地，重温百年奋斗党史。

学典型，树立新风。加强先进典型培树机制，充分发挥典型的示范引领作用。开展"远学重大典型，近学身边榜样"活动，以重大典型为标杆，以身边榜样为引领，营造见贤思齐、赶学比超、争当榜样的良好氛围，有效地

建设模范机关　服务保障新时代首都发展

赴首钢园开展"弘扬冬奥精神,学习奋斗历史"主题党日活动

调动支部干警的争创热情和工作积极性。忠诚践行司法职责使命,无私奉献赓续优良传统,传承和发扬攻坚克难的作风,在不懈奋斗中开创涉外商事审判新局面。

学思维,指导实践。强化系统观念,学习党的二十大报告提出的七种思维能力,在党建工作中带动党员学习好各种思维方法,培养服务大局的战略思维、以史为鉴的历史思维、科学严谨的辩证思维、统筹发展的系统思维、锐意进取的创新思维、严谨规范的法治思维、防微杜渐的底线思维。学习运用七种思维能力,解决当前国际商事法庭高水平发展面临的关键性难题。

构建"五创融合"党建机制

创新机制,推动党建与业务深度融合。探索构建党建与审判业务充分融合高度整合的"融合联动党建"新模式,坚持党建与业务共谋划,建立工作台账,做到件件有部署、事事有落实。构建"党建与审判团队建设三结合模式",发挥党员在审判业务中的引领作用,成立"国商·审思"调研小组,在党建与业务融合发展中大兴调研之风,围绕涉外审判重点难点问题,研究"集中送达机制""法律查明机制""审判效率节点管理机制",制定域外法查明指引规范，与域外法查明机构签订合作协议，作为四中院与清华大学法学院、人民大学法学院共建协议的"高水平涉外法治人才协同培养创新基地"。

创设标准，从严治党抓好党风廉政建设。从教育党员、管理党员、监督党员三个角度出发，创设从高从严的标准。教育引导党员干警牢记"看北京首先要从政治上看"的要求，从严抓好党支部考核考评制度。每月定期开展与干警的谈心谈话活动，听取意见建议，掌握了解干警思想动态。深化运用监督执纪"四种形态"，加强对干警全方位的管理监督，确保从严从实加强干部队伍建设，做到忠诚干净担当，筑牢拒腐防变的思想道德防线。

创优队伍，发挥党支部战斗堡垒作用。党支部书记注重发挥好"第一责任人"的作用，明确支委在组织、廉政、宣传等方面的职责。坚持"把党小组建在审判团队上"，配强配优党小组长，党小组每月定期开展主题鲜明的党建活动，充分发挥党小组作用，夯实党建基础。党建领航，探索"五四"青年培优模式，设立青年理论学习小组，激发青年理论学习热情，为队伍建设注入青春活力。

创先服务，践行司法为民初心。围绕人民群众对新时代司法工作的新要求、新期盼，党支部主动作为，不等不靠，聚焦诉源治理、多元解纷、审判质效提升等重点任务，紧扣审判工作、司法改革、队伍建设，让党建带动各项工作升级换挡、全面进步。确保国家重点项目顺利推进实施，积极回应开放型经济发展的司法需求，对受理的涉"一带一路"、RCEP（区域全面经济伙伴关系协定）重大案件，探索建立了"一评估三优化五专业"审理机制。研究制定32项涉外规范指南，优化法庭与一站式解纷建设机制衔接，推进涉外商事纠纷诉源治理新模式。受理涉外案件数量、涉及国家地区均居全国首位，2023年，审理涉外商事案件1092件，涉及100多个国家和地区，解决争议金额超过200亿元，为3000余家中外主体提供高效便捷的司法服务。

创建示范，创树"学创先锋"党建品牌。优化涉外审判机制创新，为服务首都高水平对外开放贡献司法力量。加强国际法理论和实务研究，承担最高人民法院司法研究重大课题《坚持统筹推进国内法治和涉外法治背景下的

建设模范机关　服务保障新时代首都发展

国际条约适用问题研究》获优秀课题，多篇学术论文、裁判文书在全国法院获奖，判决选为最高法院指导性案例。先后有19人次在国际商事法院常设国际论坛、中国国际服务贸易法律论坛、"一带一路"国际合作高峰论坛等国内外法治论坛上贡献智慧。上线北京国际商事法庭中英文网站，传播中国法治声音，成为展示自信自立中国形象的新窗口。打造"国商视界""国商法谈"法官沙龙活动，邀请知名专家学者开展授课交流，探索建立以实践为导向的涉外商事审判人才培养机制，厚植支部党员的理论基础和素养。充分发挥国际商事法庭在"统筹推进国内法治和涉外法治"中的重要作用，进一步增强政治认同、思想认同、情感认同，切实将"学创先锋"党建品牌创建的效果转化为"看得见、摸得着"的先进生产力、落实到提升工作效率和服务水平上。

党支部坚持"五学五创"工作法，谋定高质量发展思路，持续推动北京国际商事法庭高水平运行。自2022年以来，努力打造党建引领、深度融合的北京国际商事审判高地，全国人大常委会委员两次来京开展专题调研，对涉外商事审判工作给予高度肯定，工作经验在全国法院涉外商事海事审判工作会议上交流介绍，多个国家、地区法院和国内多家国际商事法庭、调解仲裁组织来交流学习，"高水平建设北京国际商事法庭"工作得到社会广泛认可。支部多名党员干警分别获评"全国法院涉外商事海事审判精英人才""全国涉外商事海事审判工作先进个人""环境资源审判工作先进个人""人民满意的政法干警""北京市审判业务专家""北京法院司法实务研究专家""全市法院司法业务技能比赛业务标兵"等荣誉称号。以政治强、作风正、讲大局、勤学习、精本领、立岗位、创优先的标准，打造忠诚、干净、担当、务实、奋斗的学习创新型党支部。

（执笔人：马军　彭林海）

强化责任担当 以提升经济服务组织力助推首都民企高质量发展

市工商联经济处党支部

【专家点评】

党和国家高度重视民营企业的发展问题。市工商联经济处的案例介绍了强化党支部组织力的四条路径,为提升党的组织力做出有益探索。四条路径,是指突出政治功能,增强政治引领力;激发组织活力,增强组织凝聚力;注重党建赋能,增强企业获得感;强化纪律约束,增强制度执行力。通过以上四条路径,市工商联经济处党支部实现了组织力的"有所向""有所聚""有所用""有所律",党支部的凝聚力和战斗力不断增强,助推了首都民营经济的高质量发展。

(储著武)

【背景介绍】

习近平总书记在全国两会民建、工商联界委员联组会上强调,民营企业要自觉走高质量发展路子,明确了新时期工商联的工作方向和政治担当。市工商联经济处党支部坚决扛起政治责任,通过四条路径强化党支部组织力,以党建引领服务效能提升,助推首都民营经济高质量发展。

建设模范机关　服务保障新时代首都发展

【做法成效】

突出政治功能，增强政治引领力，让组织力"有所向"

组织是"形"，思想是"魂"，增强党组织的政治功能和组织功能，既要"造形"，也要"铸魂"。经济处党支部牢牢把握工商联的政治属性，坚持不懈用习近平新时代中国特色社会主义思想凝心铸魂。青年干部创新载体"活学"，在"学习强国"平台挑战答题，走进"青年E学堂"自编自讲"青云小百科"，在深入交流讨论中悟原理、学方法。辐射带动民营经济人士"联学"，党支部与北京科技装备业商会联合过主题党日，围绕企业发展进行座谈交流，大胆尝试党建引领业务工作，在双联共促中聚共识、促履职。对于党的重要理论著作"通学"，几年来，支部组织党员将《习近平谈治国理政》一至四卷中国经济特别是民营经济的相关论述融会贯通比较学，在反复深入学习中强思想、担使命，不断增进政治认同、思想认同、情感认同。

激发组织活力，增强组织凝聚力，让组织力"有所聚"

磨刀不误砍柴工。党支部"一班人"在实践中反复摸索，多次召开支委会，进一步领会政治属性是党组织的根本属性，政治功能是党组织的基本功能，组织功能服务于政治功能，是发挥党组织政治功能的基础和保证，两者相辅相成、内在统一。只有"两个功能"都增强，党的政治优势、组织优势才能充分发挥，确定要把政治引领寓于经济服务的总基调，明确了"围绕业务抓党建，抓好党建促业务"的工作思路。

方向既定，重在落实。坚持夯实组织基础与精进业务工作并重，经过深入探索研究，确认"创新"才是北京民营经济高质量发展的第一动力，把"创新发展"作为服务切入点，实施"助力北京民营企业创新领跑行动计划"，聚焦新一代信息技术、生物医药等高精尖产业发展，2023年举办两业融合企业交流会5场，细分领域交流会、座谈会、政企对接会40余场。联合"北京时间"线上直播，60余万家企业线上线下参与。及时的政策解读和专业的圆桌论坛，有效激发了企业主动融合、适应融合的内生动力，经过申报和评选等相关程序，在全市第一批两业融合35家试点企业和5家示范园区中，民营企业占比80%以上，两业融合发展的"北京品牌"已初现成效。在此过程中，业务工作探索推进的每一步，都经过党支部的集体研究、党员的广泛商讨，确保了经济服务工作在党建引领下科学谋划、稳步开展。

危难之处显身手。在业务工作的薄弱环节，党建是最坚强有力的抓手，紧跟业务工作进度，不断解难题、促发展，为业务工作开展提供有力支撑。例如，面对大型会员企业破产重组、拖欠账款等棘手难题时，探索将支部党员大会、处务会、纾困研讨会"三会合一"，大家以"三重身份"焕发"1+1>2"力量，作为党员勇于担当、攻坚克难，作为骨干发挥特长、献计献策，作为干部各抒己见、集思广益，事实证明集体攻关战无不胜，"三合一"模式高效解决了119笔账款拖欠，合计金额达102亿元。

注重党建赋能，增强企业获得感，让组织力"有所用"

党支部政治功能和组织功能强不强，抓重大任务落实是试金石，也是磨刀石。三年疫情给民营企业带来较大冲击，助企纾困是重要的工作任务，党支部结合"战疫助企有我"主题学习实践活动，做到"调研服务不断线、调研防疫两不误"。2023年，结合主题教育以学正风、以学促干的要求，主动查找出赋能民企方法不多的问题，在党支部开展大讨论，共同研究老方法不管用、新方法不会用的问题。党员们经过深入剖析、热烈讨论形成共识：工商联的定位是政府部门的助手，我们就该在"联合"上做文章，一下子拓宽了解题思路、打开了工作局面。积极联合市政务服务局组建"政策体验师"队伍，组织政策公开讲；联合市发改委组织"两业融合企业交流会"，培育民企争创百家试点企业；联合市贷款服务中心启动"信贷易融"工程，畅通小微企业融资渠道；联合税务局开展"春雨润苗"行动，把减税降费落到实处；组建金融服务商让民企少走弯路，提高贷款效率；联合市委办公厅开展服务企业科技创新党日活动，反映企业诉求。一张张政策服务的"联合牌"打出去，让兑现政策精准触达企业，应享尽享政策红利。一项项务实举措有效破解了服务民企方法不多的难题，既增强了民营企业的获得感，更让支部党员感受到了组织力真正"有所用"的幸福感。

党支部赴阿里巴巴（北京）软件服务有限公司调研走访，
了解首都民营企业发展现状

强化纪律约束，增强制度执行力，让组织力"有所律"

制度先行抓工作。在党组的坚强领导下，党支部严格履行全面从严治党主体责任，全面落实"五廉五微"工作机制，大力推进"清廉机关"建设。针对经济服务工作与民营企业家交往多、接触广的特点，教育党员带头遵守机关干部与民营企业家交往"行为规范""亲清新十条"，利用官网"清廉双面镜"开设清廉选修课，对党员干部进行警示教育。在"百强"调研发布等重大任务、重点工作中发挥"四风"监督员作用，进行日常监督。在重要时间节点给干部家庭送"廉洁家书"等，支部党员干部队伍作风正派硬朗，开展经济服务工作"底气"足。严格规范落实"三会一课"制度，严肃开好组织生活会，切实提高组织生活质量，通过讲收获体会、讲差距不足、讲整改措施，真正让批评和自我批评成为每个党员干部的必修课，使组织生活"辣味"足。

寓教于行带队伍。打铁必须自身硬。党支部着眼增强自身免疫力，建强党员队伍。持续开展"三结合三看三提升"行动，把党支部建设"准星"瞄在作风建设、工作成效、处室氛围和党员干部精神面貌上。党支部书记发挥模范带头作用，以周到细致的政治思想工作，陪伴支部党员"质感生长"。"百强"榜单发布前期申报、动员，后期数据核对等工作都是难啃的"硬骨头"，当年轻同志出现压力大、情绪焦虑时，支部书记及时促膝谈心，从"战胜困难的动力从哪来"入手，跟年轻同志讲觉醒年代的故事，探讨信仰的力量，不仅解开了思想疙瘩，还厘清了业务工作思路。

星光不负赶路人。在全体党员的共同努力下，经济处党支部建设长足发展，党员队伍不断扩大，党的事业薪火相传，党支部凝聚力和战斗力不断增强，在助推首都民营经济高质量发展的星光大道上阔步前行。

（执笔人：王蓬　刘璐）

挺膺担当勇奋进 "四心"绘就同心圆

北京社会主义学院教务处党支部

【专家点评】

北京社会主义学院的案例介绍了"四心"支部建设的做法和经验。该党支部通过理论能力提升、基础工作提升、服务水平提升、组织力提升"四项提升"行动，着力建设思想政治引领初心、真诚结交朋友知心、全方位服务关怀暖心、凝聚共识力促同心的"四心"支部。"四心"支部建设注重党建工作与业务工作的深度融合，实现了正初心、促知心、聚暖心、铸同心的目的，锻炼出一支政治素质高、业务水平强的教学管理和服务团队，为进一步做好新时代党外人士工作做出有益探索。

（储著武）

【背景介绍】

中共中央印发的《社会主义学院工作条例》中明确规定，教学工作是社会主义学院的中心工作。教务处是北京社会主义学院承担教学工作的主责部门，是学院的重要业务部门之一，负责组织落实党外代表人士的教学培训工作，在加强对党外人士的思想政治引领中发挥着重要作用。作为面向党外人士宣传党的理论方针政策、与党外人士联谊交友的重要窗口，教务处党支部始终坚持政治引领抓业务促党建、透过业务看政治讲忠诚的工作理念，通过理论能力提升、基础工作提升、服务水平提升、组织力提升"四项提升"行动，着力建设思想政治引领初心、真诚结交朋友知心、全方位服务关怀暖心、凝聚共识力促同心的"四心"支部，打造支部党建工作特色和党建品牌，推动党建与业务工作深度融合、双向互促，努力在为北京率先基本实现社会主义现代化凝心聚力中展现新担当、实现新作为。支部近年来先后三次在学院"两优一先"评选表彰中获得先进党组织称号，在学院模范机关建设中发挥着排头兵作用。

【做法成效】

用党的创新理论武装头脑，通过理论能力提升行动正初心

秉持教育者先受教育和政治学院党员必须先学一步、学深一层的理念，坚持 2+1+N 的支部学习模式，即每月至少开展 2 次有主题集中学习，每季度至少开展 1 次专题交流研讨，每天利用 10 分钟碎片化时间由支部党员轮流领学主题教育必读书目、重要文件、重要讲话精神、经典原著等，教育引导支部党员对习近平新时代中国特色社会主义思想，特别是习近平总书记关于做好新时代党的统一战线工作的重要思想和对北京一系列重要讲话精神，努力做到知其言与知其意相结合、知其所以然与知其所以必然相统一，使强化支部思想政治理论学习与强化对学员思想政治引领同向发力、同频共振。

通过扎实的理论武装，支部党员把所学转化为所用，在推动党的创新理论系统权威进教材、生动有效进课堂、刻骨铭心进头脑方面久久为功。突出政治性，坚持政治培训为主，把习近平新时代中国特色社会主义思想作为培训的核心内容，做到短班有课程、长班有模块；体现针对性，重点讲清习近平新时代中国特色社会主义思想的核心要义，面向党外人士侧重强化思想政治引领和深化政治交接，面向统战干部侧重学原文悟原理和提升政治素养、工作能力；强化系统性，完善以基础理论、统一战线、形势任务、能力素质 4 个教学模块为引领，以 X 门课程为支撑的"4+X"课程框架，以系统化的课程体系促进习近平新时代中国特色社会主义思想入脑入心。例如，在党史

建设模范机关　服务保障新时代首都发展

学习教育中，支部党员共同研究创建了符合共识教育特点、体现北京社院特色的"四个结合"党史教育培训体系，用实际行动体现了政治理论学习与主责主业工作的深度有机融合。

赴李大钊烈士陵园开展"缅怀革命英烈，传承红色基因"主题党日活动

聚焦主责主业守正创新，通过基础工作提升行动促知心

落实主题教育要求，在夯实基础工作上下功夫，着力打造"懂统战、懂学员、懂培训"的教务党员队伍。扎实开展调查研究。在主题教育开展过程中，组织支部党员俯下身子听意见、沉下心思搞调研，由支部党员分别牵头成立项目组，通过问卷、座谈、个别访谈等方式，围绕提升支部组织力及教学培训质量开展深入调研，共发放各类调查问卷300余份，面向学员和客座教授进行座谈、访谈30余人次，形成教学质量评估报告3份，收集各方面意见建议30余条，梳理总结出支部建设、教学设计、学员管理等方面的问题5项，

形成《北京社院主体班教培质量提升的思路举措和方法路径研究》等调研报告，为不断加强和改进思想政治引领和教学培训工作提供指导和依据。积极创新培训模式。应对疫情形势，敢打敢拼、敢于创新，于2020年4月中旬便搭建起"共识学苑"线上学习平台，疫情期间第一时间传播党的声音、加强思想引领，在全国社院系统走在前列，目前已将三年来线上培训的经验拓展到日常班次中，开创了线上线下培训融合发展的新局面。在全市范围内分三批建设共识教育实践教学基地36个，逐步形成了体现北京特色、布局合理的高质量共识教育实践教学基地库，在全市社院系统共建共享，在全国社院系统形成品牌，三年来累计服务中央统战部和中央社院相关培训50余次，广受好评。持续强化制度建设。重视夯基础、建规范，形成了由2个意见、1个大制度、8个分制度在内的2+1+8的教学培训制度体系，为工作明确方向任务和具体要求，树立稳扎稳打的工作导向和工作作风。

立足岗位职责争优创先，通过服务水平提升行动聚暖心

深入贯彻习近平总书记关于党的建设的重要思想，开展"三个亮明"专项行动，积极引导支部党员在工作岗位、重点项目中立身为旗，发挥党员先锋模范作用。亮明身份，支部全体党员工作时间均佩戴党员徽章，特别是班主任带班期间必须佩戴党员徽章亮明党员身份；亮明岗位，创建流动党员先锋模范岗，由支部党员大会投票选出每季度模范岗人选，提升支部党员先锋模范意识和带头示范意识，激发比学赶超工作热情，营造争先向上的工作氛围；亮明意见反馈渠道，通过教学评估问卷调查、学员座谈等方式，面向学员、培训班主办方、区级社院教师等多渠道征求意见建议，及时改进提升工作。例如，在开展主题教育过程中，针对调研反映出的对区级社院教学工作指导力度有待加强的问题，及时提出建立健全对区级社院不定期下校视导评估、骨干教学科研人员培养、优质资源共建共享等7项教学工作指导机制并逐项抓好落实，到区社院听课评课27门次，为各区培养统一战线理论人才提供了有力支持。

建设模范机关　服务保障新时代首都发展

发挥整体效能凝聚共识，通过组织力提升行动铸同心

坚持增强支部政治功能和组织功能，弘扬奋斗精神和实干作风，做好"三抓三融"，锤炼党性、锻炼队伍，激发党员干事创业精气神。三抓，即抓"三会一课"，严肃支部组织生活；抓班子建设，支委学习和思想政治建设抓在先、作表率；抓工作流程，进一步规范工作标准，砸实支部基础工作，提升支部日常工作的规范化水平和质量。三融，即党员教育融入经常，开展"日常谈心＋节点约谈"，交流思想、相互教育；党性教育融入日常，坚持为支部党员过政治生日，开展"对党说句心里话"、党史知识竞答等支部特色活动，建立实体支部"党建园地"，激励支部党员团结奋进；党性锻炼融入实战，三年来，支部先后有 2 名党员参加建党 100 周年庆祝活动的服务保障工作，1 名党员借调中央统战部参与全国性专项调研工作，1 名党员主动报名参加援疆工作，1 名党员借调中央社院参与硕士点招生专项工作，1 名党员借调参与市委巡视工作，全体青年党员全部参加防疫专班或防疫下沉工作，累计下沉时间超 3000 小时。通过规范组织生活、加强政治历练，进一步激发支部建设活力，增强支部凝聚力，为做好党外人士凝心聚力工作夯实了思想和组织基础。在近期举办的几个针对党外人士的重点班次中，来自各民主党派和无党派的学员对教务处培训工作特别是班主任工作给予了充分肯定，有学员评价在北京社院的学习经历"是一次思想理论的盛宴""参加过最好的培训，没有之一""遇到的最好班主任，没有之一"，这正是发挥支部战斗堡垒作用、推动党建与业务深度融合的工作成果和充分体现。

（执笔人：张士慧　于倩）

以"五型"党支部创建打造广电品牌 助力首都新型主流媒体建设

北京广播电视台机关党委

【专家点评】

　　北京广播电视台的案例介绍了开展"五型"党支部建设的基本情况。"五型"党支部，以"突出广电特色、培育党建品牌、创建模范机关、助推融合发展"为目标，创建"融合型、精益型、开拓型、学习型、服务型"五种类型的党支部，有效解决了党建与业务相脱节的问题。"五型"党支部建设，主要措施有调研督查填好"体检表"、突出特色画好"实施图"、百家争鸣亮出"金点子"、比学赶超争上"光荣榜"，较好地把握了广电领域党建工作和业务工作的特点。

　　实践证明，"五型"党支部建设是全面加强党的领导的有效形式，实现了党建和业务的深度融合。该案例启示我们，加强党的组织建设，不仅要从思想上高度重视党支部的建设，还要从行动上采取有效举措，把党支部建设成为凝聚力强的战斗堡垒。

（储著武）

【背景介绍】

　　党支部是党的基础组织，只有建强基层党支部，加强党支部标准化规范化建设，提升党支部战斗力、凝聚力、创造力，才能打牢模范机关创建的地基。北京广播电视台机关党委下设97个基层党组织，其中，退休职工党委1个，党总支11个，党支部85个，党员2700余名。各支部所属部门业务类型多样、覆盖领域广泛，既有事业单位，也有国有企业。既有朝九晚五的职能管理部门，也有24小时轮班值守的技术保障部门。既有工作性质外出多、工作时间不固定的广播电视等传统媒体部门，也有年轻人集中、人员流动性强的新媒体业务部门，总体上具有"数量多、涵盖广、差异大、分布散"的特点。

北京广播电视台深入贯彻落实习近平总书记关于党的建设的重要思想、习近平文化思想和关于模范机关建设的重要指示精神，严格落实市委、市委宣传部和市直机关工委有关要求，自觉担负起新的文化使命、坚决履行首都主流媒体和意识形态重镇职责。台党组、机关党委立足广电行业特点，坚持把媒体深度融合、党建与业务深度融合"两手抓"，结合新闻宣传、经营管理、队伍建设等方面的重点工作，策划"五型"（融合型、精益型、开拓型、学习型、服务型）党支部创建活动，选树一批标杆党支部，打造一批可推广、可复制的党建工作品牌，激励带动全台各党总支、党支部共同推动全台党建工作高质量发展，在首都模范机关创建中走好"第一方阵"。创建活动每两年开展一次，每届每个类型授牌1个党支部。评选标准将"静态指标"与"动态指标"相结合，紧跟形势发展、工作需要调整完善，坚持全链条管理监督、全覆盖宣传推广，持续发挥先进典型引领作用。

【做法成效】

主要做法

一是调研督查填好"体检表"。2023年年初，台党组、机关党委对标对表巡视巡察有关制度规定、落实管党治党政治责任负面清单以及历年全面从严治党检查考核重点内容，组织开展党支部"两化"建设督导检查，采取分析比对、自查自纠、完善规范、督促整改等方式，对各党支部2021年换

夯实基层基础　做提升组织力的模范

届以来 3 年的工作进行了全面检查，通过把脉问诊、找准症结、对症施治，推动各党支部整改提升、均衡发展。在此过程中，注重发现、挖掘各党支部在推动党建与业务融合方面的好经验、好做法，为"五型"党支部创建活动奠定了良好基础。二是突出特色画好"实施图"。在前期调研督查的基础上，台党组、机关党委深入研究制定"五型"党支部创建活动实施方案，各党总支、党支部结合自身工作实际，全面梳理回顾、认真总结提炼，从五个类型中选择一个类型进行申报。创建活动正式启动以来，全台各党总支、党支部积极响应，踊跃报名，各党总支、党支部提交了申报材料。三是百家争鸣亮出"金点子"。创建活动期间，许多党支部充分发挥广电人的聪明才智，推陈出新，纷纷拿出"看家法宝"进行同台打擂。在"融合型"党支部创建中，生活频道中心党总支持续深化"六位一体"生态模式，推动党建与产业深度融合。音乐广播中心党支部以"紧、盯、时、效"党建工作法推动文艺与时代脉搏同频共振。在"精益型"党支部创建中，文艺频道中心党支部、国际电影节运行中心党支部、电视节目制作中心党总支等支部带领党员干部在内容生产、经营创收、技术创新等工作中开拓创新、攻坚克难。在"学习型"党支部创建中，研究室党支部以"123"研学机制强化政治理论武装。审计部"每日打卡"蝉联全台第一。在"服务型"党支部创建中，总编室党支部以"码上服务"工作法大幅提升服务效率。新闻广播中心党支部十年如一日，通过"心目影院"为盲人点亮心中一盏灯。服务保障中心党支部以"服务周到、快速反应、及时反馈"工作理念当好群众身边的"贴心人"等。四是比学赶超争上"光荣榜"。经汇总整理、组织评审、台内公示，台党组、机关党委研究，融媒体中心党支部发挥媒体融合、党建与业务融合"乘数效应""聚合效应""示范效应"，授牌为"融合型党支部"。播出中心党支部以"完善制度建设、深化绩效考核，落实降本增效、强化队伍建设"为目标，授牌为"精益型党支部"。城市广播中心党支部围绕首都高质量发展、京津冀协同发展，实现党务、业务、服务"三提升"，授牌为"开拓型党支部"。新闻频道中心第二党支部以"5+N+1"结对共建模式打造党员学习教育特色品牌，授牌为"学习型党支部"。行政管理部党支部以全台干部职工满不满意

建设模范机关　服务保障新时代首都发展

2023年6月20日，北京广播电视台召开庆祝中国共产党成立102周年大会暨主题教育专题党课报告会，会上台党组成员为"五型"党支部授牌，5位党支部书记现场交流经验

为工作最高标准，用情办好一批"民心工程"，授牌为"服务型党支部"。为进一步增强创建活动仪式感和党支部荣誉感，激励全台各党总支、党支部对标典型、奋楫笃行，争取在下一届创建活动中当标杆作表率，在全台庆祝中国共产党成立102周年大会暨主题教育专题党课报告会上举行"五型"党支部授牌仪式，"五型"党支部代表现场交流党建工作经验，达到了宣传推广、互学互鉴、共同进步的良好效果。

经验成效

一是党建业务更"融"。通过创建"融合型"党支部，解决党建与业务"两张皮"问题，牢固树立"党建＋业务"一盘棋思想，真正把党建工作融入主题宣传报道、精品力作创新、媒体深度融合等各方面各环节，推动党建工作与中心工作同向发力、同频共振。二是组织管理更"细"。通过创建"精益型"党支部，持续深化供给侧结构性改革目标任务落实，在优化资源配置、完善机制体制、落实降本增效、强化绩效考核等方面精益求精、精打细算，全面提升了党建引领下的管理科学化、专业化、精细化水平。三是队伍建设更"强"。通过创建"开拓型"党支部，进一步激活党员"细胞"、增强党员活力，在内容生产、技术创新、经营创收、内控管理等重点工作中开拓创新、攻坚克难、勇创佳绩，发挥了党员先锋模范作用。四是理论学习更"深"。通过创建"学习型"党支部，党员干部更加自觉从习近平新时代中国特色社会主义思想中汲取力量、寻找破解难题的"金钥匙"，对党的创新理论、专业技能知识做到学深悟透、融会贯通、知行合一。五是服务群众更"实"。通过创建"服务型"党支部，切实走好新时代党的群众路线，用情用心抓好"民心工程"，实实在在为广大党员干部、群众办实事、办好事，为全台改革发展凝聚精神力量。

经验启示

一是要打好"融合牌"。党建创新必须围绕党的中心任务来展开，朝着党的建设总目标来推进。"五型"党支部创建紧紧围绕全台改革融合发展，发挥党建引领、融合赋能作用。二是要搭建"示范点"。党建创新必须充分发挥先进典型的"酵母"和辐射作用。"五型"党支部创建把先进典型经验做法作为生动教材，开创了"树起一个点、带动一大片"的良好局面。三是要擦亮"金名片"。党建创新必须打造新品牌、擦亮"金名片"。"五型"党支部创建达到了对内强素质、聚人心、夯基础，对外树品牌、展风貌、促发展的目标，放大了以高质量党建推动高质量发展的促进作用。

（执笔人：杨秀英　李江涛　石豪）

严格纪律规矩
做作风优良的模范

扎实开展调查研究 积极创建模范机关

市委组织部

【专家点评】

本案例集中论述了开展调查研究对于创建模范机关的重要意义。实践表明，市委组织部通过开展调查研究，既办了实事，又继续弘扬了深入实际的好作风，有力提升了模范机关创建工作成效。

市委组织部开展调查研究工作的最大特点是抓得实，一是注重将理论学习与调查研究深度融合，深入开展党的创新理论学习；二是以调研强基础，持续提升组织力，切实发挥党支部战斗堡垒作用和党员先锋模范作用；三是调研工作中始终把作风建设摆在突出位置，不断推动党员干部转作风、强本领、重实干、勇担当；四是始终将服务群众、促进发展作为调研的出发点和落脚点，以深化调查研究推动解决发展难题。

本案例的启示意义在于：以抓好调查研究促进模范机关建设，必须要加强政治建设，进一步强化政治机关属性；不断丰富拓展模范机关创建内涵，提高模范机关创建质量；要聚集创建合力，增强创建模范机关内生动力；要找准模范机关创建和中心工作的结合点，实现党建和业务双提升。

（戴立兴）

【背景介绍】

市委组织部全面贯彻习近平新时代中国特色社会主义思想，深入学习贯

建设模范机关　服务保障新时代首都发展

彻习近平总书记关于建设模范机关的重要指示精神和对组织部门提出的"建设讲政治、重公道、业务精、作风好的模范部门"要求,认真落实《关于在市直机关创建模范机关的意见》中争做"五个模范"(政治坚定、提升组织力、作风优良、业绩过硬、关心关爱)的任务,聚焦"做作风优良的模范",将调查研究作为重要抓手,从 2020 年起坚持每年开展部机关"走基层、大调研、办实事"活动,用心用情服务基层党员干部人才,大力弘扬组织部门"政治坚定、公道正派、廉洁勤奋、求实创新"的基本作风。四年来,累计走访调研点位 2500 余个,推动解决组织工作重点难点问题 500 余个,引导部机关干部持之以恒转变工作作风、密切联系群众、提高履职本领、强化责任担当。在此基础上,每年形成调研报告、典型案例、合理化建议等一系列调研成果,开展评比表彰,抓好成果转化,引导部机关各党支部在围绕中心、建设队伍、服务群众中争创一流、走在前列,持续深化模范部门和过硬队伍建设。

【做法成效】

恪守政治坚定,围绕中心服务大局

坚持把政治坚定作为组工干部党性修养、优良作风的根本体现,坚决贯彻落实党中央关于大兴调查研究的决策部署,每年制订部机关"走基层、大调研、办实事"活动方案,广泛动员各党支部制订调研工作计划,推动全体干部深入基层广泛调研。组织各党支部认真学习贯彻习近平总书记关于调查研究的重要论述,配发《习近平关于调查研究论述摘编》等书籍,开设"如何开展调查研究"等课程,教育引导干部开展调研提高政治站位、制定政策把准政治方向、推动工作贯彻政治要求,切实把讲政治贯穿调查研究始终。坚持围绕中心、服务大局,聚焦制约首都组织工作高质量发展的因素确定选题、开展调研,特别是主题教育期间与市纪委市监委机关共同承担"深入推进全面从严治党,提升党员干部干事创业精气神"课题;瞄准基层党建存在薄弱环节、高素质专业化干部储备不足、关键核心技术"卡脖子"等难题,确定 11 项部领导领题调研课题、31 项处室调研课题，做到有的放矢、靶向施策。坚持人民至上、强化使命担当，教育引导部机关干部深入基层与群众面对面沟通交流、心贴心排忧解难，在办实事、办好事中践行"以人民为中心"的发展思想，比如，主题教育期间推动市级相关部门帮助村庄修缮红色遗迹、改善基础设施；协调基层单位为部分新就业群体提供内外科、血常规等 10 余项免费体检项目，为快递小哥举办运动会。

"陶然杯"西城小哥运动会现场

坚持公道正派，服务党员干部人才

始终把公道正派作为组织工作最本质的要求和组工干部必须恪守的职业道德，注重将学习党的创新理论、组工业务知识和熟悉基层实际情况结合起来，推动部机关干部深入市、区、街乡镇等各级部门，党群、政法、学校、企业等各类单位，采用列席班子会、走访座谈、问卷调查等多种方式调研了解情况，在理论联系实际中开阔视野、勤学善思、增长才干，打牢坚持公道正派的思想基础。在调查研究过程中，着力加强对全市各级组织人事部门的业务指导，细致做好政策咨询和答疑解惑工作，及时发现和纠正偏差，推动落实党的组织制度、干部人事制度、人才工作制度，不断提高首都党的建设和组织工作规范化、科学化水平，切实把公道正派的原则要求制度化、具体化。坚持近距离考察识别干部，把工作一线作为识别干部的"主战场"，深入基层治理、乡村振兴、人才高地建设、防汛救灾和灾后重建等重大任务的最前沿发现"千里马"，全面了解干部，公正评价干部，准确推荐干部，合理使用干部，树立重实干重实绩的用人导向，让好干部用当其时、用当其才、用其所长，真正做到公道正派选贤任能。注重围绕党员之家、干部之家、人才之家建设，沉到基层、敞开大门，通过发放调查问卷、召开年轻干部座谈会、开展"一对一"深度访谈等多种方式，广泛听取党员干部人才对组织部门和组工干部的意见建议，虚心接受党内外监督，推动部机关干部争做公道正派的有力实践者。

突出廉洁勤奋，保持部门良好形象

始终把清正廉洁作为组织工作的职业操守、把艰苦奋斗作为组工干部必须坚守的职业要求，建立健全调研工作督促检查机制，活动期间定期汇总各党支部调研点位、频次、访谈人次等情况，适时通报各党支部调查工作进度，督促干部脚步为亲、勤下基层。各党支部坚持当日一线调查、当日梳理资料、当日研究讨论，努力做到案无积卷、事不过夜，及时形成有价值、接地气、"冒热气"的鲜活素材。部分党支部坚持开展"每周下基层""我在基层"等项目，全面准确掌握基层工作动态。着力加强调研统筹，部机关定期审核各党支部阶段性调研安排，筛查调研点位重复情况，协调有关党支部调整调研计划，定期在OA内网发布部领导和各党支部下一阶段的调研安排，努力做到至严、至细、至精，督促提醒各党支部多开展联合调研、组团调研，避免扎堆调研、多头调研、重复调研，切实为基层减轻负担。坚持将严肃工作纪律作为"走基层、大调研、办实事"活动部署会、阶段性调研成果交流研讨会的重要内容，明确要求部机关干部在调研中严格落实中央八项规定及其实施细则精神和市委贯彻落实办法，轻车简从，厉行节约，按照规定就餐住宿出行，保持谦虚谨慎，杜绝口大气粗，力戒形式主义、官僚主义，时刻维护组织部门和组工干部的良好形象。

注重求实创新，提升组织工作质量

深刻认识求真务实、开拓创新是组织部门对党和人民负责的基本要求，是组织工作发展进步的动力所在。在开展调研过程中，始终坚持真研究问题、真解决问题，部机关每月梳理各党支部调研发现问题、解决成效等情况，实行清单式管理、项目化推进，对于短期能解决的问题，推动立行立改、迅速破解，对于需要长期坚持整改的问题，加强跟踪督办、一抓到底，推动干部真正俯下身子干实事、谋实招、求实效，以深化调查研究破解发展难题。针对调研中发现的共性难点问题，部机关创新建立信息互通、工作交流、研究会商等工作机制，推动相关党支部集思广益、群策群力，拿出务实举措，整合各方面优势资源，切实解决普遍性难题。持续推进成果转化，部机关认真梳理调研成果，及时将解决问题的实招、硬招纳入政策文件，进一步健全组织、干部、公务员、人才等方面的工作机制和措施，主题教育期间完成党建引领行业治理工作方案、公务员及时奖励实施办法等多项成果转化，为组织工作高质量发展提供有力支撑。创新开展评选表彰，每年对各党支部"走基层、大调研、办实事"活动成果进行评审，择优评出"十佳调研报告""十佳改革创新举措"等优秀成果，颁发获奖证书，持续激发各支部加强改进调查研究、深化过硬队伍建设、高质量做好组织工作的内生动力。注重服务领导决策，适时将优秀调研报告推荐到《北京信息》《组工动态》《北京调研》等刊物，为领导决策提供参考，为新时代首都发展贡献力量。

（执笔人：黄万庭）

建设"五个一"党建工作机制
以党建引领业务能力提升

市委研究室经济处

【专家点评】

市委研究室经济处把政治统领、党建引领贯穿于业务工作始终，持续推动党支部建设高质量发展，形成了"五个一"党建工作机制，为更好服务市委中心工作作出应有贡献。

"五个一"是：每月至少开展一次主题党日活动，每季度下一次基层，人手一本《支部党员手册》，每人发表一篇调查研究文章，每人推荐一本好书。党支部通过"五个一"党建工作机制，有力促进了支部党建高质量发展。一方面，以党建引领业务能力提升，该处负责的文稿起草质量有了较大提高，多次受到领导表扬；另一方面，以党建激发队伍凝聚力战斗力，干部能打大仗、敢打硬仗的作风进一步强化，干部能力进一步提升，工作机制不断完善，团结向上的氛围不断浓厚。

本案例启示意义在于：创建模范机关，一要提高政治站位，以实际行动坚定拥护"两个确立"、坚决做到"两个维护"。二是必须以一支能打胜仗、敢打胜仗、团结一致的干部队伍为基础，从而应对突发的各种状况和风险挑战。三是必须以党建与业务深度融合为着力点，解决好党建和业务"两张皮"问题。四是必须以严守廉政和保密纪律为底线，确保自身正、自身净、自身硬。

（戴立兴）

【背景介绍】

市委研究室经济处坚持以习近平新时代中国特色社会主义思想为指导，对标"让党中央放心、让人民群众满意的模范机关"要求，认真落实市直机关工委《关于在市直机关创建模范机关的意见》，深入开展学习贯彻习近平新时代中国特色社会主义思想主题教育，把政治统领、党建引领贯穿于业务工作始终，持续推动机关党建高质量发展，形成了"五个一"党建工作机制，更好推进一流模范机关建设，为更好服务市委中心工作作出应有贡献。

【做法成效】

以主题教育为牵引强化思想理论武装

坚持理论学习打头，聚焦"学思想、强党性"，牵头制订支部学习计划，带领支部党员通过自学、集体学、讨论学、调研学等多种形式，加强对党的创新理论的学习。认真研读《习近平著作选读》《习近平新时代中国特色社会主义思想专题摘编》等指定书目，深入学习中国式现代化理论，突出对贯彻新发展理念、构建新发展格局、推动高质量发展的理解掌握，严格落实"第一议题"制度，积极开展交流研讨，与党的二十大和二十届二中全会精神，习近平总书记对北京一系列重要讲话精神、市第十三次党代会精神一体学习。采取个人自学、交流研讨等多种形式交流学习成果，党支部书记结合学习体会和实际工作讲专题党课。全体党员积极参与市委研究室"学经典、悟思想"马克思主义经典论述专题课程学习，并在学习交流活动中作发言汇报。通过学习，支部党员对习近平新时代中国特色社会主义思想所蕴含的真理力量和实践伟力的感悟更加深刻，坚定拥护"两个确立"、坚决做到"两个维护"的政治自觉、思想自觉、行动自觉进一步增强，把讲政治的要求全面落实到业务工作中。坚持调查研究开路，认真落实"重实践、建新功"的要求，牢固树立和践行正确政绩观，确定了《北京先进制造业高质量发展研究》课题，

建设模范机关　服务保障新时代首都发展

围绕产业链供应链安全赴经开区实地调研中芯国际、北京奔驰、小米、泰德医药等企业，围绕先进制造业和现代服务业融合调研中关村软件园、CBD、北交所等，并形成调研报告。抓好调研成果运用转化，政治素养、理论水平和业务水平进一步提高。以严实的作风、坚决的态度，深入开展问题大排查，做好问题精准整改。高标准召开专题组织生活会，党支部书记和党员干部主动把自己摆进去、把职责摆进去、把工作摆进去，深刻进行党性分析，深入开展批评和自我批评，真正做到"红脸出汗""有辣味"，达到了统一思想、增进团结、共同提高的目的。

以"五个一"党建工作机制促进支部党建高质量发展

认真贯彻落实习近平总书记对机关党的建设的重要指示批示精神，做好规定动作，强化党建创新，支部规范化建设和品牌建设持续深化。每月至少开展一次主题党日活动，每季度下一次基层，与党和国家工作大局、市委中心工作、业务工作紧密结合，赴北京市规划展览馆、北京市城市照明管理中

党支部到北京市城市照明管理中心华灯班调研

心华灯班、三一重工等基层调研，与市委办公厅、兄弟处开展联合党日活动等，把支部会开到服务保障全国两会现场等。编制《支部党员手册》，涵盖党的二十大报告摘要、习近平经济思想概要、习近平总书记对北京一系列重要讲话精神，北京市情、党支部标准化规范化建设要求等方面内容，既涉及经济处业务，又包括党员必须知晓的党建知识，支部党员人手一本，便于党员随时学、随手学，同时做到每年更新完善。大兴调查研究，每人发表一篇文章。支部同志结合主题教育，围绕市委中心工作开展调查研究，形成了多篇调研报告，并在《决策参考》《北京调研》上发表。每人推荐一本好书，支部党员结合经济处业务工作和自身阅读偏好，推荐了郑永年《大变局中的机遇》、中金研究院《迈向橄榄型社会》、米歇尔·渥克《灰犀牛》、高瑞东《框架——中国经济、政策路径与金融市场》等书籍，大家分享阅读，交流体会，在阅读中进一步增长了知识才干。

以党建引领业务能力提升

积极推动党建和业务深度融合，面对服务对象对文稿和调研要求的变化，积极识变应变，重新去适应新要求，不断调整工作方式方法，努力提升业务能力。2023年经济处完成在市委全会讲话、全市半年工作会、全市务虚会、金融工作会议等各类文稿93篇，合计约18万字，多篇文稿得到市委主要领导肯定与表扬。坚持逢稿必调研，第一时间与相关部门沟通对接，采取多种形式了解最新情况、找准关键问题。结合主题党日活动，深入基层开展调研，并形成多篇调研成果，包括在《决策参考》发表《ChatGPT对我市人工智能产业影响分析和有关建议》《发挥"链主"企业带动作用，提升北京产业链供应链安全与韧性》《关于加快我市新能源汽车充电设施建设的建议》等3篇报告，在《北京调研》发表了《坚持"五子"联动服务和融入新发展格局，推动经济实现质的有效提升和量的合理增长》《深入学习贯彻习近平总书记关于高质量发展重要论述 扎实推动首都经济高质量发展》等2篇文章。紧跟宏观经济形势变化，每季度召开部门、企业、

建设模范机关　服务保障新时代首都发展

专家座谈会,掌握一手材料,提炼重要观点,为全市经济工作提供有力支撑。

以党建激发队伍凝聚力战斗力

干部作风进一步强化。充分发挥能打大仗、敢打硬仗的顽强作风,面对急难险重任务敢担当、不退让。特别是保障市委十三届二次全会时,正值疫情转段关键时期,支部党员绷紧一根弦,严密做好个人防护,坚决克服疫情影响,吃住在单位近一个月,做到始终全员在岗,能吃苦、能战斗,圆满完成了工作任务。在"4·18"火灾事故发生当晚,支部党员临危受命、彻夜奋战,起草的第二天全市领导干部大会讲话得到市委主要领导的高度肯定。每到年底经济处文稿集中,一个月内要完成10余篇重大会议文稿起草,全处同志坚持高标准、严要求,高效高质完成了全部工作任务。支部党员在高强度工作中锤炼了意志、砥砺了品格、增长了才干。干部能力进一步提升。目前经济处党支部干部队伍人员齐整、结构完整、搭配合理。工作中,充分发挥骨干作用,注重给年轻同志压担子,注重在实干中提升干部能力水平,营造了全员齐头并进的局面。工作机制不断完善。持续深化统分结合工作方法,强化时间统筹,既充分调动了干部积极性,迅速提高"单兵作战能力",还立足于早、争取主动,凡能预期到的"常规动作"都提前准备。同时,更加注重密切与各相关委办局联系,用好外力,尽早尽快熟悉大量新情况,获取新资料。团结向上的氛围不断形成。支部党员团结协作,业务上相互学习,工作中相互补台,生活上相互关心,全处上下"拧成一股绳",在潜移默化中提升了思想认识、理论水平和业务水平,党建凝心聚力作用越来越强,党员先锋模范作用得以充分发挥。

对于建设模范党建机关,有以下四点心得体会。一是必须坚持以习近平新时代中国特色社会主义思想为指导,提高政治站位,严格对标对表,以实际行动拥护"两个确立"、践行"两个维护"。二是必须以一支能打胜仗、敢打胜仗、团结一致的干部队伍为基础，从而应对突发的各种状况和风险挑战。三是必须以党建与业务深度融合为着力点，解决好党建和业务"两张皮"问题，处理好党建工作与业务工作、党建要求与党员需求、理论学习与实践运用的关系，用党建创新破解业务难题。四是必须以严守廉政和保密纪律为底线。时刻绷紧廉政和保密工作这根弦，越是工作任务繁重，越要时刻筑牢思想根基，确保自身正、自身净、自身硬。

（执笔人：赵雪松　黄珊　孙瑞）

"三聚三促三用力"
推动应急管理科研事业高质量发展

市应急管理科学技术研究院党委

【专家点评】

市应急管理科学技术研究院锚定模范机关建设目标,聚焦组织建设,聚焦多元体制,聚焦主责主业,全面提升党建引领转化工作的质效能力,更好地服务重点任务、服务基层一线、服务社区群众。

"三聚三促三用力"即:

其一,聚焦组织建设,以更坚定的信念在抓引领、促融合上用"真"力。坚持大抓"双基两化"的鲜明导向,以高质量党建引领单位全面建设。其二,聚焦多元体制,以更高标准在抓队伍、促发展上用"足"力。运用系统思维正确把握"能力"与"实力"的关系,持续释放改革红利,激发人才队伍的创新活力动力。其三,聚焦主责主业,以更强的责任在抓支撑、促服务上用"实"力。着力聚合拓展"科研+科普"的支撑优势,服务重点任务、服务基层一线、服务社区群众。

本案例启示意义在于:做到"三聚三促三用力",一要坚持党建引领,切实发挥党委(支部)的凝聚引领作用;二要坚持融合推进,坚持党建与业务"深度融合";三要坚持群众路线,让群众真正成为模范机关建设的参与者和受益者;四要注重落地落实真抓实干、求真务实。

(戴立兴)

【背景介绍】

北京市应急管理科学技术研究院（以下简称市应急研究院）是北京市应急系统人数最多且多元体制的直属科研型事业单位，主要承担北京市应急管理、安全生产和防灾减灾救灾领域科技研发、监测感知、技术支撑、宣传教育、考试管理等方面职能，现有在职人员114人，党员93人，下设7个党支部。近年来，市应急研究院党委锚定模范机关建设目标，带领各支部党员干部深入贯彻党的二十大精神，扎实开展学习贯彻习近平新时代中国特色社会主义思想主题教育，强化政治统领，抓实作风建设，深耕主责主业，突出服务重点任务、服务基层一线、服务社区群众，创建"五创五步五有五微"党建特色品牌，努力打造北京市应急管理系统"模范带头、作风过硬、纪律严明、业务精湛、务实为民"的科研智库铁军队伍，全面强化党建引领下提升工作质效的能力。

【做法成效】

聚焦以学正风，以更坚定的信念在抓引领、促融合上用"真"力

坚持把思想政治建设放在首位，大力弘扬党的光荣传统和优良作风，强化应急干部首先是政治干部的定位要求，深入学习贯彻党的二十大、二十届中央纪委全会和市委全会精神，切实增进对党的创新理论的政治认同、思想认同、理论认同、情感认同。"五步法"强思想铸灵魂。立足一个"实"字，突出一个"活"字，在开展规定动作学习的基础上，按照领学领读、答疑解惑、辨析交流、交流心得、分享展示"五步法"，调动全员参与的积极性，"人人做老师，个个当学生"，通过"大讲堂"、思享汇、读书沙龙等在学懂弄通、学深悟透上用实招，增强主题教育学习质效。"三个一"强作风促提升。"一承诺"强党性。在局"两书"工作的基础上，党委建立80余项目标责任台账，每名党员细划21项以上的个人岗位建功承诺清单，明确任务，

建设模范机关 服务保障新时代首都发展

通过月督促季讲评年考核，压实责任；积极开展"强党性 履承诺 建新功"主题承诺践诺活动，通过每月开展一次承诺检视，一次党性锤炼，一次路口文明引导活动，进一步锤炼提升党员党性修养。"一警示"增效果。把党规党纪和正风肃纪作为党员干部学习教育重要内容、常讲常督，寓于日常管理，认真落实全市和局警示教育大会精神，深化以案为鉴、以案促改，每年3月和11月积极开展"党章党规党纪学习月"和"反腐倡廉警示教育月"活动，主动开展廉政风险点排查、特种作业考点明察暗访等活动，做到学习效果、纪法效果的有机统一。"一谈心"促凝聚。按照"四必谈"的要求，院党委及各支部针对多元化体制，每季度分层分类谈心谈话，全年全覆盖；坚持每季度会同民主议事会、工会、团支部进行思想形势分析，开展"送温暖、送文化、送健康"活动，及时答疑解惑、排忧解难，提升党员干部的认同感和归属感。

聚焦模范带头，以更严标准在抓作风、促队伍上用"足"力

直面事业单位改革发展的机遇挑战，以党建为统领，以纪律为准绳，坚持把抓班子、带队伍、转作风作为首要任务，主动作为、迎难而上，不断提振党员干部队伍守夜担当的政治责任感和拒腐防变的"免疫力"。坚持以"头雁作用"激发"群雁活力"。聚焦模范机关建设的"五个带头"，"四强"支部建设靶向，针对综合管理在编人员、博士后和海归技术人才、安服中心市场化聘用人员"多元化"体制机制，党委班子突出专业研究属性、突出实干担当、突出作风纪律保障，大力培育"创新思想观念、创建规范组织、创优科研环境、抓实创效实践、创业融合发展"的团队建设理念，着力强化任务面前不摇头、困难面前不低头、党员干部站排头的"三头"精神。以作风建设强责任、以实干担当促发展，通过薪资及绩效考核等方面实施差异化管理，按照"绩效优先、多劳多得"原则，在科研队伍建设等方面持续释放改革红利，营造风清气正、拴心留人的工作环境。坚持以问题导向抓住责任落实"牛鼻子"。院党委坚持对"三重一大"事项的统一领导、集体决策，健全完善《院党委工作规则》《领导班子相互监督提醒》等60余项制度，开展党建工作质量科学化评价指标及可量化、可视化评价方法研究，找准党委落实主体责任的自画像。探索建立"1+4+N"的内控监督制度体系，编制《廉政风险防控图》，对50个风险点逐条确定风险等级，构建以关键岗位为点、工作程序为线、制度规范为面，环环相扣的主体责任落实体系。围绕日常管理、干部监督、实绩考核、奖惩措施等四个方面，制定行之有效的管理办法；强化对党员干部八小时以外"生活圈""交往圈"的监督，形成单位、社会、家庭"闭合管理"，不断增强党员干部规矩意识和纪律观念的思想自觉、行动自觉。

聚焦务实为民，以更强的责任在展形象、促服务上用"实"力

围绕北京市及局应急管理重点工作，着力聚合拓展"科研＋科普"的支撑优势，大兴调查研究之风，深入开展"机关接地气，干部走基层"活动，以"时时放心不下"的责任感和使命感，更加主动地服务机关处室、服务基层一线、服务首都人民群众。主动对接，对标重点任务做支撑。聚焦新时代首都发展的新形势新任务，聚焦全局中心工作，以打造本市应急管理领域"模范创新型、应用研究型、专业技术型"科研机构为目标，稳步提升超大城市安全风险动态评估、风险智能监测、巨灾情景构建、大数据决策辅助、安全文化培育等方面的"实力"和"能力"，采用"科技＋服务"的方式开展助企为民服务，主动做好安全生产基础建设及应急指挥、森防、防汛、精准执法等重点任务的技术服务保障工作，助力局机关和基层工作提升技术支撑水平。主动下沉，对标基层所需做科研。坚持需求导向、问题导向、目标导向有机统一，针对"4·18""23·7"等事故灾害以及应急管理痛点、难点、焦点，深入企业、街道（乡镇）和社区调研，积极推进韧性安全城市建设、安全风险智能监测感知与预警技术研究、安全社区与综合减灾示范社区创建标准等课题研究，让科技创新成果助力基层安全发展，目前已指导1236个街道、乡镇、社区、村，惠及近百万人。优化安全生产特种作业考试系统，

建设模范机关　服务保障新时代首都发展

应急安全宣传车走基层活动

提升考生服务的个性化、科技化水平,服务近 20 万考生。市应急研究院在引领应急科技攻关、推动科技成果转化应用方面取得较为突出成绩,与 9 家单位共同申报的"城市建筑与基础设施安全控制理论与关键技术"研究成果荣获北京市科学技术进步奖一等奖。主动走进,对标群众所需做服务。聚焦社会公众关切,以安全生产月活动为契机,以沉浸式、体验式、互动式方式创新服务群众的方式方法,将服务纳入全局"为民办实事"活动之中,近年来主动走进企业、学校、农村、社区、家庭,组织开展"5·12"防灾减灾日,"6·16"安全宣传咨询日、公共安全教育基地(场馆)"开放日"活动百余次,科普传播近千万人;采取"应急安全培训 + 实际操作体验 + 安全节目演出 + 宣传咨询"模式,每年组织 70 余场安全文艺巡演和应急宣传车"走基层"活动;与"北京榜样"同频共振,开展"应急先锋·北京榜样"选树推广,展树模范机关建设成效和首都应急人形象;针对中小学生安全教育和课外实践活动需要,每年 9 月开学前,精心策划《中小学生公共安全开学第一课》,持续打造《疯狂安全家》精品 IP 等,让每名党员干部真正成为模范机关建设的参与者和受益者,都成为一面鲜红的旗帜,每个支部都成为党旗高高飘扬的战斗堡垒。

(执笔人:张玉昆　李勤智)

打造"四同"支部党建品牌
引调查研究"绣花针"穿党建与业务"融合线"

市审计局第十八派出局党支部

【专家点评】

市审计局第十八派出局党支部引调查研究"绣花针"穿党建与业务"融合线",总结提炼"党建+审计+调查研究"支部工作法,争创模范党支部和国企审计先锋处室。

在工作中,一是发挥调查研究功能价值,创新性把审计项目前、中、后各阶段视为调查研究全过程,找准"党建+业务"的切入点、结合点,坚持用政治眼光观察和分析经济社会问题、指导国企审计业务。二是培养调查研究人才队伍,通过思想淬炼、政治历练、实践锻炼、专业训练,打造一支讲政治、能扛活、有情怀的经济监督"特种部队",实现"党建+业务"组织融合。三是规范调查研究方法机制,及时总结提炼促进"党建+业务"深度融合的"党建+审计+调查研究"党支部工作法,定期梳理形成规范文本、制度办法等,确保融合工作可操作、可检查、可考核,实现"党建+业务"机制融合。

本案例启示意义在于:高度重视调查研究的重要作用,将其作为促进党建与业务"融合"的红线,确保调查研究成为推动党建与业务深度融合的有效抓手。

(戴立兴)

建设模范机关 服务保障新时代首都发展

【背景介绍】

市审计局第十八派出局党支部深入学习贯彻习近平总书记关于机关党建工作的重要指示精神，落实落细市直机关工委关于创建模范机关的意见，巩固拓展学习贯彻习近平新时代中国特色社会主义思想主题教育成果，立足经济监督定位，坚持和落实党对审计工作的全面领导，自觉运用中国特色社会主义审计事业的规律性认识指导国企审计实践，一体推进审计整改"下半篇文章"与审计揭示问题"上半篇文章"，塑造自身职业精神和培育专业能力，打造以"党建工作与业务工作同谋、队伍建设与干部培养同抓、学习教育与党日活动同建、先进支部与优秀处室同创"为内核的"四同"党建品牌，总结提炼"党建＋审计＋调查研究"支部工作法，努力运用党的创新理论研究新情况，解决新问题，总结新经验，探索新规律，锤炼党员干部优良作风，争创模范党支部和国企审计优秀处室。

【做法成效】

发挥调查研究功能价值，找准"党建＋业务"融合切入点

调查研究是谋事之基、成事之道，是我们党的传家宝。党支部深化"审计机关首先是政治机关"的认识，认真做实研究型审计，把调查研究贯穿审计前期准备、实施推进、成果运用等全过程，把立项、问题和建议当课题研究，找准"党建＋业务"的切入点、结合点，坚持用政治眼光观察和分析经济社会问题，通过揭示经济问题、经济责任，反映政治问题、政治责任，运用"政治—政策—项目—资金"双向思路指导国企审计业务，努力推进"党建＋业务"工作融合。一是将党建融入审计前期调查。聚焦财政财务收支真实合法效益审计主责主业，在开展审计项目立项论证、制订实施方案等前期环节，牢记"国之大者"，始终围绕经济建设这一中心工作和高质量发展这一首要任务，持续将二十届中央审计委员会第一次会议提出的"如臂使指"要求贯彻到国企审计工作中。如在 2023 年开展的某专项审计调查中，充分发挥好党建引领作用，专设政策研究小组，全面查询了近 20 年 500 余项政策法规并梳理成库，整理 700 万余字知识体系、70 余个行业典型案例，调研走访监管机构、重点企业等 20 余家，并关联分析内、外部多源财务和业务数据，吃透把准党中央、国务院决策部署和市委、市政府工作要求，运用党的创新理论凝心铸魂，守好审计前期调查的"政治关"。二是把党建融入审计现场核查中。牢牢把握新时代审计工作"如影随形"重要要求，借助大数据技术，加大对国有企业重大战略落实、重大政策执行、重大项目建设、重大资金使用等事项，特别是加大对探索性、开创性工作中出现的苗头性、倾向性问题的审计揭示力度，以有效审计监督保障党和国家大政方针在财经领域的贯彻落实。同时，结合支部党员、干部常年在审计现场的实际情况，牢固树立抓好党建是最大政绩的意识，建立多个临时党小组，把文明审计、廉洁审计的各项制度要求作为常态化学习内容，指定党员干部作为审计现场的廉洁监督员，确保审计工作开展到哪里，党组织就建到哪里，党建工作就跟进到哪里。三是把党建融入审计整改落实中。贯彻落实"如雷贯耳"重要要求，强化"大党建"思维，把围绕中心、服务群众等党建思想融入审计查出问题整改"下半篇文章"中，通过召开结果反馈会、整改沟通协调会等形式逐一与被审计单位、监管部门等商讨研究，组建整改检查小组持续督促服务被审计单位，并在被审计单位整改方案制定、整改报告报送等关键节点提前了解情况、加强跟踪指导，切实推动整改落实和审计成果高效运用。近一年来，在开展的国企审计或审计调查项目中，注重与纪检监察、国资监管等部门协作，共享信息成果，撰写的审计结果报告、审计信息多篇次被市领导批示、在市委专题会上研究，以高质量审计成果为党委政府提供决策参考。

培养调查研究人才队伍，提升"党建＋业务"融合组织力

调查研究关键是锻造一支求深、求实、求细、求准、求效的人才队伍。党支部以主题教育为契机，统筹落实在全市审计机关开展的"治理能力提升

建设模范机关　服务保障新时代首都发展

年"等工作部署要求,结合党员干部队伍特征,教育引导党员干部在严格的思想淬炼、政治历练、实践锻炼和专业训练中练就过硬本领,着力打造一支讲政治、能扛活、有情怀的经济监督"特种部队",努力推进"党建+业务"组织融合。一是在强化思想淬炼中提升"政治三力"。注重落实局党组"双转"工作要求,即推动审计机关由国家机关、专业部门向首先是政治机关、发挥宏观管理部门作用转变,审计干部由业务干部向懂业务、具备党政思维的干部转变。2023年,组织开展读原著原文、研讨典型案例、大兴调查研究的党建"思辩汇"系列活动,先后开展研讨典型案例8次、主题专项调研5个,教育引导党员干部自觉接受严格的党内政治生活淬炼,不断提高政治判断力、政治领悟力、政治执行力。二是在加强实践锻炼中增强"三能"本领。注重"以研代训",有效利用课题项目载体,深化理论学习、加强业务研究,党员干部能查、能说、能写,特别是"查深写清"本领持续提升。2023年联合高校、科研机构围绕首都中心工作、国企审计重点,申报并完成中国审计学会合作课题等6项,在《审计观察》等期刊发表实务文章3篇。注重"以审代训",抽调党员干部参与审计署专项审计、纪委办案、重大活动服务保障等,在完成重大任务的实践中摔打磨砺干部,其中一名党员干部在参与北京冬奥组委工作中表现突出,被授予国家"北京冬奥会、冬残奥会突出贡献个人"称号。注重"以赛代训",由支委带领党员干部参加北京市"青年技能大赛""我为改革献一策"等活动,荣获市级三等奖。三是在坚持问题导向中塑造职业精神。推动落实"技高一筹""纪严一等"等要求,围绕审计干部治理能力和职业精神提升重点和举措,协同人事、业务部门开展专项调研,坚持问题导向、目标导向,组织支部党员干部对标政治能力、法治能力、服务群众能力、贯彻执行和推动落实能力要求,自我检视找差距,探索"自学、互学、领学、践学"4种路径,细化16条举措,总结形成审计政策库、审计案例集、审计工具箱、业务互助单等四类"党建+审计+调查研究"资料库,助力审计核查中把问题及其背后的原因原原本本地揭示出来,提出可批示能落实的审计建议,努力锤炼敢于担当的职业精神和扎实过硬的专业能力。

严格纪律规矩 做作风优良的模范

规范调查研究方法机制,确保"党建+业务"融合长效化

充分发挥制度机制管长远、利根本的作用,党支部注重建章立制长效机制,及时总结促进模范机关创建的"党建+审计+调查研究"工作方法,定期梳理形成规范文本、制度办法等,确保融合工作可操作、可检查、可考核,努力推动"党建+业务"机制融合。一是落实经常性培养机制。充分

党支部在密云区朱家峪村开展"对口帮扶 美丽乡村"主题党日活动

利用党支部"三会一课"、"集中学习日"、主题党日活动等教育学习载体强化理论学习,同步固化"自学、互学、领学、践学"四种路径和"以审代训""以赛代训""以研代训"业务提升机制,定期开展、总结党建"思辩汇"活动经验做法,轮值记录、装订成册,并在"支部园地""两微一端"等内外部平台进行成果宣传,营造良好的舆论氛围,形成支部建设融入日常、抓在经常的工作机制。二是落实规范化融合机制。开展"研究型审计实践提升审计价值的路径"专项调查研究,系统梳理党建融入审计前期调查、审计现场核查、审计整改整治、审计成果后期挖掘等各阶段的切入点和结合点,总结形成较为规范的审计理念思路、审计组织方式、审计流程管理、审计质量

建设模范机关　服务保障新时代首都发展

控制、审计结果运用等党建引领业务的"工作手册"和"参考模板"。三是落实常态化督导机制。采取设立党务干部与业务干部"AB岗"及处内双向转换工作机制，充分发挥支部老党员、党建骨干的作用，抓好"传帮带"，加快培育既精通党务又熟悉业务的专业人才。在此基础上，建立"支委—老党员—新党员"三级督导工作机制，完善审计现场临时党小组工作法，列明支部党建督导事项清单；审计组组长巡回检查各小组审计业务进度时，联合支委、审计现场廉洁监督员同步检查党建清单完成情况，督导党员、干部深化支部工作法和学习成效。

（执笔人：高松涛　杨成福）

改进工作作风　强化担当作为
不断推动党建引领模范机关创建

市体育局

【专家点评】

市体育局深入学习贯彻习近平总书记关于作风建设重要论述，以不断改进工作作风为切入点，持续推进党建引领模范机关创建，以坚定的政治担当开创新时代机关党建新局面。

市体育局的主要做法是，突出党建引领，着力创建政治忠诚的模范机关；突出以学增智，着力创建能力过硬的模范机关；突出实干担当，着力创建务实高效的模范机关；突出纪律建设，着力创建清正廉洁的模范机关。

本案例启示意义在于：党建引领模范机关创建，必须加强政治建设和政治能力提升，把忠诚拥护"两个确立"，坚决做到"两个维护"体现在推动部门、行业的高质量发展上。必须强化政治理论武装，把习近平新时代中国特色社会主义思想作为机关的首要学习任务。必须强化对党组织及党员监督实效，有力推动监督从"有形覆盖"向"有效覆盖"深度转化。必须积极搭建平台和载体，牢固树立机关党建和业务工作深度融合发展的理念，以高质量业务检验高质量党建，推动形成凸显行业特色的党建品牌。

（戴立兴）

建设模范机关　服务保障新时代首都发展

【背景介绍】

习近平总书记多次强调建设让党中央放心、让人民群众满意的模范机关。创建模范机关是一项长期的政治任务，不断改进工作作风、强化担当作为是促进模范机关创建工作取得实效的重要保障。

市体育局首先是政治机关，要认真落实"看北京首先要从政治上看"的要求，坚持"首善标准"，强化首善意识、模范意识，充分发挥机关党建引领作用，引导机关党员干部以最坚决的态度、最有效的举措、最务实的作风，落实好中央决策部署和市委工作要求，为推动新时代首都发展贡献智慧和力量。一是坚持政治统领。始终把党的政治建设摆在首位，把加强党的政治建设部署要求贯穿创建模范机关建设全过程，永葆政治机关的鲜明本色，确保模范机关建设始终保持正确的政治方向，进一步深刻领悟"两个确立"的决定性意义，不断增强"四个意识"、坚定"四个自信"、做到"两个维护"。二是坚持以上率下。创建模范机关必须牵住责任制这个"牛鼻子"，树立"一盘棋"思想，各负其责、密切配合，形成协同联动、齐抓共管的工作格局，以机关带系统，一级抓一级，一级带一级，逐级创建，全员覆盖，整体提高。三是坚持问题导向。把解决突出问题作为创建模范机关的重要任务，加大调查研究力度，把解决问题的成效作为创建模范机关的评价标准，紧盯薄弱环节，补齐工作短板，使创建过程成为提升党建质量、破解新老难题、促进事业发展的过程。四是坚持统筹结合。加强组织领导，将模范机关建设与业务工作、党建工作一体谋划、一体推进、一体落实，并与推进"两学一做"学习教育常态化制度化和党史学习教育常态化长效化、与巩固拓展学习贯彻习近平新时代中国特色社会主义思想主题教育成果、完成各项工作任务等紧密结合，以创促建、相互促进、一体推动。

【做法成效】

近年来，市体育局深入学习贯彻习近平总书记关于作风建设重要论述，以不断改进工作作风为切入点，持续推进党建引领模范机关创建，以坚定的政治担当开创首都体育事业发展的新局面。

突出党建引领，着力创建政治忠诚的模范机关。市体育局将党的政治建设摆在首位，注重强化政治理论武装，让机关党员干部成为马克思主义中国化时代化成果的坚定信仰者和实践者，把习近平新时代中国特色社会主义思想作为机关的首要学习任务，认真落实"第一议题"制度，做到及时跟进学、联系实际学、系统全面学。开展学习贯彻习近平新时代中国特色社会主义思想主题教育以来，坚持领导班子带头学、党员跟进深入学、全体干部广泛学，将报告著作与重要讲话、论述摘编等内容统筹结合、融会贯通，真正把"全方位学"和"分专题学"、"追根溯源学"和"与时俱进学"统一起来，夯实坚定拥护"两个确立"、坚决做到"两个维护"的思想根基。大力推动党组织书记讲党课，组织开展主题党日活动，引导党员干部赓续红色血脉、传承革命精神、牢记使命任务、锤炼政治品格；积极探索党课形式，通过快闪、表演、情景互动等群众喜闻乐见的形式，在广大党员中近距离传播党的声音。

突出以学增智，着力创建能力过硬的模范机关。市体育局高度重视工作作风建设，以过硬的工作作风锻造过硬的业务能力，从学习中找到破解难题、补齐短板、狠抓落实的方法钥匙。要求全体干部以主题教育为契机，从习近平新时代中国特色社会主义思想中汲取奋发进取的智慧和力量，熟练掌握其中蕴含的领导方法、思想方法、工作方法，增强推动高质量发展、服务群众、防范化解风险本领，加强斗争精神，增强斗争本领，着力增强防风险、迎挑战、抗打压能力，及时填知识空白、补素质短板、强能力弱项，在学习中锻造过硬的领导本领和工作作风。联系自身实际，结合本单位本部门工作规划安排，多察实情，多出实招，凝心聚力促发展，驰而不息抓落实，立足岗位作贡献，努力创造经得起历史和人民检验的实绩。

突出提升组织力，着力创建坚强有力的模范机关。市体育局牢固树立大

建设模范机关　服务保障新时代首都发展

召开花样游泳队誓师大会，备战 2023 年全国花样游泳冠军赛

抓基层的鲜明导向，坚持以提升基层党组织组织力为重点，切实用好《党支部标准化规范化建设工作指引》《机关党支部使用手册》，严格落实"三会一课"、领导干部参加双重组织生活等组织生活制度，坚持和完善重温入党誓词、党员过"政治生日"等政治仪式，扎实推进基层党支部标准化规范化建设。将党建工作与文化建设相结合，开展"五月读书香""青春读书会"等文化活动。运动队出征前召开运动队誓师大会，重要时间节点开展"学雷锋月""七一表彰""复转军人座谈会"等主题活动。推动党建与业务工作深度融合，不断创新和丰富"党建+"载体，以党建品牌建设为抓手，结合各单位实际，总结典型经验，积极打造特色品牌，不断增强基层党组织创造力、凝聚力、战斗力。

突出实干担当，着力创建务实高效的模范机关。市体育局作为协调北京市体育发展、推动多元化体育服务体系建设、推进体育公共服务和体育体制改革的市政府直属机构，近年来持续突出抓好重实践、敢担当的工作作风，严格落实市委市政府"接诉即办""吹哨报到"工作机制，以"时时放心不下"的工作态度第一时间处理群众诉求，回应群众关切。中央和市委印发关于大兴调查研究的工作方案后，市体育局深入学习领会中央和市委的决策部署，紧密结合实际认真贯彻落实，局领导班子成员带头确定调研课题，深入现场开展调研，力求把首都体育事业发展的实际情况摸准，把发展中遇到的问题和困难找准，进而把具有针对性、可操作性的措施对策提实，确保发挥首都体育应有职能，推动首都体育事业高质量发展。

突出纪律建设，着力创建清正廉洁的模范机关。习近平总书记在党的二十大报告中要求"加强新时代廉洁文化建设，教育引导广大党员、干部增强不想腐的自觉"。市体育局对贯彻落实中央八项规定及其实施细则作出部署，对严格落实相关实施办法提出要求。坚持把党纪政纪、廉洁从政、预防职务犯罪纳入干部教育的重要内容，做到廉政学习教育常态化、制度化，通过专题辅导、观看警示教育片，加大对顶风违纪和隐形变异问题查处力度，重要节点前发送廉政提醒，严格落实节假日遵规守纪情况报告等制度。召开"以案为鉴、以案促改"警示教育大会，通报党员干部违纪违法案例，要求党员干部在纪律面前知敬畏、守底线。综合运用理想信念教育、警示教育、谈心谈话等方式，增强纪律意识，强化监督管理，完善制度机制，精准做好廉政风险防控，强化"不敢腐"的震慑，完善"不能腐"的制度，形成"不想腐"的自觉，不断筑牢拒腐防变思想堤坝。

（执笔人：张立敏　宋彬　张彦武）

党建引领争做先锋　融合发展同谱新篇

市园林绿化局机关党委

【专家点评】

市园林绿化局（办）党组创新提出"党建引领促发展先锋行动"党建品牌，通过制定"12345"工作机制，探索推进了党建引领中心工作、与业务深度融合的实践路径。

"12345"工作机制是指：

制定"一个方案"，及时制定全局主题教育工作方案并推进落实，确保规定动作落实见效、自选动作亮点突出。发挥"两个作用"，发挥领导小组统筹协调作用、基层党组织战斗堡垒作用，奋力开创首都园林绿化高质量发展的新局面。聚焦"三个坚持"，坚持以学增智、以学促干、以学正风，把检视整改工作贯穿始终。完善"四个制度"，建立了压茬推进和工作调度制度、总结计划报送制度、信息报送制度、联络员制度，加强各项工作的衔接落实。实施"五个行动"，实施结对共建行动、生态治理行动、先锋模范行动、典型引领行动、党建提质行动，着力打造"一单位一品牌、一支部一特色"。

本案例启示意义在于：通过实施"12345"工作机制，把党建引领的目标任务落到实处，有效推进主题教育各项工作取得丰硕成果，奋力谱写党建与业务深度融合的实践新篇。

（戴立兴）

【背景介绍】

为深入开展学习贯彻习近平新时代中国特色社会主义思想主题教育，北京市园林绿化局（首都绿化办）立足于首都园林绿化高质量发展实际，充分发挥把方向、管大局、保落实的积极作用，学习借鉴"六个引领工作法"拓展工作思路，创新提出"党建引领促发展先锋行动"党建品牌，通过制定"一个方案"、发挥"两个作用"、聚焦"三个坚持"、完善"四个制度"、实施"五个行动"，以主题教育为契机，探索推进党建引领中心工作、与业务深度融合的实践路径。

【做法成效】

制定"一个方案"

局（办）党组高度重视主题教育工作，认真对照中央和市委印发的实施方案，紧密结合园林绿化工作实际，研究制定了局（办）系统主题教育工作实施方案，逐条梳理明确5个方面、21项重点任务和40项具体措施，确保规定动作落实见效、自选动作亮点突出。及时召开全局主题教育工作会推动方案落实，党组书记亲自动员部署，要求各级党组织严格落实主体责任，把开展主题教育同贯彻落实党中央决策部署和市委市政府工作要求紧密结合起来，同推动园林绿化中心工作、重点任务紧密结合起来，做到两手抓、两不误、两促进，坚决防止"两张皮"。

发挥"两个作用"

一是发挥领导小组统筹协调作用，及时成立了由党组书记任组长、分管领导任副组长的主题教育工作领导小组，办公室设在机关党委，下设理论学习、调查研究、高质量发展、检视整改、宣传宣讲5个工作组，明确了各组

建设模范机关　服务保障新时代首都发展

的工作职责，由相关处室分别牵头负责相关重点工作，为主题教育工作顺利开展提供了有力组织保障。二是发挥基层党组织战斗堡垒作用，指导基层党组织同步建立主题教育领导机构和工作机构，牢牢把握"学思想、强党性、重实践、建新功"的总要求，把理论学习、调查研究、推动发展、检视整改等工作落到实处，教育引导广大党员干部始终在思想上政治上行动上同以习近平同志为核心的党中央保持高度一致，以满腔热忱奋进新征程、建功新时代，奋力开创首都园林绿化高质量发展的新局面。

聚焦"三个坚持"

一是坚持以学增智，把强化理论武装贯穿始终：各级领导带头学，党组书记带头学习、带头交流体会、带头讲党课；全面覆盖系统学，将广大党员、离退休党员、社团组织党员、统战对象和团员青年全部纳入主题教育，并配发了学习书目；多种方式灵活学，采取集中学习与研讨交流、专家辅导、参观见学、读书班、宣讲会、案例分析、线上培训、专项答题相结合的多种形式进行学习。二是坚持以学促干，把调查研究和推动发展贯穿始终，以问题为导向，局（办）处级以上领导干部确定重点调研课题90个，局领导确定领题调研课题12个；以目标为导向，围绕高质量发展加大"一账三刊一单"督办力度，研究建立了党组书记季度工作点评会调度机制。三是坚持以学正风，把检视整改工作贯穿始终，系统梳理了市、局、直属单位三级整改整治问题清单，督促落实。

完善"四个制度"

结合基层党组织数量多、党员数量多的实际，建立健全了四项工作机制，全力保障主题教育工作顺利开展。一是建立了压茬推进和工作调度制度，分管局领导不定期主持召开主题教育领导小组会议，及时传达指导组有关要求，听取各组工作汇报，对重点工作进行认真研究和专题部署，细化分工，明确责任，推进落实。二是建立了总结计划报送制度，每周报送总结计划，每月报送工作进展，并要求局属单位同步落实，及时了解掌握工作进展，加强指导督促。三是建立了信息报送制度，基层党组织设立信息员，及时采编报送主题教育进展、创新举措和特色经验做法。四是建立了联络员制度，5个工作组和局领导均明确了1名联络员，建立了联络员工作群，及时加强各项工作之间的衔接，确保第一时间传达指导组工作要求，第一时间落实有关工作部署。

实施"五个行动"

认真梳理实施方案中的重点任务，提炼总结出五大专项行动。一是实施结对共建行动，在局内，围绕支部标准化规范化建设，局（办）系统与归口管理的市公园管理中心各单位之间68家单位182个党支部进行了结对共建；在局外，围绕促进部门间业务交流，10余家单位与国家林业和草原局相关部门、市规自委等部门进行结对共建；在基层，围绕服务基层和人民群众，30余家单位与16个社区村、11个区的基层业务单位进行结对共建，努力为基层送服务、送技术、送政策，帮助解决突出问题。同时，找准党建与主责

局属单位服务基层开展结对共建

建设模范机关　服务保障新时代首都发展

主业的结合点,提出了"五同"目标(同上党课、同过党日、同办实事、同亮品牌、同树形象)和"六个一起"工作法(组织生活一起过、主题教育一起做、职业技能一起学、调查研究一起搞、疑难问题一起钻、业务工作一起干),确保"结对出成果、共建见实效"。主题教育期间,累计开展各类结对共建活动180余次,参与党员2000余人次。二是实施生态治理行动,制定了资源保护、生态科普、绿色惠民、政策宣传等4个方面38项生态治理活动清单,号召广大党员干部率先垂范,在"栽植一棵树""管好一片林""守住一片绿"中当先锋、作表率,引导和带动人民群众广泛参与植绿、爱绿、护绿,截至目前有50余万人次参与。三是实施先锋模范行动,聚焦园林绿化重大任务和重点工作,号召各级党组织以支部为单位,明确每名党员的岗位职责和高质量工作标准,引导和激励广大党员立足本职,争当先锋模范。目前,各单位共创建党员先锋岗105个、党员责任区23个、党员突击队7个,1000余名党员通过承诺践诺、调研走访、意见征集、宣传宣讲等多种形式争当先锋。四是实施典型引领行动,局(办)党组召开了"两优一先"评选表彰大会,对30名优秀党员、10名优秀党务工作者和10个先进党组织进行了表彰;打造了"我是光荣的首都园林绿化人"榜样品牌,策划开展"六个一"活动(组织一次座谈交流会、举办一场先进事迹报告会、组织一台主题晚会、汇编一本先进典型事迹集、制作一部纪录片、建设一个宣传专栏),激励广大党员和干部职工争当先进、争做模范、争先创优,努力形成用典型引领事业发展、用典型推动工作落实的良好局面。五是实施党建提质行动,启动了落实机关党建主体责任情况集中调研督查,分成4个督查组,通过听取汇报、实地调研、查看资料、谈话交流等方式,对各单位党建工作进行全面检查。召开了创建模范机关经验交流会,基层党组织代表介绍了抓党建工作典型经验,党组书记讲了专题党课,有力推动了机关党建高质量发展。组织基层党组织及时总结提炼加强基层党建的好经验、好做法,汇编成册,采取多种形式总结推广,着力打造"一单位一品牌、一支部一特色"。

为持续推进学习贯彻习近平新时代中国特色社会主义思想主题教育走深走实,市园林绿化局(办)党组将"六个引领工作法"融会贯通,着力打造

"党建引领促发展先锋行动"党建品牌。通过制定"一个方案"、发挥"两个作用"、聚焦"三个坚持"、完善"四个制度"、实施"五个行动",把党建引领目标方向、动员部署、推进落实、总结提升、队伍建设、服务群众的目标任务落到实处,有效推进主题教育各项工作取得丰硕成果,奋力谱写党建与业务深度融合的实践新篇章。

(执笔人:荣岩　任慧朝)

坚持诉求驱动问题导向
深入推进"每月一题"专项治理

市政务服务和数据管理局接诉即办改革处党支部

【专家点评】

市政务服务和数据管理局接诉即办改革处坚持诉求驱动问题导向,充分发挥党支部的战斗堡垒作用和党员的先锋模范作用,深入开展"每月一题"专项治理工作,推动党建工作和业务工作的融合发展。以具体问题为切入口,建立民生项目清单,坚持项目化管理、清单化推进,通过"下基层、跑工单、走流程、蹲点位",推动解决民生难题,形成一套高位推动、上下协同的工作机制,搭建起高频共性难题治理平台。"每月一题"专项治理工作坚持问题导向,坚持党建工作与业务工作深度融合,以党建高质量发展引领模范机关建设和各项任务落实,是将党的政治优势、组织优势和密切联系群众优势转化为治理优势的有效方式,是把党建和业务工作整体融合推进的有效载体。

(何忠国)

【背景介绍】

落实习近平总书记"让人民生活幸福是'国之大者'"的要求,发挥接诉即办在"我为群众办实事"实践活动中的主抓手作用,2021年,北京市创建了"每月一题"工作机制,每年基于上一年度接诉即办民生大数据分析,聚焦群众诉求集中的高频共性难点问题,从中选取需要市级层面出台改革创新举措的若干问题开展专项治理。2023年,落实市委关于深入开展学习贯彻习近平新时代中国特色社会主义思想主题教育的部署要求,北京市将接诉即办作为主题教育主抓手,将"每月一题"纳入专项调研重点内容,全市上下围绕接诉即办"每月一题"把学习和调研落实到破难题、促发展、办实事、解民忧上。接诉即办改革处党支部作为"每月一题"的统筹协调处室,坚持党建工作与业务工作深度融合,以"每月一题"为抓手持续推动接诉即办向主动治理、未诉先办不断深化,建立了一套以群众诉求驱动超大城市治理的工作机制,解决了群众的一批急难愁盼问题。

【做法成效】

提高党建质量,强化政治担当,形成一套高位推动、上下协同的工作机制

聚焦新时代首都发展,围绕中心抓党建、抓好党建促业务,不断发挥党支部在推动业务工作、服务中心工作中的战斗堡垒作用。一是提高政治站位,为市委市政府领导调度"每月一题"做好服务保障。结合主题教育,深入学习习近平新时代中国特色社会主义思想,不断提升对"每月一题"工作意义的理解认识,做好群众诉求监测和数据分析,为市领导提供有效决策参考。每月承办市委深改委"接诉即办"改革专项小组月度例会,服务保障专项小组领导干部围绕"每月一题"赴东城、大兴区开展实地解剖式调研,深入基层一线解决问题。二是实行清单式管理,有效推动"每月一题"18个问题专项治理。指导市级主责部门制定"一方案三清单",明确目标任务、进度安排等,每月统计汇总工作进展情况,强化项目管理、加强过程管控。2023年,"每月一题"18个问题完成454项任务,出台123项政策,圆满完成全年任务目标。三是加强条块结合,推动市区两级"每月一题"协同联动。指导16区在市级"每月一题"基础上,结合区域诉求特点梳理形成340个区级"每

建设模范机关　服务保障新时代首都发展

月一题"开展专项治理,形成上下联动的工作格局,办成了 1000 余项民生实事。

聚焦急难愁盼,坚持攻坚克难,推动有关部门办成一批实事项目

以行业治理和群众诉求同步解决为重点,推动"每月一题"亮点工作连点成线。一是补齐民生短板,加强民生保障。推动市住房城乡建设委推进老楼加装电梯新开工 1099 部,新完工 822 部。推动市人力社保局促进困难人员就业 19.7 万人,帮扶 5.7 万名农村劳动力就业参保。推动市卫生健康委推进全市社区卫生服务中心全部实现工作日提供延时服务,周末正常开诊,惠及 949 万余人次。二是简化办事流程,优化政务服务。推动市医保局实现跨省异地就医自助备案"即时办理、即时生效"。推动市公安局推出养犬业务"掌上办",方便市民在线办理业务。三是完善基础设施,提升公共服务。推动市水务局完成 60 处自建设施供水住宅小区(社会单位)水源置换,惠及近 10 万市民。推动市农业农村局完成农村街坊路建设 311 万平方米。推动市

推动解决老楼加装电梯问题

交通委完成新开、调整常规公交线路144条,新开通定制公交线路300余条。四是加强安全检查,消除风险隐患。推动市城市管理委组织换装更新80万块智能电表,消除老旧小区供电风险隐患300余项。推动市消防救援总队加大消防疏散通道不畅问题检查执法力度,打通"生命通道"。

坚持标本兼治,深化改革创新,推出一批务实管用的政策举措

聚焦"每月一题"高频共性难题,推动市级部门研究对策措施,形成指导实践、推动工作的思路办法和政策举措,实现破难题、促发展。一是规范管理标准,填补政策空白。推动市园林绿化局在全国率先制定居住区绿地养护管理技术指南。推动市教委出台指导意见规范民办义务教育学校收费行为。二是开展"冬病夏治",深化未诉先办。推动市农业农村局提早一年出台清洁取暖设备更新指导意见,创新引入金融信贷支持政策,有效减轻农户年均负担。推动市城市管理委完成1334项"冬病夏治"改造项目,提升供热系统运行保障能力。三是强化科技赋能,丰富场景应用。推动市民政局在全国率先实现养老服务合同签订信息化、规范化、透明化,完成合同网签3万余份。推动市体育局推进健身地图平台建设,实现健身设施"一网统管、一图查询、一键预约"。四是发动社会参与,推进共建共治。推动市市场监管局指导抖音、快手等直播平台升级迭代自律公约。推动市住房城乡建设委依托物业服务行业党委,充分发挥党建引领行业治理作用,不断规范企业服务和收费行为。

推动建章立制,深化场景治理,厘清部门职责分工

坚持"当下改"与"长久立"相结合,及时梳理总结好经验、好做法,以制度形式固定下来,推动"每月一题"治理建立长效机制。一是组织市级主责部门以问题场景化治理为导向,梳理形成工作职责建议清单,以市委编办、"接诉即办"改革专项小组办公室名义联合印发第4批《接诉即办"每月一题"专项清单》，明确10个问题27个治理场景下市、区和街乡镇的203项职责任务，指导基层解决具体问题，不断提升基层治理能力。突出精细治理，比如，推动市农业农村局将农村道路治理问题细分为农村街坊路建设养护、农村道路环境整治等4类场景，明确农业农村、城市管理、水务等部门职责，使得不同类型农村道路治理问题职责分工一目了然。突出协同治理，比如，养老机构监管问题，推动市民政局聚焦养老行业市场准入、服务质量、资金安全、运营秩序等环节，明确民政、卫健、市场监管等17个部门的职责分工，形成高效协同的跨部门综合监管合力。突出长效治理，比如，在梳理医保支付及报销问题职责分工的过程中，推动市医保局同步梳理明确异地就医结算问题的问答口径，减少派单异议，推动问题在咨询端源头化解。二是组织市级主责部门根据已制定出台的政策文件和重要举措，梳理形成政策简明问答，并拆解为通俗易懂的"一问一答"共335条，在首都之窗公开，促进政策落地见效。

提升作风建设，深入调查研究，助推疑难复杂问题解决

按照市委关于主题教育的部署要求，聚焦人民群众急难愁盼问题，围绕"每月一题"开展多维度沉浸式调研，真正把调研转化为解决问题、促进发展的实际成效。一是围绕基层疑难诉求开展重点调研，每个月均围绕当月主题问题梳理基层疑难诉求工单中的1—2个共性难题，协调有关市级部门进行重点研究调度，推动"每月一题"当月主题问题妥善解决。二是落实每月市委专题会精神开展深入调研，重点推动"每月一题"上月主题问题开展持续治理、久久为功。三是聚焦诉求上涨较快的往年"每月一题"进行专题调研，深入开展"回头看"。

推动多元参与，汇聚协同力量，搭建高频共性难题治理平台

在推动解难题促治理的过程中，以"每月一题"为平台汇聚各方治理主体，广泛凝聚各方共识，不断壮大接诉即办改革协同队伍。一是服务保障市政协创新开展"每月一题"民主监督活动。协助市政协从2023年"每月一题"中筛选出10个问题作为政协委员民主监督的重点议题，服务保障各类专题调研、座谈交流等监督活动，推动搭建政协委员参与首都城市共建共治的新平台。二是推动法院系统为"每月一题"专项治理提供司法保障。会同市高级人民法院出台工作方案，进一步发挥司法建议在"每月一题"涉法涉诉问题治理中的积极作用。推动市高院组织13家中基层法院围绕"每月一题"10个问题开展专题调研，形成一批调研报告、审判白皮书等成果。三是加强"每月一题"与治理类街乡镇整治提升工作深度结合。会同市"疏整促"专项办创新建立"每月一题"治理类街乡镇建议代表机制，针对具体治理问题提出建设性意见建议，推动市级部门帮助基层从源头上解难题、促治理，形成"行业＋区域"整体攻坚格局。

（执笔人：耿育　李昂　杜彦）

坚持"以人民为中心"思想 努力打造服务型模范机关

重点站区管委会北京西站办党总支

【专家点评】

重点站区管委会北京西站办党总支聚焦服务和保障党和国家重大活动，通过党建、精神文明、平安建设平台，以组织形式强化党建与业务深度融合，聚焦"真心"服务、"用心"服务、"操心"服务标准，在坚定理想信念中强化服务意识，在选树模范榜样中打造服务标兵，在注重支部建设中建立服务品牌，在创新组织建设中突出特色服务，充分发挥党支部的战斗堡垒作用和党员的先锋模范作用，推动党建工作和业务工作的融合发展。这一案例启示我们，在推进机关建设中，领导重视是关键，党委（党组）不仅要发挥示范引领作用，而且要发扬钉钉子精神，从小处着手，坚持真心、用心、操心理念，才能真正打造服务型模范机关。

（何忠国）

【背景介绍】

重点站区管委会北京西站地区管理办公室成立于2019年12月，管理区域位于丰台、海淀、西城三区交界处，面积仅0.9平方公里。北京西站作为全国客运量最大的火车站之一，每日开行图定列车180.5对，日均20万人次，春暑运高峰期超过 210 对，2023 年春运单日最高客流 40 万人次。近年来，西站办党总支坚持以习近平新时代中国特色社会主义思想为指导，深入学习贯彻党的二十大精神，全面贯彻市委市政府和管委会党组部署要求，聚焦"提升旅客满意度、站区美誉度、大局贡献度"目标，以推动站区高质量发展为主线，以服务保障群众"安全、通畅、祥和"出行为使命，在"调整、规范、适应、有为"中铆足干劲、开拓创新、凝心聚力、勇于担当，努力打造服务型模范机关。

【做法成效】

强化为民宗旨，坚持把服务好旅客作为模范机关创建抓手和检验标准

坚守服务型模范机关定位，持之以恒抓好"凝心铸魂"工程，始终用党的创新理论和党中央决策部署来统一思想、统一行动、统一部署，努力做到政治上对标、思想上同心、行动上紧随。

一是把党的政治建设摆在首位，不断强化服务意识。坚持把学习贯彻习近平新时代中国特色社会主义思想作为首要政治任务，着力在准确领会、系统把握上下功夫，在知行合一、深化转化上求实效，不断夯实党员干部坚定拥护"两个确立"、坚决做到"两个维护"的思想根基。坚持"四学联动"学习模式，通过领导干部引领学、读书班专题学、学习论坛交流学、全体党员全员学等学习模式，组织集中学习研讨 33 次，领导干部讲党课 12 次，开展"灯塔讲堂"宣讲活动 18 次，引导党员干部在为民服务中深切感悟习近平总书记"我将无我"的思想伟力，不断强化为民情怀，凝聚"心中有民"方能"服务为民"的思想共识。

二是高质量开展主题教育，推进转变服务作风。牢牢把握"学思想、强党性、重实践、建新功"总要求，坚持学思用贯通、知信行统一，把主题教育落实到提升"旅客满意度、站区美誉度、大局贡献度"务实举措上，深化转变工作作风，由"推着走"变为"主动干"，以"小切口"托举"大民生"。

建设模范机关 服务保障新时代首都发展

2023年根据群众诉求,党总支召开研讨会、实地走访调研等10余次,收集各类建议150多条,更换增设各类引导标识30余处,调整车道布局5处,增设6处遮阳篷设施,研究解决停车场温度过高问题等20余个,积极为过往群众打造优良出行环境,群众获得感、幸福感得到进一步提升。

三是发挥党员先锋模范作用,擦亮党建服务品牌。坚持"一支部一特色",创建"党员责任田",打造"西站蓝先锋"等服务品牌,积极营造浓厚干事创业氛围,不断推进党建工作向纵深迈进。利用党群服务中心,设置党员先锋岗,为旅客提供咨询问讯、引导、安全提醒等志愿服务,累计服务群众10万余人次。西站事务分中心党支部划分6块"党员责任田",组织党员"亮旗帜、亮身份、亮业绩",让群众时刻感受到"党员就在身边",让党员时刻感受到"组织就在身边"。西站执法大队党支部采取"网络化"执法模式,与周边3个街道建立"伙伴关系"联合执法,执法经验在全站区推广,被市城管执法局评为最美执法队。

开展"夏日送清凉"主题党日活动,为过往旅客发放防暑降温物品

强化组织功能，坚持用围绕中心、服务大局成效衡量模范机关创建工作质量

着力增强党支部政治功能和组织功能，推动党建工作与中心工作、业务工作同频共振、相融互促。

一是高起点建强组织。以党支部换届选举为契机，以领导干部担当作为综合评价为抓手，选优配强支部班子。制定《"一把手和领导班子"责任清单》，全面压实第一责任人责任，不断提升履职能力。以深化机关党建"三化"建设为抓手，着力创建政治功能强、支部班子强、党员队伍强、作用发挥强的"四强"党支部。结合站区改革新组建实际，定期进行党建工作提示和全覆盖督查检查。近三年整改党建工作问题60多个，有力推动党组织建设提质增效。充分发挥领导班子和"党员冲锋队"作用，注重弘扬"特别能吃苦、特别能战斗"的精神，面临疫情、汛情等急难险重工作任务时，党员干部能迎难而上、冲锋在前，展现西站办敢打硬仗、能打硬仗、善打硬仗的优良作风。

二是高标准服务中心。对标市政府《关于加强北京市重点站区管理服务工作的意见》要求，深入落实市委书记尹力、市长殷勇等市领导视察站区指示批示精神，按照《北京市重点站区优化提升工作实施方案》总体布局，站在首都北京和管委会大局高度上，高标准完成东西方体电梯工程建设等巡视整改任务3项，用"绣花"功夫推进完成18项优化提升改造项目。尤其是在南广场公交场站优化上，召开多次协商会议，5次修改完善优化改造方案，实现南广场公交场站功能优化整合，打通北京西站南广场广莲路断头路，实现区域交通微循环畅通高效。

三是高质量服务驻区单位。西站驻区单位、企业等40多家，党总支作为"领头雁"，对推动站区发展起到凝聚作用。创新"机关+基层"模式，深入开展下基层、结对帮扶、"送政策、送服务、送温暖"等活动，落实好领导干部基层联系点、领导班子支部联系点等制度，引导党员干部在服务驻区基层单位中体现机关价值、展现机关作为、贡献机关力量。2023年为驻区单位解决实际问题50余个。大力开展"西站是我家，共建靠大家""争创文明单位，争当服务先锋"等互联活动，上下联动、同频共振、共同创先

争优。18家驻区单位被评为首都精神文明单位，5家被评为全国精神文明单位。

强化精细管理，坚持用"旅客视角、问题导向、未诉先办"来推进模范机关创建工作

注重把服务过往旅客群众作为党建工作的出发点和落脚点，贴近群众需求，创新服务举措，下大力解决旅客群众急难愁盼问题，讲好西站故事，传递西站声音。

一是坚持问题导向，办好民生实事。坚持把人民群众满意作为工作出发点，扎实做好接诉即办，确保热线回复百姓咨询时"答得准、办得快、有回音"。2023年共计受理群众诉求1377件，占管委会总承办量的50%，群众满意率达到99.6%，推动解决了群众关心的一批热点难点问题。积极做好转运服务保障工作，圆满完成市档案馆进出京重要数据运送、3批次高校师生进京返疆（藏）和2批次新老兵转运的服务保障任务，相关保障情况在管委会官方微博、北京青年报客户端等多家媒体平台报道，得到社会广泛赞誉。

二是突出工作重点，守牢安全底线。坚持把地区安全稳定工作作为首要政治任务来抓实抓细，成立包括铁路、地铁、公交等交通枢纽单位以及消防、城管、公安等职能部门的地区安委会、防火委，深入开展"大排查大整治"工作。先后组织开展安全生产和消防大检查共计80余次，累计检查生产经营单位534家（次），并对发现的322处隐患及时上账督促整改，发出《安全提示单》80余份，有力杜绝了安全事故发生。

三是紧盯"双重"任务，强化应急保障。贯彻"看北京首先要从政治上看"的要求，秉持"为人民值守、护西站平安"初心，着力把"重大任务、重点时期"服务保障工作抓细抓实抓出成效。2023年累计完成保障工作192天，特别是7月底和12月中旬北京遭遇强降雨强降雪等极端天气，站办强化责任落实、坚守安全底线，多措并举全力做好降雪降温应对保障工作，积极为群众安全出行保驾护航，用责任担当筑牢站区"安全屏障"。

（执笔人：郑西建　张志刚）

做实做细"服务管家"机制
汇聚科技工作者力量 服务首都高质量发展

市科协

【专家点评】

市科协推行的"服务管家"机制工作成效明显,引领科协组织在北京国际科技创新中心建设中发挥不可替代的独特作用。

市科协在推行"服务管家"机制时,按照"管家是窗口、主体是部门、业务是核心、机制是关键、系统是保障、科学决策是目的"的定位,实现对各类组织的"一门受理、一站办理、一网通办"。同时,通过明确"服务管家"工作职责,建立"服务管家"工作队伍,制定"服务管家"服务标准,构建"服务管家"线上平台,制定"服务管家"保障机制,保障了"服务管家"工作切实落地生效。通过"服务管家"机制,市科协的引领力有效加强,与科协组织间的黏性显著增强,有效形成了组织合力。

本案例启示意义在于:要坚持党建引领,团结凝聚更广大的科技工作者听党话、跟党走,在科技创新和科协事业中担当重任。要坚持问题导向,直面痛点,深挖阻点,系统策划,全面部署,协调推进。要坚持统筹协调,做到科协系统组织协同联动,资源融通赋能,促进服务能力和水平提升。

(戴立兴)

建设模范机关　服务保障新时代首都发展

【背景介绍】

为全面贯彻落实党的二十大精神，更好地履行科协组织"四服务"职能，市科协按照"科协组织联动一盘棋、人才基层联心一团火、数字赋能融通一张网"的工作理念，坚持眼睛向下，问需于基层，问计于基层，调动科技社团和基层组织积极为广大科技工作者服务，于2023年5月30日第七个全国科技工作者日之际，发布了"服务管家"工作机制。"服务管家"机制，是市科协落实学习贯彻习近平新时代中国特色社会主义思想主题教育的重要举措，旨在进一步加强对科协组织、科技工作者联系服务，推动做优科技社团、做好高校科研院所科协、做实企业科协、做精园区科协，做大科协联络圈，引领科协组织在北京国际科技创新中心建设中发挥不可替代的独特作用。

【做法成效】

创建思路

"服务管家"机制，按照"管家是窗口、主体是部门、业务是核心、机制是关键、系统是保障、科学决策是目的"的定位，以科技社团、高校科协、科研院所（医院）科协、企业科协、园区（楼宇）科协为服务试点，为科协组织发展提供全方位、全链条、线上线下相结合的服务，实现对各类组织的"一门受理、一站办理、一网通办"。围绕落实"服务管家"机制，市科协着力打造一支队伍，让科协组

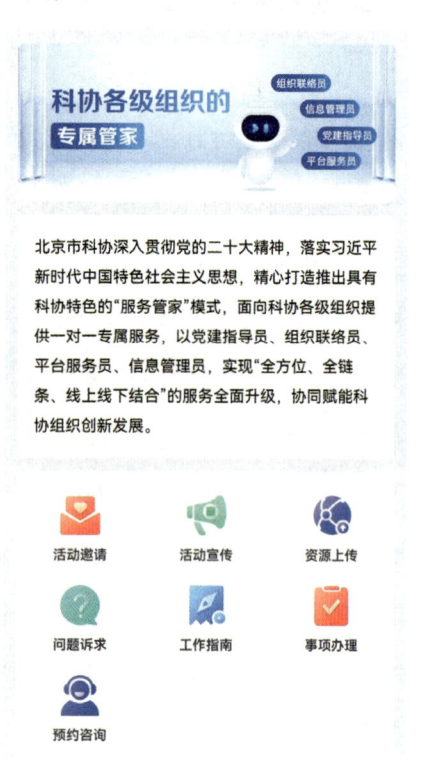

"数字科协"服务平台

织时刻体现科技工作者之家的温度;制定一套标准,让科协组织"四服务"职责制度化、清单化、精准化,让各级科协组织工作起来有活力,有支持;构建一个平台,"数字科协"提供全时段、高效率、智能化服务支持,让服务随手触达、全线通达。

具体举措

明确"服务管家"工作职责。"服务管家"承担党建指导员、组织联络员、平台服务员和信息管理员职责。工作内容包括强化党的全面领导,推动党的建设和业务工作深度融合,围绕组织建设和内部管理、科学家精神宣教、人才培育激励、学术交流研讨、科技成果转化和科技经济融合、决策咨询建议、国际科技合作交流、科普服务和青少年科技教育、宣传文化传播、数字化转型和数字科协应用10个方面积极开展工作,引领、支持服务对象科学、健康发展;指导服务对象做好组织建设工作,反映服务对象建议和诉求;引导服务对象参与市科协公共服务平台,为服务对象扩大联络资源;为服务对象使用数字平台提供服务,做好数据管理和应用。

建立"服务管家"工作队伍。组建"服务管家"团队,由北京科技社团服务中心、市科协创新服务中心等部门的50多名干部担任"服务管家",实现对组织"一对一"联络全覆盖。并在两个中心设立"管家中心",负责对外沟通联络协调,对内管家培训管理,对数据进行统计分析。

制定"服务管家"服务标准。围绕"四服务"职责制度化、清单化、精准化,制定市科协各类组织职责清单、市科协各项业务服务和管理清单、数字科协平台服务和工具清单、服务管家工作流程图等规范文件,明确"服务管家"专属服务、分级服务、全周期服务的内容和形式。

构建"服务管家"线上平台。规划设计"数字科协"网上服务大厅功能,梳理组织加入、换届等15项业务流程。在"北京科协"App中开设"服务管家"功能模块,推出包括活动宣传、邀请等7项服务事项。

制定"服务管家"保障机制。建立服务管家部门联络机制、问题诉求办理集散机制、重点工作月度信息归集制度、组织联动平台和工作支持机制等一系列工作机制，保障服务管家工作切实落地生效。

工作成效

发挥"党建指导员"作用，推动党的建设和业务工作深度融合，引领科技社团、基层组织围绕中心服务大局。在打赢防汛救灾、恢复重建攻坚战的关键时刻，服务管家队伍发挥党建引领作用，号召动员广大科技社团、基层组织，积极参与救灾及重建工作。市科协党建委办公室发出防汛救灾倡议，组织北京地质学会等42家科技社团、基层组织围绕捐款捐物、应急科普和专业科技支持等方面开展工作87项，捐款捐物合计价值830万元。

发挥"组织联络员"作用，听民情，汇民意，畅通科协系统信息交流渠道。服务管家采取广泛发布、点对点推送、重点沟通推介等方式，推送科协工作通知，并解答相关问题，指导动员服务对象参与科协各项工作。及时反馈基层诉求，针对部分科技工作者反映的应加强学术会议规范性等相关问题，提出了相关问题调研情况报告，并推出了学术会议线上管理功能。先后起草"科技社团品牌活动情况分析""科技社团活跃度分析"等报告，为科协党组决策提供参考，助力科协系统高质量发展。

发挥"平台服务员"作用，动员科技社团、基层组织参与科协特色"八大公共服务平台"建设，进一步提升影响力。加强对科协组织活动信息的收集、报道与宣传，在科协组织间传递好经验、好作风，树立典型，加强示范引领。组织科技社团、基层组织积极参与中关村论坛、服贸会等重要平台型工作，在学术月、全国科普日等活动中发挥作用，展示风采。聚焦2023年全国科普日，管家服务从组织动员、加强宣传、活动参与等多方面开展工作。先后组织174家科技社团、基层组织开展各类科普活动534项，46个特色活动入选云端嘉年华和科协官方媒体账号，联动科协融媒体矩阵发布全国科普日等各类信息647条，多家科技社团、基层组织入驻主会场。

发挥"信息管理员"作用，助力科协系统线上线下相结合开展业务，服务数字化转型。指导科技社团、基层组织，依托"数字科协"平台开展工作，陆续推出"服务管家"线上系列指南。截至目前，"北京科协"App各类组织注册数达3507个，市科协所属科技社团、基层组织已全部注册；2292家组织线上参与工作，增长了3.5倍；百余家基层组织主动提供宣传内容616条，增长54%。市科协对科协组织的引领力有效加强，科协组织间的黏性显著提升。

下一步，市科协将继续坚持以问题为导向，不断完善"服务管家"机制，持续提升服务管理队伍能力和水平，强化线上线下全主体、全领域、全链条服务，发挥桥梁纽带作用，把党和政府的精神传递下去，把基层一线的声音收集上来，团结凝聚更广大科技工作者，听党话、跟党走，在北京国际科技创新中心建设中作出新的更大贡献。

（执笔人：郭磊）

"四转四新"引贤才
打造外籍人才服务管理新模式

北京海外学人中心外国人来华工作事务部党支部

【专家点评】

北京海外学人中心外国人来华工作事务部党支部在不断深化改革中形成了"四转四新"工作法，打造出外籍人才服务管理新模式。

实践中，党支部不断丰富"四转四新"工作法品牌内涵，努力做到从"促就业"转向"引贤才"，树立新使命；从"等着来"转向"走出去"，培育新作风；从"求平稳"转向"促改革"，出台新举措；从"单窗口"转向"全市办"，构建新体系。"四转四新"工作法，统一了全体党员的思想，提升了党支部的战斗力，密切了与用人主体和外籍人才的联系，积累了全市外籍人才引进工作的宝贵经验，打造了模范机关创建的生动样板。

本案例启示意义在于：做到"四转四新"，必须转变固有观念，引导全体党员将工作重心从促进就业向引进人才转变；必须塑造良好作风，改变等用人单位上门的工作方式为定点联系服务用人主体专项行动；必须勇于改革创新，积极探求外国人来华工作服务管理的"更优解"；必须进行系统思考，构筑全市"就近办""一窗办"工作体系。

（戴立兴）

【背景介绍】

北京海外学人中心外国人来华工作事务部,承担北京市外籍人才来华工作服务和管理的辅助性、事务性工作,服务 1.5 万余家用人单位、3 万余名外籍人才,是北京市引进外籍人才的重要窗口部门。外国人来华工作事务部党支部现有党员 13 名,平均年龄 35 岁。近年来,为加快吸引集聚国际人才,服务北京建设高水平人才高地和国际科技创新中心,党支部持续实施"四转四新"工作法,在模范机关创建中不断丰富其品牌内涵,进一步提升服务管理水平,为北京全面建设高水平人才高地提供有力支持。

【做法成效】

从"促就业"转向"引贤才",树立新使命

北京高水平人才高地建设、北京国际科技创新中心建设战略布局对于做好国际人才服务提出了更高要求。一是认真学习宣传贯彻习近平总书记关于人才工作以及科技创新等重要论述,通过"不忘初心、牢记使命"主题教育、党史学习教育等学习研讨,以及日常业务学习交流,不断加深对国际友人、外国专家在中国特色社会主义伟大事业中重要作用的认识,从"国之大者"的高度谋划外籍人才引进和服务工作。二是党支部通过开展学习贯彻习近平新时代中国特色社会主义思想主题教育,引导全体党员将工作重心从促进就业向引进人才转变,将外国人来华工作服务管理主动融入全市外籍人才引进服务工作格局。三是注重丰富主题党日活动形式,走访重点科研院所、新型研发机构、高校、企业等,紧密围绕国际科技创新中心功能定位和北京高水平人才高地建设战略目标,进一步确立党支部新的工作使命和任务。

从"等着来"转向"走出去",培育新作风

党支部改变以往等用人单位上门的工作方式,持续开展定点联系服务用人主体专项行动。一是送培训上门。组织党员骨干前往北京大学、清华大学、未来科学城管委会等单位,上门举办外国人来华工作政策宣讲会,现场答疑解惑,打通政策宣传"最后一公里"。2023年以来,为解决用人主体对政策了解不全、不深等问题,开展"政策微课堂"10期,指导各区协办机构开展政策宣讲90余场次,3000余家用人主体参加。二是深入走访调研。大兴调查研究之风,支部建立了"一企一策"台账,坚持"走出去",走访调研30余家重点用人主体,收集关于工作许可办理流程等问题60余条,现场进行解答,并安排服务专员对接,深化"管家式"服务,及时解决用人主体的急难愁盼问题,提升了支部党员服务意识和素质能力,为更好服务用人主体和外籍人才奠定坚实基础。三是点对点解决难题。党支部书记带队现场办公,面对面倾听用人主体办理外国人来华工作许可的难点堵点,解决环球影城外籍演艺人员办理工作许可、北京冬奥组委批量引进专业技能人才等难题。在2023年开展主题教育之际,组织开展《国际人才"一站式"服务窗口工作模式研究》课题研究,支部全体同志参加调研,走访朝阳CBD、海淀中关村壹号、顺义外国人出入境服务大厅等9家站点,并会同市政务服务管理局、市公安局出入境管理局及重点聘外单位召开座谈会。针对协办机构、用人主体和国际人才群体发放三类问卷,涉及24个服务站厅、116家单位和386位国际人才。通过调研切实了解服务对象对国际人才"一站式"服务窗口的功能诉求,以及各窗口人员力量薄弱、信息化有待加强、国际语言环境不完善等问题,并研究借鉴了纽约、上海、粤港澳大湾区等8个典型城市和地区的工作模式,围绕窗口事项进驻、信息化、多语言服务等方面,形成了高质量调研报告并提出多项优化建议。

严格纪律规矩　做作风优良的模范

支部全体党员到北京市政务服务中心开展党日活动

从"求平稳"转向"促改革",出台新举措

党支部积极探求外国人来华工作服务管理的"更优解"。一是在全国率先实施"不见面"审批。新冠疫情期间,除新准入业务外,其他业务均可全程网上办理,无须现场提交材料。增设电子印章,减少用人单位到办理现场次数。外国人来华工作网上办理量约占总业务量的82%。目前,正在建设外国人综合服务管理平台("一网通办"系统),推动"一次输入,并联办理"。二是不断提高审批效率。将工作许可预审时限由5个工作日大幅压缩至外国高端人才(A类)1个工作日,其他人才(B、C类)3个工作日。三是出台"两区"建设和服务京津冀协同发展便捷化措施。出台便利措施,有效延长在京外籍人才工作许可年限,加大外籍优秀青年引进留用,加大外籍高层次人才和外籍专业技能人才引进力度。为落实《北京市推进京津冀协同发展2023年重点任务清单》工作任务,促进外籍人才在京津冀地区有序流动,联合天津市科学技术局、河北省科学技术厅相关单位,制定了《京津冀外国人来华工作许可便利化措施》,实现京津冀三地外国人来华工作许可资质互认。

从"单窗口"转向"全市办",构建新体系

积极回应用人主体和外籍人才诉求,党支部构筑全市"就近办""一窗办"工作体系。一是建网络。推进全市"1+17+X+N"外国人服务网络建设(1个市级人才服务大厅、17个区级人才服务大厅、X个国际人才社区、N个外国人才服务站)。二是放权限。制定《北京市外国人来华工作许可分级受理实施办法》和《受理点培训手册》,加强全市统一标准、统一流程、统一队伍,逐步将外国人来华工作许可预审、受理权限下放各区。三是并窗口。在全市14个区建立27个服务窗口,在全市15个"两证联办"窗口施行工作许可、居留许可"两证联办2.0"服务,面向全部外籍人才将办理时间压缩为5个工作日,为全国最快。

北京海外学人中心外国人来华工作事务部党支部在不断深化改革中形成了"四转四新"工作法,打造出外籍人才服务管理新模式。"四转四新"工作法的实行,统一了全体党员的思想,提升了党支部的战斗力,密切了与用人主体和外籍人才的联系,积累了全市外籍人才引进工作的宝贵经验,打造了模范机关创建的生动样板。外国人来华工作事务部党支部多次被评为先进基层党组织,多名党员获得市政务服务窗口之星称号。支部工作得到了中国科学院、清华大学、中央广播电视总台、北京冬奥组委、北京量子科学研究院等单位的充分肯定,《北京日报》《前线》《支部生活》以及"北京组工"公众号等对有关事迹进行了专题报道。

(执笔人:曾福林　吴晓慧　李哲)

坚持党建引领深化接诉即办改革打造"主动治理、未诉先办"首都样本

国家税务总局北京市税务局

【专家点评】

以习近平新时代中国特色社会主义思想的世界观和方法论为指导，国家税务总局北京市税务局强化"主动治理、未诉先办"改革，以"小切口"入手，提升首都税务综合治理效能，助力新时代首都高质量发展。

市税务局在改革中，一是锚定税收治理突破点，高位推动"主动治理、未诉先办"改革进程。二是破解税收治理碎片化，建立健全"主动治理、未诉先办"工作体系。三是聚焦高频共性民生问题，积极探索"主动治理、未诉先办"工作模式。实践证明这一改革成效显著，建立"全链条"闭环制度体系、逐步探索多领域案例场景、进一步优化纳税服务作风，有效提升工作能力和水平。

本案例启示意义在于：做到"主动治理、未诉先办"，必须坚持党建引领，高位推动精准主动治理；必须厚植为民情怀，结果导向砥砺首善作为；必须优化制度保障，迭代升级基层治理样态。

（戴立兴）

【背景介绍】

创建"让党中央放心、让人民群众满意的模范机关"是习近平总书记

建设模范机关 服务保障新时代首都发展

2019年出席中央和国家机关党的建设工作会议时发出的重要号召。国家税务总局北京市税务局（以下简称市税务局）立足政治机关定位，强化使命担当，持续推动首善税务机关创建。2023年，以开展学习贯彻习近平新时代中国特色社会主义思想主题教育为契机，深入学习贯彻习近平总书记"实现好、维护好、发展好最广大人民的根本利益"的重要指示精神，以民生工程为本，聚焦纳税人缴费人急难愁盼问题，坚持党建引领，坚持守正创新，从需求侧巩固深化"接诉即办"的同时，从供给侧强化"主动治理、未诉先办"改革，以"小切口"入手，提升首都税务综合治理效能，助力新时代首都高质量发展。

【做法成效】

坚持四个原则

一是坚持党建引领。发挥党建把方向、管大局、保落实的重要作用，将党的领导贯穿于"主动治理、未诉先办"工作全过程。加强市、区两级税务局党委统筹组织，压实各级党组织主体责任，持续强化党建引领基层治理，激励党员干部责任担当，将党的政治优势、组织优势和密切联系群众优势转化为治理优势。

二是坚持问题导向。广泛归集各渠道诉求，找准纳税人急难愁盼问题，

主动靠前服务，深入商场走访问需，帮助企业应享尽享税费优惠政策红利

剖析问题症结堵点，提高税务服务的有效性和针对性，把问题矛盾解决于萌芽阶段。将民生服务想在前，提升税收服务的灵敏度，提高改革措施的前瞻性，推动税收治理现代化变革，提升纳税人满意度和获得感。

三是坚持改革创新。用"未诉先办"推动税收治理理念、治理机制和方式方法创新，实现税务治理从"事后管理、被动反应"到"事前服务、主动回应"的转变，不断优化诉办关系，从一个诉求解决一类问题，通过一个案例带动一域治理。

四是坚持统筹协调。学习运用系统观念，将"主动治理、未诉先办"作为"一把手"工程，实施高位统筹、横纵联动、分级负责，加强对热点问题、阶段性工作、突发事件等引发的重大疑难诉求的统筹指导，增强工作推进的整体性、系统性、协调性，形成横向协调、纵向贯通的工作合力。

采取精准措施

一是锚定税收治理突破点，高位推动"主动治理、未诉先办"改革进程。按照既往投诉"未诉先办"、工作跨前"未病先治"的思路，建立市局党委书记牵头的接诉即办领导小组，下设接诉即办改革专班，负责工作的顶层设计、统筹谋划、整体推进、督促落实。充分运用"一把手"政治上的引领导向、决策上的主导把关、组织上的凝聚协调作用，实现诉求办理横纵协同，提出解决问题的综合方略。更重要的是，着眼于诉求反映的点而衍生出面上的税务治理方向，形成主要领导把握方向、高位推动，分管领导靠前指挥、周密部署，基层齐抓共管、主动治理的良好工作运行机制。

二是破解税收治理碎片化，建立健全"主动治理、未诉先办"工作体系。"一套机制"抓攻坚。建立"单月"调度、"双月"点评，季度通报工作机制，通过"大数据＋活情况"，聚焦诉求问题的代表性、集中性，强化问题解决的时效性、有效性，实现面上工作整体推动，重点问题挂账监督，疑难问题一揽子攻坚。"一张派单"管到底。以工单诉求发起为源头，形成"接、办、督、反、评、防"闭环运行机制。同时运用考评结果开展正向激励，激

建设模范机关　服务保障新时代首都发展

励各单位主动靠前,积极探索。"一张清单"促整治。建立"每月一题"任务清单,聚焦纳税人急难愁盼及跨部门疑难复杂问题,市区联动、协同攻坚,团队式任务破题,在"促办"的同时推动"求解促治",积极探索问题场景化的闭环治理。"一个通报"促提升。探索建立诉求分析通报机制,完善"月分析、季度通报"机制,全渠道汇集纳税人诉求,掌握基层"活情况",探索对诉求数据的智能处理,发挥接诉即办"探针"作用,为推动"主动治理、未诉先办"提供数据基础,为改进税务工作提供决策参考。

探索"未诉先办"改革,在12366座席接听纳税人缴费人电话

三是聚焦高频共性民生问题,积极探索"主动治理、未诉先办"工作模式。关注平台企业"开票难"问题,以美团作为突破口,实施精准派单,通过快速定位被诉主体,做好源头治理;精细管理,税企联动快速响应,做好系统治理;精确引导,根源化解潜在诉求,做好协同治理。工单办理时长从5天压缩至3天,2023年响应率、解决率、满意率"三率"均为100%。关注停车场停车"开票难",挖掘区域行业龙头企业信息技术等资源优势,创新实行"简单问题直接办、联动问题税企办、疑难问题兜底办"分类分级工作法,提级到源头治理,有效解决停车开票"定位主体难""成效提速难""规范管理难"三大问题。

取得良好成效

一是建立"全链条"闭环制度体系。在全国税务系统率先出台《关于进一步深化"接诉即办"推进"未诉先办"改革工作的实施意见》《关于进一步推动"主动治理、未诉先办"工作的指导意见》等先行先试方案，制定配套的诉求派单管理办法、风险防范管理办法和工作考核办法，提供"主动治理、未诉先办"制度支撑。

二是逐步探索多领域案例场景。结合各辖区行业特性、诉求分布特点等，选取具有典型意义的诉求"小切口"，逐步拓展便民办税场景。先后下发4批10个案例，如美团"开票难"、停车场"开票难"、中国移动App"开票难"、小客车个税指标摇号审核、房产证"办证难"等。

三是进一步优化纳税服务作风。将"民之所呼，我之所应"的宗旨意识深深植根于心，推出为民服务的务实举措。编制《国家税务总局北京市税务局接诉即办沟通话术（1.0版）》，对咨询类、应开未开发票类、偷税漏税举报类、多诉求类、服务类、群诉类等多场景下的诉求，明确一线税务干部的沟通原则，规范服务用语，在沟通环节缓和气氛、缓解矛盾，提升诉求的应对能力。

获得深刻启发

一是加强党的领导，高位推动精准主动治理。强化政治机关意识，发挥党委领导核心作用，将"主动治理、未诉先办"纳入"一把手"工程，各层级主要领导干部为第一责任人，压实主体责任。市局建立接诉即办改革领导小组，注重顶层需求分析和会商研判，精准锁定"急难愁盼"，基层各单位发挥前哨作用，坚持问题导向及时反馈新情况新问题，形成上下贯通、横向联动的运转机制，再通过"每月一题"清单式破题，"双月点评""一把手"督促问效，实现降本增效、提质减量。

二是厚植为民情怀，结果导向砥砺首善作为。敢于向内剖析创新机制，

建设模范机关　服务保障新时代首都发展

落实首接负责，由首接部门厘清诉求症结、及时沟通指引，优化派单机制，精简流程、分散压力。勇于主动破解根源难题，加大问题调研，通过税费服务诉求和舆情联席会议形成合力，从税收征管角度依法约谈企业，督促跟进企业优化内部管理措施。善于协同发力精诚共治，构建常态化税企合作机制，定期收集需求和建议，建立诉求快速响应小组，促进诉求高效解决。

　　三是优化制度保障，迭代升级基层治理样态。完善包括机制运转、责任落实、绩效考评等全周期制度责任体系，形成"搜集诉求—分析问题—团队破题—跟踪问效"的闭环管理模式，激发基层活力，打通向上通道，不断优化和完善诉办关系，不断提升更新与升级基层治理样态，不断推进首都中国式现代化税务实践。

（执笔人：程鹂）

激励担当作为
做业绩过硬的模范

坚持以高质量党建引领模范机关建设
推动首都生态环境监测事业高质量发展

市生态环境监测中心

【专家点评】

本案例展现了市生态环境监测中心以党建引领业务发展、高质量创建模范机关的做法和成效，特别是着力打造"党建红引领生态绿　支撑北京蓝"特色品牌和"三个一"工作机制取得良好成效，获得多项荣誉，具有较强的现实意义。

市生态环境监测中心的主要做法有：以党建引领为创建铸魂，深化内涵建机制；以思想教育树创建内核，注重导向引风尚；以实干担当见创建实效，牢记宗旨强作风；以人才培育铸创建文化，握指成拳聚合力。有为才有位，真抓见实效。从其所获荣誉上可见一斑，如"首都文明单位"，30余人获"全国先进工作者""全国生态环境系统先进工作者"等荣誉称号。

本案例启示意义在于：坚持以党的建设为统领，着力打造党建特色品牌，释放党建多重效应，做到抓党建、强队伍、促业务，有效提升干部职工精气神、凝聚力和战斗力，扎实推动事业蓬勃发展，进而实现党建和业务两结合、双促进。

（吕学军）

建设模范机关　服务保障新时代首都发展

【背景介绍】

市生态环境监测中心（以下简称监测中心）坚持以习近平新时代中国特色社会主义思想为指导，对标"讲政治、守纪律、负责任、有效率"的政治要求，聚焦"五个模范""七个过硬"的模范机关创建目标，坚持以高质量党建引领模范机关创建，强化使命激励，凝聚干事创业热情，持续推动习近平生态文明思想在京华大地落地生根，切实将党建优势转化为生态环境监测事业高质量发展的制胜优势，以一流业绩有力支撑生态环境质量持续改善，为美丽中国建设增添了亮丽的北京底色。

【做法成效】

坚持高位推进铸牢模范机关之魂

一是提高政治站位。监测中心党委认真落实"看北京首先要从政治上看"的要求，深入贯彻落实习近平总书记在中央和国家机关党的建设工作会议上重要讲话精神，深刻认识创建模范机关的重要意义，以高度的政治自觉、思想自觉、行动自觉，不断提高党的政治建设质量，坚定不移推进政治机关建设，确保模范机关建设始终保持正确的政治方向。二是加强组织领导。监测中心党委高度重视，始终把模范机关创建作为一项重要工作，成立了党委书记任组长的领导小组，制定创建方案，明确创建目标、任务和措施，保证创建工作顺利进行。把模范机关创建纳入监测中心发展的重要议事日程，与业务工作同谋划、同部署、同落实、同考核，领导小组定期召开专题会议，安排部署工作，分析形势困难，抓好工作推进，做到"两手抓、两手都要硬"。三是健全创建机制。为使"党建＋模范创建"落地见效，通过完善一个标准体系、创新一套方法机制、锻造一支铁军队伍，积极探索"三个一"工作机制，打造"党建红引领生态绿 支撑北京蓝"党建品牌，凝聚干部职工力量，保证了创建工作责任制层层落实，相关做法被《中国环境报》《北京机关党建》等刊发。

坚持知行合一培植模范机关根基

一是强化理论武装。把学习贯彻习近平新时代中国特色社会主义思想作为首要政治任务，扎实开展学习贯彻习近平新时代中国特色社会主义思想主题教育，及时跟进学习党的创新理论、习近平总书记最新指示批示精神，坚持"第一议题"制度和会前学习制度，努力做到深学践悟、至信笃行。结合"三会一课"，广泛组织"支部书记讲党课""普通党员讲微党课"等活动，深刻领悟"两个确立"的决定性意义，切实增强"四个意识"、坚定"四个自信"、做到"两个维护"。二是突出实战历练。注重在重大活动保障中锻炼队伍，大气预报团队开发的提前30天准确预测污染过程技术，在庆祝建党100周年、北京冬奥会保障中，均提前2天提供精准逐时PM2.5浓度预报结果，准确把握北京及周边地区空气质量演变情况，为重大活动保障工作及时提供科学准确的预报结果，多次得到党中央和市委、市政府的表彰。党的二十大期间，大会秘书处总务组、生态环境部、中国环境监测总站等部门发来多封感谢信。三是营造浓厚氛围。围绕落实创建模范机关工作方案，以"岗位建功""学习二十大精神 践悟新思想伟力"主题教育知识竞赛等活动为载体，营造以"比"促学、以"赛"促知、以"知"促干的浓厚氛围，全面加强干部的思想淬炼、政治历练、实践锻炼和专业训练。加大宣传力度，深入挖掘宣传"身边榜样"，展示亮点成效，着力推动模范机关创建融入干部职工的工作与生活，切实营造良好的创建氛围。

坚持实干担当增强模范机关效能

一是全力保障重大任务。坚决落实市委、市政府一系列重要决策部署，充分发挥监测"耳目""基石"作用，有力支撑首都生态环境质量实现历史性改善，被联合国环境规划署誉为"北京奇迹"。率先在全国构建了PM2.5精细化源解析技术体系，破解了大气PM2.5精细化来源解析难题，有力支撑北京市大气精细化管理和京津冀大气污染联防联控。建成覆盖北京街道乡

建设模范机关　服务保障新时代首都发展

镇的 PM2.5 和 TSP 智能监测网、地表水市控断面监测网，支撑了市委书记月度工作点评会，相应结果纳入市领导驾驶舱，为开展北京市生态环境考核评价及风险防范奠定基础，显著提升了全市各级环境质量精细化管理水平。面对 2023 年气象条件整体不利、外来沙尘频发、区域排放强度回升等不利影响，深入贯彻习近平生态文明思想，大力发扬"一微克"精神，以科技创新提升治污支撑能力，统筹开展了生态环境新型治理体系建设，探索建立"三监"联动精准治污新模式、智能感知监测网络，为北京市 PM2.5 实现连续三年稳定达标起到关键支撑作用，相关做法被央视《焦点访谈》和中央人民广播电台及北京电视台的相关栏目采访播出，有力支撑了北京市深入打好污染防治攻坚战。二是着力提高发展水平。紧紧围绕首都生态环保功能定位，持续推动业务绩效、核心竞争力、服务质量和满意度不断提升。现有"大气颗粒物监测技术北京市重点实验室""国家环境保护河流全物质通量重点实验室" 2 个重点实验室，参与制定国家、行业及地方标准 27 项，在研国家级项目 11 项、省部级项目 11 项，获专利及软件著作权 100 余项，获得省部级科技奖 9 项，其中，北京市科学技术进步奖二等奖、三等奖各 1 项，环境技术进步奖一等奖、二等奖各 1 项。三是大力厚植为民情怀。领导班子成员带头示范，各支部跟进落实，围绕一线部门、群众关心的生态环境热点、难点问题，深入区、街道开展帮扶、共建活动，近两年累计开展技术帮扶 50 余次，提供帮扶对策

深入街道进行环境治理调研帮扶

建议200余条，深受街道、乡镇好评。坚决贯彻市直机关工委关于基层党组织和在职党员"双报到"工作的通知要求，强化与社区的黏性互动，协助街道社区开展垃圾分类、桶前值守等活动400余人次。疫情期间，分5批共计38人下沉朝阳、海淀、顺义、房山等区的重点社区，投身抗疫一线，出色完成任务，充分展现了生态环保铁军先锋队风采。近两年来，累计开展扶贫助农6次、应急监测及演练10余次，累计收到社区感谢信50余封、锦旗2面，以实际行动彰显了首都生态环境监测人应有的社会责任与使命担当。监测中心先后被评为北京2022年冬奥会、冬残奥会北京市先进集体、首都文明单位。

坚持育强人才积蓄模范机关后劲

一是创新机制育人才。以"创造一流业绩、铸就一流事业、争做一流专家"为目标，落实建立"一个人才培训学堂"，秉承"两条人才发展路线"，推进"三项人才培养计划"，树立"四种人才典范精神"，形成"五类人才选用标准"的"12345"发展策略，以"人才年"等形式大力培育适应首都生态环境现代化发展的新型人才。二是搭建平台提能力。搭建"环保讲堂""名师讲座"等专业授课平台，举办应急监测、噪声监测、环境统计等专业技术岗位建功活动，积极营造"学技能、当标兵、树形象"的大练兵氛围。连续多年举办青年学术演讲比赛，培育开口能讲的青年学术人才，为首都环保青年学术演讲和北京青年学术演讲比赛输送了大批人才，取得优异成绩，成为宣传生态文明思想的主力军。三是丰富活动激活力。开展趣味运动会、主题摄影比赛、三八妇女节插花、六一儿童节才艺展示、九九重阳节登山等丰富多彩的文体活动，加强文化宣传，培养职工集体意识、竞争意识，展现干部职工良好的精神风貌，激发干事创业热情。利用好职工之家、读书角、公告栏等场所设施，保障职工活动有场所、学习有场地、宣传有舞台。近年来，1人当选党的二十大代表，1人获"全国先进工作者"称号，1人获"全国生态环境系统先进工作者"称号，30余人次获全国"巾帼建功标兵""首都劳动奖章"等荣誉。

（执笔人：冯鹏　闫贺）

以过硬业绩争创模范机关
奋力推动首都文博事业高质量发展

市文物局

【专家点评】

本案例展现了市文物局学深做实习近平新时代中国特色社会主义思想，聚焦主责主业，勇担新时代新的文化使命，强化政治引领，改进和创新工作思路，锻造过硬队伍，推动首都文博事业高质量发展的相关做法。

该单位的主要做法是"三以三力"，即坚持以"学"为先，筑牢理论根基强内力；坚持以"培"为本，练就过硬本领增能力；坚持以"融"为要，引领事业发展显战力。其主要特色是三管齐下、环环相扣、综合发力，扎实推动模范机关创建活动落细落实，持续擦亮北京历史文化遗产"金名片"见行见效。

本案例启示意义在于：创建模范机关重在目标明确、重点突出，结合实际、措施得当，尤其要在推进党建与业务深度融合上下功夫，加强党的建设既是有力的政治引领，也是强大的政治保障。打造高素质、专业化的干部队伍既是模范机关创建活动的重中之重，也是推动事业发展的组织和人才保证。只要坚持围绕中心、服务大局，凝心聚力、真抓实干，在提升干部队伍的党性修养、理论滋养、文化涵养等方面出实招、做实功，文博工作必将在新时代展现新风采。

（吕学军）

【背景介绍】

市文物局高度重视模范机关创建工作，坚持把创建工作与学习贯彻习近平新时代中国特色社会主义思想特别是习近平文化思想紧密结合，与全国文化中心建设目标任务和首都文博中心工作紧密结合，与全面从严治党和基层党组织建设紧密结合，加强组织领导，明确创建方向，一体推动落实，着力推动模范机关创建见行见效，以模范机关创建提升全局党建工作水平，以高质量党建引领首都文博工作在高质量发展中不断取得新业绩。

作为负责本市文物和博物馆事业管理工作的市政府直属机构，市文物局专业性强、业务特点鲜明。作为全国文化中心建设的主力军，市文物局在推进全国文化中心建设领导小组"一办十三组"架构中，牵头或共同牵头8个专项工作组。因此，从创建工作伊始，市文物局就聚焦主责主业，重点在"做业绩过硬的模范"方面聚势用力，勇于担负起新时代新的文化使命，持续擦亮北京历史文化遗产"金名片"，奋力谱写首都文博事业发展新篇章。

【做法成效】

坚持以"学"为先，筑牢理论根基强内力

局党组始终把抓好党的创新理论武装摆在首位，引领各级党组织和广大党员干部深刻领悟真理力量，不断提高政治判断力、政治领悟力、政治执行力，切实把学习成果转化为推动首都文博工作实践的内生动力和具体思路举措。深入学习贯彻习近平新时代中国特色社会主义思想特别是习近平文化思想，认真落实"第一议题"制度，及时跟进学习习近平总书记关于文物工作重要指示批示精神。组织编制《习近平总书记关于历史文化遗产保护重要论述资料汇编》，作为党支部和党员学习的案头卷、工具书。充分发挥党组理论学习中心组示范作用，围绕学习贯彻习近平总书记在文化传承发展座谈会上的重要讲话精神等专题开展交流研讨。举办党员干部"理论大讲堂""理

建设模范机关　服务保障新时代首都发展

论培训班""网上专题班",在"北京文博"公众号和官方网站开设学习专栏,邀请文博领域党的二十大代表作专题辅导,帮助党员干部学懂弄通做实。坚持学用结合,充分用好北京红色资源,紧密结合革命文物保护利用主责主业,组织党员干部走进国立蒙藏学校旧址、香山革命纪念馆、北大红楼,重走"进京赶考之路"开展学习教育,提高业务能力。各级党组织上下联动,依托"三会一课"等制度载体,组织党员干部广泛开展集中学习、交流研讨、党建宣讲、主题党日活动,不断增强对首都文博工作的规律性认识。

开展主题党日活动,组织机关党员干部、局属博物馆业务干部
到北京大运河博物馆(首都博物馆东馆)学习

坚持以"培"为本,练就过硬本领增能力

习近平总书记强调,我们党"既要政治过硬,也要本领高强"。实现首都文博事业高质量发展,擦亮北京历史文化遗产这张"金名片",离不开一支强有力的党员干部队伍。局党组用心浇灌,加强党员干部思想淬炼、政治历练、实践锻炼、专业训练,帮助干部练就干事创业的宽肩膀、真本领。坚持以重大任务为牵引,在首都文博中心工作、重大任务中,强化党员干部党

性修养、理论滋养、文化涵养、实践培养，提高履职能力。选调局系统 30 多名青年骨干服务保障中轴线申遗保护工作。选派青年干部参加援疆、援青工作，担任驻村第一书记，在艰苦环境中成长提高。大力实施文博人才"四三二一"战略工程，深入实施"京鼎工程""京博之星""京博匠师"等一系列培养措施，全面提升文博人才队伍质量。精心推动实施北京市文物局"青年人才培养计划"，采取集中授课、小班实践、成果评选、交流汇报等方式，依托首都高校丰富教育资源，开展分层次、分类别、分专业培训，着力培养和储备青年业务骨干人才。每年召开总结大会暨动员部署会，逐年增加文博人才培训数量。坚持政治铸魂、学术夯基、人才固本、制度立政，加强青年科研人才培养，发挥专业学术带头人作用，完善"一对一"科研工作机制。举办"文博名家课堂"，为干部提高专业能力创造良好条件。举办北京市文博系统干部写作培训班，助力干部增强"四力"，更好地培养、发现和使用优秀年轻干部。

坚持以"融"为要，引领事业发展显战力

党建引领作用的发挥，最终还要靠过硬的工作业绩说话。全局上下锚定首都文博事业高质量发展这一首要任务，以党建领方向、增动力，推动党建工作与业务工作深度融合，紧紧围绕全国文化中心建设目标，奋力推动"一轴一城、两园三带、一区一中心"重点工作不断取得标志性成果。北京中轴线申遗保护取得新进展，公布《北京中轴线保护管理规划（2022 年—2035 年）》，申遗保护三年行动计划如期收官，重点文物腾退和环境整治取得突破性进展。主办第 45 届世界遗产大会"数字化赋能文化遗产"主题边会。成功举办 2023 北京中轴线文化遗产传承与创新大赛，《最美中轴线（第二、三季）》《登场了！北京中轴线》等精品节目引发热烈反响。博物馆之城建设呈现新气象，2023 年新增 11 家备案博物馆，27 家"类博物馆"挂牌开放，全市博物馆累计推出近 700 场展览活动。创新举办首届北京博物馆活动月，推出 300 余项丰富多彩的展览和近千项文化活动，发布一系列北京博物馆之

建设模范机关　服务保障新时代首都发展

城建设成果，"博物馆'百千万'惠民活动"等深受广大市民欢迎。持续推动博物馆数字化建设，大力促进博物馆资源更好融入教育体系。国家文化公园和文化带建设厚植新优势，北京大运河博物馆面向社会开放，成功举办2023北京（国际）运河文化节，助力"京杭对话"活动。推进路县故城遗址保护展示工程建设，中国长城博物馆改造提升工程开工，实施箭扣长城修缮等标志性项目，发布早期长城资源调查成果，成功举办2023北京长城文化节。大葆台西汉墓遗址保护及博物馆改建工程有序推进，成功举办2023北京西山永定河文化节。首钢工业遗产活化利用项目入选全国"文物事业高质量发展十佳案例"。文物保护利用示范区建设展现新风貌，三山五园国家文物保护利用示范区创建任务全部完成并通过评估验收，被国家文物局授予"国家文物保护利用示范区"称号。国际文物艺术品交易中心建设形成新动能，文物拍卖企业和文物商店总量稳居全国之首，市场活跃度持续攀升。成功举办2023北京·中国文物国际博览会、北京文博创意设计大赛。革命文物保护利用工作得到新提升，"进京赶考之路（北京段）"全线贯通，蒙藏学校旧址保护展示工程入围第四届全国革命文物保护利用十佳案例。考古和大遗址保护工作凸显新成就，丰台新宫遗址、金中都光源里遗址列为"考古中国"重大项目。文化遗产保护利用传承取得新突破，成立北京世界文化遗产保护管理联盟，圆满承办2023北京文化论坛"文旅融合"平行论坛。此外，文物保护基础工作不断夯实，服务型法治政府建设水平得到提高，科研与人才工作夯实发展新地基，文物安全和安全生产工作常抓不懈，全媒体时代宣传水平取得长足进步。广大基层党组织通过承诺践诺、党员先锋岗、党员责任区、党员突击队等方式，引领党员干部在围绕中心、服务大局中充分发挥先锋模范作用，战斗堡垒作用得到彰显。在防汛抢险救灾中，成立文物抢险先锋突击队，深入灾区查看文物受损情况，全力守护文物安全。党员干部挺膺担当，抢救考古资料，将文物受灾程度降到最低，《北京日报》《中国文物报》予以报道，市考古研究院琉璃河考古工作站青年突击队获评"北京市青年突击队"。在推进接诉即办中，深入分析"12345"市民热线中心派单问题，不断优化改进，2023年，在"接诉即办"市级部门月度综合评分中，市文物局4次并列第一。在提高公共服务质量中，组织基层党组织开展"一丝不苟抓工作，满面春风提服务"专题活动，积极应对暑期博物馆大客流，着力解决预约难问题，更好满足观众参观需求，让文博事业发展成果更多惠及人民群众。

（执笔人：肖鹏）

党建引领"七度争先"
推动中心工作高质量发展

市人防指挥工程管理中心党支部

【专家点评】

本案例表述了市人防指挥工程管理中心党支部以打造独具特色的党建工作品牌为抓手,扎实推进党支部规范化标准化建设,以党建有效开展促进业务工作有力发展,实现党建和业务融合发展的经验做法,具有一定的创新和启发意义。

市人防指挥工程管理中心党支部创建党建工作品牌的主要做法是坚持以党建为引领,从"学习有深度、站位有高度、保障有力度、应急有速度、服务有温度、财务有精度、档案有广度"七个维度促进党建和业务有机结合,推动党员干部创先争优,推动业务工作高质量发展。主要举措体现在三大方面,即抓学习提升政治素养,转作风夯实党建基础,创品牌凝聚干事合力。

本案例启示意义在于:打造党建特色品牌要始终坚持以政治建设为统领,举旗定向、凝心聚力,逐步建强党支部战斗堡垒和党员队伍,找准模范机关创建和中心工作的结合点和发力点,实现党建与业务双提升。

(吕学军)

【背景介绍】

近年来,市人防指挥工程管理中心(以下简称指挥工程管理中心)党支部在市国防动员办公室（以下简称市国动办）党组的正确领导下，深入学习贯彻习近平新时代中国特色社会主义思想，认真落实市国动办关于模范机关建设的工作部署，依据市国动办党组《以机关党建高质量发展引领模范机关建设的实施方案》，按照"稳、转、高、新"的总要求，结合工作实际，提出了"科学筹划、保障中心、服务全局、有序推进、健康发展"的工作思路，充分发挥党建引领作用，以主题教育为契机，扎实推进模范机关建设，党建引领全面履行职责任务，不断建强支部战斗堡垒，从"学习有深度、站位有高度、保障有力度、应急有速度、服务有温度、财务有精度、档案有广度"七个维度争做业绩过硬的模范，推动各项服务保障工作高标准落实、高质量发展。

【做法成效】

"学习有深度"，争做"学习标兵"，强本固基，凝聚奋进力量

指挥工程管理中心党支部坚持把深入学习贯彻习近平新时代中国特色社会主义思想作为首要政治任务，通过集中学习、专题交流研讨、支部书记讲党课等方式，跟进学习贯彻习近平总书记最新重要指示批示精神。开展"重走进京赶考路，牢守初心建新功"主题党日活动，参加"重温艰苦革命岁月，赓续红色文化血脉"交流见学，参加"奋进新时代 我为国动添光彩"专项行动，引导党员干部深刻领悟"两个确立"的决定性意义，不断增强政治判断力、政治领悟力、政治执行力。坚持每月确定一个学习主题，编制印发学习资料，制作宣传展板；党小组每周组织一次集中学习，每天安排半小时自学，每月写一份学习心得。充分利用微党课、"学习强国"、云平台等载体线上线下结合学，倡导理论学习与业务技能同时学、两促进，争做"学习标兵"，将学习教育内化于心、外化于行，感悟思想伟力，凝聚奋进力量。

建设模范机关　服务保障新时代首都发展

"站位有高度"，争做"国动先锋"，担当作为，为首都建设添砖加瓦

指挥工程管理中心党支部以党建为引领，把抓班子带队伍摆在重要位置，坚持党管干部原则，时刻牢记"首都无小事"，激励党员干部站在首都高质量发展的高度、站在首都国防动员事业开端起步的高度，主动担当作为，争做"国动先锋"，展现"国动形象"，主动参与到重大活动中、急难险重任务中，让党旗在重大活动服务保障中、在急难险重攻坚克难中迎风飘扬。"军事日""警报试鸣""京津冀国动系统区域一体通信联合训练"等大型活动在哪里开展，支部就把党旗插在哪里，哪里就活跃着中心服务保障小分队，大家主动担当作为，既有分工又有合作，在急难险重任务中抓党性锻炼，增强工作能力，锤炼工作作风。疫情严峻时刻，指挥工程管理中心按要求分批次派出党员干部下沉社区支援抗疫，这里有将近退休的老党员，有有两个幼子的妈妈，还有新入职的大学生，大家没有任何畏难情绪，默默克服各种困难，充分发挥先锋模范作用，为全市疫情防控工作贡献力量。

"保障有力度"，争做"工程卫士"，高效务实，确保工程平稳运行

指挥工程运维管理是指挥工程管理中心最核心的职能。指挥工程管理中心党支部教育全体干部职工牢守底线思维，以"时时放心不下"的责任感，进一步提升安全责任意识。严格落实安全生产责任制，规范工作流程，健全日常运行维护、巡视巡检各项管理规定，同时结合季节性特点，重点对工程内指挥、通信、电气、空调、消防、安防等系统进行运行测试及维护保养。同时按照长期目标、五年规划以及年度工作计划，启动完成各专业各系统升级改造项目，稳步提升运行保障能力，确保工程能够遂行"战时防空、平时服务、应急支援"保障功能。院区创新建立安全保卫网格化管理模式，加强各级各类值班值守，定时定期巡视巡查，特别是节假日、重大活动对重点地区、敏感部位、设备设施进行全面排查，及时消除隐患，确保平稳运行、安全投入使用。

"应急有速度",争做"安全卫士",攻坚克难,确保一方平安

指挥工程管理中心党支部面对急难险重任务,不推不等不靠,攻坚克难,主动作为,人人争做"安全卫士",第一时间应急处突。三年来,面对复杂多变的疫情,指挥工程管理中心上下齐心严格落实上级政策规定,及时调整保障措施,主动落实防控责任。支部书记带领党员干部和后勤人员一道坚守岗位,多措并举,全力保障院区内干部职工的工作生活,确保疫情防控平稳过渡。2023年临近"八一""军事日"活动时间紧任务重,支部立刻把"党旗"插到西部院区,号召干部职工全员上阵,重新调整人员分工,哪里需要哪里去,同时充分协调全办力量,主动作为,群策群力,为活动的顺利实施提供了有力保障。面对突如其来的"23·7"特大暴雨,西部院区受到一定冲击,支部第一时间启动应急机制,关闭工程各出入口,按照"水进我退、水退我进"原则安全组织疏散人员,支部副书记带领最后一批同志冒着大雨蹚着过膝洪水结队撤离院区,第二天当洪水逐渐平稳,立刻带人进山对工程进行巡检,及时开启应急抢险,将影响和损失降到最低,确保了指挥工程安全和不间断运转。

"23·7"特大暴雨后,支部党员干部开展抗灾救灾工作

建设模范机关　服务保障新时代首都发展

"服务有温度",争做"服务之星",内外兼修,确保周到细致

机关后勤服务保障是指挥工程管理中心的第二核心职能,支部始终坚持以人民为中心的理念,把服务群众作为工作的出发点和落脚点,持之以恒、常抓不懈努力为干部职工提供干净整洁、安全卫生的办公生活环境,提供规范化、标准化的会议服务及办公秩序,提供健康营养、美味适口的三餐饮食,提供丰富全面、便捷高效的档案服务,提供精准高效、一体化管理的财务服务,提供便捷安全的公务用车服务。坚持内外兼修,注重平时养成,强化责任意识、自觉意识、服务意识,进一步端正服务态度,提升服务水平。服务保障工作中倡导微笑服务、贴心服务、无形服务,体现人文关怀,人人争做"服务之星"。为了转变作风、提高服务水平,在"优化国动环境专项活动"中,指挥工程管理中心对现有规定、制度和工作流程进行全面梳理,对人员管理、办公环境、公共区域节能、垃圾分类、光盘行动、后勤保障能力、服务水平进行全面自查。结合工作实际和各科职责,整合编制《市人民防空指挥工程管理中心日常工作管理规范》,进一步规范日常管理,严肃作风纪律,持续深化服务型机关、节约型机关和文明机关建设。

"财务有精度",争做"好管家",精控细算,确保过好紧日子

指挥工程管理中心负责5个事业单位财务保障工作。如何在经费有限的情况下,既要保障好重要项目开支,又要统筹好日常业务的保障,矛盾相对突出。在机关业务处室的有力指导下,科学统筹,合理安排资金使用,同时按照"过紧日子"的相关要求,精控细算,严格审批把关,较好地保障了各单位经费需求。积极配合做好财务内审和财政专项审计,针对指出的问题,及时协调有关单位进行整改,确保经费各项开支合法合规。目前按照全办财务一体化工作要求,资金审批已全部纳入内控信息化管理系统,用款申请、报销等工作全部采用线上录入审批方式进行,结合新的职责任务,财务人员争做"好管家",全力保障事业单位财务核算准确高效。

"档案有广度",争做"万事通",主动作为,确保档有可查

指挥工程管理中心负责全办的档案管理工作。档案管理人员十年如一日像爱护文物一样,定期收集、整理、归档、入库,看着档案库房整齐的文件柜如数家珍,对人防、民防、国动各个历史时期的事件了如指掌,人称"万事通"。"巧妇难为无米之炊",为了拓展档案资料的广度,指挥工程管理中心着实想了很多办法,从源头抓起,从过程管理抓起。首先推动将档案管理纳入绩效考核、列入年度折子工程,抓住历次体制改革撤并新增处室的时机,协助机关及事业单位动态完善文书档案归档目录和期限表。定期开展档案管理培训,培养工作人员档案意识,年终对各处各部门档案工作进行考核。经过多年努力,档案工作逐步规范,并实现了数字化管理,查阅更加安全便捷。

(执笔人:白龙飞 闵向红 米小萱)

坚持"三个聚力" 打造模范机关

市检二分院

【专家点评】

本案例展现了市检二分院坚持问题导向和效果导向,坚持资源共享、优势互补、部门联动、共建共享,从"政治坚定、提升组织力、作风优良、业绩过硬、关心关爱"五个方面综合发力,创建模范机关的主要做法、成效及经验。

市检二分院创建模范机关的典型做法有:以政治建设为统领,持续深化思想政治教育;以提升组织力为重点,不断夯实基层基础;以服务保障中心大局为重心,做业绩过硬的模范。通过上述举措,使干部职工政治坚定、能力提升、作风优良,夯实了干事创业基础,使基层党支部标准化规范化建设水平明显提高,进而使服务中心、保障大局的积极性和主动性进一步加强。

本案例启示意义在于:创建模范机关要在服务中心、建设队伍、推动工作上着力,以抓好政治建设为首要,坚定践行党的宗旨,将服务人民群众作为根本目标;要坚持创新思维,不断深化党建与业务深入融合理论研究和实践探索;要增强问题意识,深入调查研究,与时俱进提出解决问题的思路和举措。

(吕学军)

【背景介绍】

为深入推进模范机关建设,根据市直机关工委《关于在市直机关创建模范机关的意见》和《北京市人民检察院第二分院创建模范机关工作的实施方案》，市检二分院重点围绕落实讲政治、守纪律、负责任、有效率的总要求，坚持问题导向，坚持守正创新，深刻领悟"两个确立"的决定性意义，不断增强"四个意识"、坚定"四个自信"、做到"两个维护"，紧紧围绕"争优创先、打造一流"目标，忠实履行新时代法律监督职责，从"政治坚定、提升组织力、作风优良、业绩过硬、关心关爱"五个方面综合全面发力，以"三个聚力"为重点推动模范机关创建工作走深走实，成效明显。

【做法成效】

聚力政治建设把方向，持续深化思想政治教育，队伍忠诚信仰更加坚定

一是坚持党对检察工作的绝对领导。讲政治是方向问题，也是最根本的要求。在模范机关创建中，市检二分院始终坚持政治建设把方向，深入贯彻落实《中共中央关于加强党的政治建设的意见》《中国共产党政法工作条例》及市委实施办法，坚持凡事从政治上考量、在大局下行事，把旗帜鲜明讲政治贯彻到检察履职的各方面全过程，牢牢把握"检察机关是党和人民的'刀把子'"和作为首都功能核心区检察分院的职能定位，把党员干部的思想政治教育作为重中之重，确保检察工作的正确方向。细化落实意识形态工作责任制，健全意识形态阵地建设和管理机制，严格落实"三同步"工作机制，规范检察人员网络行为，增强重大时间节点、重要敏感事件处置的及时性精准性。

二是坚持用党的创新理论凝心铸魂。突出"思想要素"在检察发展要素体系中的核心地位，抓紧抓实学习贯彻习近平新时代中国特色社会主义思想主题教育，长效开展"不忘初心、牢记使命"主题教育、党史学习教育、政法队伍教育整顿。严格执行"第一议题"制度，发挥"关键少数"榜样引领作用，院党组理论学习中心组带头学原著读原文悟原理，建立市检二分院"固定学习日"制度，制订学习计划，2023年共组织中心组学习（含扩大）48次，开展集中学习研讨10次，各党支部学习共300余次，带领全院同志深入学习领会习近平总书记重要思想和对北京的重要指示批示精神，着力提升用党的创新理论分析解决问题的能力本领。

三是努力营造良好学习氛围。充分发挥"学习强国"平台等网络载体作用，连续3年印发利用"学习强国"平台组织主题学习实践活动的实施方案，开展比学、勤学、善学活动；全院党员干部在北京干部教育网的学习完成率连续16年实现100%；机关团委、青年工作委员会组织建立青年理论学习小组，开展学习党的二十大精神、忠诚教育等系列活动，营造全院上下浓厚学习氛围。

市检二分院赴房山区霞云岭乡堂上村开展"唱响红色赞歌　赓续红色血脉"主题党日活动

聚力推动党建与业务融合发展，赋能增效强基层，党建质量取得实质进步

一是提高思想认识筑牢理念。检察机关是政治性很强的业务机关，也是业务性很强的政治机关。市检二分院始终树牢"只有实现检察党建与检察业务深度融合，党的建设才有力量，业务建设才有灵魂"的理念，坚持创新思维，持续加强党建与业务深入融合理论研究和实践创新。不断夯实支部规范化标准化建设，抓好组织生活制度落实，完善领导干部联系基层制度，持续深化机关党委、机关纪委一年两次联合到各支部进行党建和党风廉政建设工作督促检查制度落实，以首善标准提升基层党组织建设质量。

二是创新党建与业务融合发展模式。在全院以"六个引领工作法"推动党建与业务深度融合的同时，建立了支部共建机制，以"资源共享、优势互补、互相促进、共同提高"的原则，按照"党建搭台、部门联动、共建共享"

的工作模式，把 9 个综合部门和 9 个业务部门党支部进行结对共建，通过共同开展主题党日、专题学习、互助交流等活动推进党建与业务工作双发展。经过两年的运行，形成了《抓共建、树品牌、促融合》经验报告，进一步探索、完善、助推党建与业务深度融合发展的新模式新格局，携手推动新形势下机关党建工作的提质增效。

三是注重以问题为导向开展调查研究。围绕党建引领基层治理，党组书记、检察长亲自带队到东城区草场胡同进行调研，进一步加强观念创新，深化检察履职，增强服务首都社会治理能力；针对市检二分院党建工作高质量发展难题深入开展调研，2020 年至 2022 年三年的调研成果《关于检察队伍思想状况的调研报告》《用"六个引领"推动党建与检察业务深度融合》《党支部规范化建设情况调研报告》分别获北京市党建研究会党建调研成果一等奖、二等奖和三等奖。

四是坚持打造支部品牌引领业务发展。突出支部品牌建设，紧贴"围绕中心、建设队伍、服务群众"这个根本任务，着力打造了一批具有检察特色的支部党建品牌，如办公室党支部的"四准四强"、第二检察部的"四立四筑"、第四检察部的"四个融合"、第六检察部的"'典'亮民心"、第七检察部的"青蓝讲堂"等支部特色品牌先后被市直机关工委宣传推介；"'经·翼'求精"文化品牌在"北京市检察机关第三届文化品牌征集评选活动"中荣获二等奖。在全院举办了"感悟思想伟力，追寻信仰之光""岗位建功，献礼祖国"等主题党日观摩活动，切实增强基层党支部政治功能和组织功能，发挥战斗堡垒作用，推进检察工作高质量发展。

聚力服务保障中心大局，立足首都功能核心区分院定位，能动履职强业绩

一是牢记"国之大者"自觉维护社会安全稳定。坚持以人民为中心，持续完善四大检察工作体系，用好业务绩效考核指挥棒作用，以"努力让人民群众在每一个司法案件中感受到公平正义"为目标，用检察工作实绩维护首都经济社会发展稳定。常态化开展扫黑除恶斗争、打好维护政治安全整体战、深化涉案企业合规改革、打击整治养老诈骗等各项工作，促进社会治理效能

建设模范机关　服务保障新时代首都发展

优化提升；坚持不敢腐、不能腐、不想腐一体推进，发挥监检衔接机制作用，稳妥办理职务犯罪案件。深入落实《中共中央关于加强新时代检察机关法律监督工作的意见》及市委实施意见，认真开展大额民商事审判案件、"有案不立、压案不查、有罪不究"及"判实未执"三个重点领域专项监督，市检二分院一案例入选2023年度十大行政检察典型案例，1起案件入选2023年度北京市检察机关十大司法案件，1起入选十大司法案件提名。以高质效检察工作服务保障"四个中心"功能建设。

二是注重在重大任务中锻炼过硬队伍。完善临时党支部制度，在疫情防控、安保维稳、服务北京冬奥会和冬残奥会、重大疑难复杂案件等重大政治任务和急难险重任务中设立临时党支部，把想干事、能干事的同志派到重大任务一线，在实践历练中增强青年干警的本领、提升能力素质。三年来共在重大政治任务中8次成立临时党支部，圆满完成各项任务，涌现出了"北京抗疫先进个人"和一批检察专家人才；在全力服务保障北京冬奥会、冬残奥会工作中，1个办案组和1名同志分获先进集体和先进个人；深入贯彻上级反洗钱工作部署，3个业务部门和2名同志分获北京市打击洗钱犯罪先进集体和先进个人；传承检察工作中勇挑重担、创先争优的过硬作风，1名同志荣获"全国行政检察业务标兵"称号，1名同志荣获"2023年首都乡村振兴青年先锋"称号，"紫芳润心"团队获评最高人民检察院"为民办实事"实践活动优秀团队。

三是聚焦检察工作现代化促发展。立足区域定位促进区域发展，拟制《北京市人民检察院关于加强推动城市南部地区高质量发展服务保障的意见》，在主题教育期间，院党组带队分别到北京大兴机场、大兴区城市管理指挥中心等城南地区单位进行调研，通过深入调研，锚定城南地区高质量发展规划过程中的检察工作着力点，增强首都检察职能与城南地区高质量发展精准对接的"咬合度"与"咬合力"。用好"紫芳论坛"青年文化品牌，分别以"法律监督素能提升""数字赋能检察履职""服务保障城南发展"为主题组织青年访谈，开展"数字检察的战略机遇"主题紫芳论坛活动和"数字检察监督模型论坛"等活动，引导青年干警心怀大局、创新进取。

（执笔人：张敏　王俊涛）

运用"三突出、三结合"党支部工作法打造"守正创新 公益卫士"支部品牌

市检四分院第四检察部党支部

【专家点评】

市检四分院第四检察部党支部运用"三突出、三结合"党支部工作法,在支部建设中,围绕大局加强支部学习,服务大局找准履职着力点,积极构建公益诉讼特色模式,创新探索案件办理经验做法,支部学习助力专业化建设,组织生活凸显公益诉讼特色,在打造支部建设品牌上取得重要突破。"三突出、三结合"党支部工作法,以"守正创新 公益卫士"支部品牌建设为主题,凝聚了新时代对检察公益诉讼的新要求、新期待,具有鲜明的政治特色、时代特色、职能特色。实践证明,在推进支部品牌建设中,必须遵循科学的方法,要坚持在守正中"保底色",在创新中"增亮色",才能搭建起党建工作和业务工作整体融合推进的有效载体。

(何忠国)

【背景介绍】

市检四分院第四检察部党支部结合部门职责和党员干部队伍实际,认真贯彻市直机关党的建设工作会议关于当好"四个表率"、建设模范机关的部署要求,讲政治、守纪律、负责任、有效率,以"守正创新 公益卫士"支

建设模范机关 服务保障新时代首都发展

部品牌建设为主题，坚持运用"三突出、三结合"党支部工作法，激发支部全体党员干部公益诉讼履职责任感、使命感。面对新时代检察工作的新形势、新要求，第四检察部党支部积极深化改革、创新发展，促进党建与业务深度融合，以高质量机关党建引领模范机关建设，以模范机关创建促进机关党建高质量发展。

【做法成效】

突出政治引领，将支部建设与筑牢政治忠诚、落实上级和分院党组部署相结合

一是围绕大局主动加强支部学习。坚持以党的政治建设为统领，深入开展习近平新时代中国特色社会主义思想主题教育，把主题教育同全面贯彻落实党的二十大战略部署有机结合，努力实现以学铸魂、以学增智、以学正风、以学促干。全面落实服务高质量发展和民生项目清单，将学思想、强党性落实到重实践、建新功上。认真学习《习近平著作选读》（第一卷、第二卷）、《习近平新时代中国特色社会主义思想专题摘编》等书目，带动支部党员干部读原著、学原文、悟原理，自觉把思想和行动统一到党中央的决策部署上来。认真学习领会习近平总书记在深入推进京津冀协同发展座谈会上的讲话精神，围绕《中共中央关于加强新时代检察机关法律监督工作的意见》及市委实施意见开展支部研讨，不断提高政治站位，自觉对接和服务大局，制定《市检四分院关于加强和完善跨行政区划公益诉讼检察工作的意见》等文件，将上级各项部署落到实处。二是服务大局找准履职着力点。牵头召开京津冀晋蒙五地七院检察机关协同联动工作会议，签署协作机制备忘录，探索京津冀地区跨区划公益诉讼模式，更好保护京津冀地区永定河流域重要生态廊道。认真贯彻《关于京津冀协同推进大运河文化保护传承利用的决定》要求，参加"检察公益同向发力 法治护航美丽运河"协同联动工作会议并签署协作机制备忘录。坚持京津冀晋四地六院检察机关跨省联动、协同治理，积极打造大清河流域检察公益诉讼合作机制，推动大清河流域生态环境保护。截至目前，市检四分院跨流域公益保护范围已经由"一河"拓展至"三河"。依托跨区划检察院改革和铁路检察院职能优势，先后组织京津冀两级四院开展平安铁路"消隐促建"等6个涉铁专项活动。两级四院共立案107件，发出诉前检察建议60余份，推动解决铁路线下安全隐患120余处，助力拆除违建及加固彩钢房等10万多平方米、解决非法下穿燃气管道8条，服务保障"轨道上的京津冀"。2022年以来，全国人大常委会、最高检领导先后到北京市检四分院专题调研公益诉讼检察工作，对第四检察部党支部公益诉讼检察工作取得的成绩给予充分肯定。

突出改革创新，将支部建设与打造公益诉讼特色模式、推动工作创新发展相结合

一是积极构建公益诉讼特色模式。坚持以公益诉讼集中管辖推动跨区划检察院改革进一步深化的思路和总要求，围绕河流、铁路、大气、无线电、文化带等具有跨区划性质的领域，深入谋划、保持定力，以专项工作为依托，逐步构建起"立足跨行政区划、依托两条线（铁路＋流域）、着眼京津冀"特色工作模式，并由"两条线"向"路域带"逐步扩展。牵头永定河流域六区院开展"检察公益诉讼守护北京母亲河"专项活动，围绕水域和流域污染、行洪安全等四个方面，依托河长制平台，"检察＋水务"等机制，通过经验交流、联合巡河、共同踏勘、会商座谈等方式，形成各方合力。发现线索32件，立案19件，推动解决一批妨碍行洪安全、破坏生态环境问题。在办理北京市委政法委交办的民事公益诉讼专案过程中，成立专案联合办案组临时党支部，第四检察部党支部书记担任专案联合办案组临时党支部书记，充分发挥临时党支部在专案一线的战斗堡垒作用，探索建立"专案＋党建＋研究"工作模式成效显著。二是创新探索案件办理方式方法。针对现有公益诉讼立法和相关制度不完善的问题，支委带头勇于开拓，积极办理新型疑难案件。例如：首次在民事公益诉讼案件中引入虚拟治理成本法、卫星遥感技术，提出召回食品诉讼请求和义务清理费折抵。以办理三名游客在八达岭长城刻字损害公益案为契机，与北京市文物局积极沟通建立协作机制，联合平谷等相关区检察院、区文物局等开展长城保护巡查活动。在办理北京市某石化公司违法向河北蠡县跨省转移危险废物案件过程中，与河北省检察机关协同履职，向北京市生态环境局发出督促履职检察建议书并被完全采纳，为探索跨省级区划环境公益诉讼案件的管辖提供了研究样本。创建"两非"模型，协助河北省张家口市赤城县人民检察院发现跨省倾倒建筑垃圾相关线索，共同研究破解跨省际倾倒垃圾案件办理难题。持续深入推进"黑灰广播"治理专项，主动向河北、天津等地检察机关通报案情、移送线索证据，与当地检察机关工作人员交流办案经验，协助河北等地检察机关行政公益诉讼立案 14 件，发出诉前检察建议 14 份。2023 年 1 月，由市检四分院第四检察部起诉、市四中院审判的朱某某等二人环境污染民事公益诉讼案入选最高人民法院第 37 批指导性案例和联合国环境规划署第 4 批中国典型案例。2023 年 8 月，由市检四分院第四检察部起诉、市四中院审判的刘某污染环境民事公益诉讼案件获评最高法、最高检联合发布的生态环境检察公益诉讼典型案例。

突出职能特色，将支部建设与队伍专业化建设、部门特点相结合

一是支部学习助力专业化建设。建立支部书记领学制度，明确领学必须梳理总结、结合本职、启发体会三方面进行，切实将理论学习与服务大局相结合。针对支部干警普遍年轻、办案经验缺乏的问题，明确建立学习型党支部目标，通过召开检察官联席会议、专题研讨会、专家论证会等方式加强共同学习和智慧借助。截至目前，1 名党员入选全国检察机关公益诉讼人才库人才，2 名党员入选北京市检察机关公益诉讼检察骨干人才，其中 1 人获评最高检第三批全国检察机关调研骨干人才，1 人获首都劳动奖章，1 人当选北京市法学会环境资源法学研究会常务理事。二是组织生活凸显公益诉讼特色。开展参观政法智能化建设技术装备及成果展主题党日活动，与清华大学

组织支部党员参观政法装备展

环境学院联合开展"检察+科技"助力美丽中国建设主题党日活动,积极参加市检察院组织的"思践悟习近平总书记重要讲话精神——以高质效公益诉讼检察履职,服务检察工作高质量发展"三级院联合主题党日活动。这些特色主题党日活动不仅使党员干部更"接地气",深入了解公益诉讼的实际,也使干警在参与之中不断提升公益诉讼履职的自豪感和责任心。日常工作中坚持"三谈话""三慰问",确保每一位党员感受到组织的温暖。通过深入谈话,强化党员干部的主动担当意识,鼓励其以更高标准开展工作。就党员的岗位适配度、进步情况、存在的不足及党员发展重点方向,支部书记与党员深入沟通交流,使每名党员更好地成长成才。

(执笔人:王志国 李欢 胡新)

打造"知者行"党建品牌
推行"五知五行"工作法
为首都高质量发展提供知识产权司法保障

市高院民三庭党支部

【专家点评】

本案例总结了市高级人民法院民三庭党支部以创建模范机关为目标,以高质量机关党建全面引领知识产权审判工作的经验做法,特别是提炼归纳的"五知五行"工作法富有新意,可资借鉴。

市高级人民法院民三庭党支部的工作创新主要体现在"五知五行"工作法上,即知理论,以学促行,把坚持党对政法工作的绝对领导真正落到实处;知创新,以法促行,把服务保障高质量发展的中心任务真正落到实处;知制度,以规促行,把推进党建与审判工作深度融合的工作目标真正落到实处;知民生,以研促行,把坚持以人民为中心的根本立场真正落到实处;知敬畏,以廉促行,把推进全面从严治党的目标任务真正落到实处。实践表明,"五知五行"工作法科学有效,成为党建与业务融合的重要载体,推动了知识产权审判工作迈上新台阶。

本案例启示意义在于:司法审判工作事关社会公正,司法系统创建模范机关要坚持以党的政治建设为统领,将以人民为中心的理念落细做实,将党建与业务融合的结合点和成效体现在"最高标准、最严要求、最好效果"上,推进党建工作和司法审判工作有机融合、互相促进。

(吕学军)

【背景介绍】

自 1993 年率先在全国设立知识产权审判庭以来，北京法院知识产权专业化审判已开展 30 年，案件类型全、新类型案件多、案件数量居全国法院前列成为突出特点。为积极应对支部青年干警多、审判任务重、工作压力大带来的巨大挑战，市高院民三庭党支部充分发挥党建工作优势，坚持以习近平新时代中国特色社会主义思想为指导，深入学习贯彻习近平法治思想，推进落实北京法院基层党建"两项制度"，围绕党的二十大"加强知识产权法治保障，形成支持全面创新的基础制度"重要部署，持续推进党建工作和知识产权审判工作深度融合，做深做实"为大局服务、为人民司法"，自觉践行"从政治上看、从法治上办"，不断深化"知者行"党建品牌建设，创新打造"知理论，以学促行；知创新，以法促行；知制度，以规促行；知民生，以研促行；知敬畏，以廉促行""五知五行"工作法。

【做法成效】

知理论，以学促行，把坚持党对政法工作绝对领导真正落到实处

深刻认识"两个确立"的决定性意义，增强"四个意识"、坚定"四个自信"、做到"两个维护"，不断增强政治判断力、政治领悟力、政治执行力。学好创新理论，旗帜鲜明讲政治。严格落实"三会一课"、主题党日等制度，制定落实每周四政治理论学习日制度，抓实党员经常性学习教育。扎实开展党史学习教育、主题教育学习，组织学习读书班，开展专题党课，进行专题研讨。争当有为青年，踔厉奋发强信念。坚持党管青年，组建青年理论学习小组，由支部书记担任部门级导师，划分三个小组，以团队化模式自定方案、自选形式开展学习活动，开展"讲好身边榜样故事"交流活动。强化政治引领，能动履职铸党性。牢牢把握忠诚干净担当要求，深化落实全面从严治党主体责任，认真贯彻落实习近平总书记关于知识产权保护工作的重要指示精神，

建设模范机关　服务保障新时代首都发展

毫不动摇把党的绝对领导落实到知识产权审判工作全过程各方面。

知创新，以法促行，把服务保障高质量发展的中心任务真正落到实处

以新时代首都发展为统领，牢记职责使命、主动担当作为，为加快发展新质生产力持续注入司法动能。心怀"国之大者"，依法保障科技创新。加大关键核心技术知识产权司法保护，审理涉芯片指令集系统等重大疑难案件。市高院发布《为加快建设全球数字经济标杆城市提供司法保障工作规划（2023—2025）》及任务分解。与市知识产权局共同承办全球数字经济大会知识产权与数字经济发展专题论坛。强化机制建设，护航京津冀协同发展。市高院与天津高院、河北高院签署《加强知识产权司法保护协作框架协议》，建立知识产权审判质效提升机制等九方面工作机制，推动三地法官同堂培训等具体举措落地。弘扬中华文化，依法保护文化创意。发布《侵害著作权案件审理指南》，依法审理"听声识剧"侵害信息网络传播权纠纷案、杨丽萍"月光"舞蹈作品著作权纠纷案等，为北京全国文化中心建设提供坚实支撑。优化法治环境，推动公平竞争。聚焦北京市全面优化营商环境6.0版改革方案，加大对商标领域恶意抢注、非法囤积、搭便车等行为的惩治力度，妥善审理"极氪"等商标行政纠纷案，妥善审理涉电商平台"二选一"垄断纠纷案，维护电商行业公平竞争秩序。适用惩罚性赔偿，加大知识产权保护力度。发布《关于侵害知识产权民事案件适用惩罚性赔偿审理指南》，指导全市法院用足用好惩罚性赔偿制度，确保权利人得到足额充分赔偿，让侵权者付出更重代价。

知制度，以规促行，把推进党建与审判工作深度融合的工作目标真正落到实处

坚持目标引领和问题导向，推动党建与审判工作相融互促。强化党建引领，突出思想融合。不断夯实支部党建工作，着力增强支部凝聚力战斗力。

组织经常性谈心谈话和廉政专项谈话，掌握党员干部思想动态。关注青年干警成长成才，发挥典型示范作用，激发干事创业热情。创新党建模式，加强管理融合。以审判质效提升为目标，以学习型党支部建设为抓手。党建工作精细化落实到党小组，把三个党小组建在合议庭上，选准配强党小组组长。党小组定期开展新思想、新理论、新政策、新知识"四新"研讨活动，引导党建成果转化为业务实效。围绕审判工作，突出目标融合。充分发挥党支部战斗堡垒作用，聚焦"公正与效率"工作主题，公正司法能动履职。2023年审结案件 8834 件，一线法官人均结案 421 件。推动简案快审、繁案精审，建立快审工作机制以来结案 5500 余件，二审商标驳回复审行政案件平均审理周期缩短至 33 天。

知民生，以研促行，把坚持以人民为中心的根本立场真正落到实处

立足司法为民，坚持人民至上，牢牢站稳知识产权审判工作的人民立场。常态化开展普法宣传工作。主动延伸司法职能，对接东城区龙潭街道夕照寺社区，定期为居民开展个人信息保护等专题讲座，提供法律咨询，帮助群众增强法律意识、提升维权能力。赴东城区红桥市场开展志愿服务，围绕品牌保护开设专题法律讲堂。精准化开展司法服务工作。组织三级法院法官对数字经济重点领域展开调研，深入了解企业司法需求，提出司法服务保障首都数字经济发展的 8 项工作设想。通过与互联网企业交流座谈、蹲点调研、发放问卷等形式，开展数字经济下新类型不正当竞争案件审理机制调研等活动。联合开展地理标志保护调研。将司法保护"快车"开进重点园区，指导全市法院设立 8 个巡回审判庭，开展巡回审判、普法宣传、调查研究和培训指导工作。系统化开展纠纷化解工作。推动"多元调解＋速裁"工作开展，与国家知识产权局协同开展行政前端商标行政案件诉源治理工作，并形成会议纪要。切实防范打击滥用知识产权、恶意提起诉讼的行为，与市检察院联合开展依法惩治知识产权恶意诉讼专项工作，引导潜在纠纷有序化解。规范化推进司法公开工作。开展"4·26"世界知识产权日系列宣传，参加最高人

建设模范机关　服务保障新时代首都发展

组织开展知识产权巡回审判活动

民法院"知识产权司法保护北京行",市高院主要领导介绍北京法院知识产权司法保护状况。参加市知识产权办公会议与市政府新闻办公室联合召开的新闻发布会,介绍北京法院护航平台经济典型案例。连续 21 年发布北京法院知识产权司法保护十大案例,发布知识产权专业化审判三十年白皮书及典型案例,发挥司法裁判规则引领作用。

知敬畏,以廉促行,把推进全面从严治党的目标任务真正落到实处

全面推进廉政教育监督工作,着力营造风清气正的政治生态。强化党风廉政教育,培养浓厚廉洁文化。组织党员重点学习党规党纪和防止干预司法"三个规定"等,观看警示教育片和典型案例,定期召开警示教育大会。发挥党风廉政监督员作用,营造良好政治生态。党风廉政监督员认真履行廉政教育和监督职责,开展案件评查、审务督察、廉政谈话,列席法官会议,对案件审理全程监督。完善"亲情廉政监督员"制度,开展"亲清家访"活动,引导干警家属加强对干警"八小时以外"行为监督,实现家院共保廉洁。

在"五知五行"党建工作机制引领下,民三庭党支部以北京法院知识产权专业化审判 30 年为契机,坚持以习近平新时代中国特色社会主义思想为指导，深入学习贯彻习近平法治思想，立足首都中心工作大局，真抓实干、团结奋斗，按照"一马当先、走在前列"的要求奋力推进首都知识产权工作现代化。民三庭2023年获评人民法院知识产权审判工作先进集体、全国知识产权保护工作成绩突出集体、北京市知识产权系统先进集体、市高院优秀集体并荣立集体三等功，党支部2023年获评北京法院党建工作先进集体，10余人次曾获评人民法院知识产权审判工作先进个人、人民满意的政法干警、全国优秀法官、北京法院先进法官、北京市审判业务专家，为北京国际科技创新中心和全球数字经济标杆城市建设提供精准有效的司法保障。

（执笔人：赵楠　孙志远　储洁强）

创新党建工作模式　为新时代知识产权审判工作高质量发展蓄势赋能

北京知识产权法院机关党委

【专家点评】

本案例论述了北京知识产权法院结合工作实际创新党建工作模式，有效连接党建要素与审判业务资源，以高质量党建引领模范机关建设的经验做法，体现了较强的探索性和实效性。

北京知识产权法院的主要做法有，以"三个抓实"筑牢政治忠诚根基，以"三个引领"持续加强新时代机关基层党组织建设，以"三个强化"持续深化正风肃纪，以"三个体现"提升法治服务创新强国和首都高质量发展水平。实践表明，该院的上述举措取得了积极成效，既为干部队伍把稳思想之舵，又为新时代知识产权审判工作高质量发展蓄势赋能。

本案例启示意义在于：创建模范机关必须坚持用党的创新理论指导实践，做到明方向、学方法、增智慧，不断强化干部队伍的政治意识，发挥基层党组织的战斗堡垒作用，同时要坚持从严管党治党，重实干、做实功、求实效，切实把党建成效体现在推动队伍建设和事业发展上来。

（吕学军）

【背景介绍】

2023年,是全面贯彻党的二十大精神的开局之年,是推动《知识产权强国建设纲要(2021—2035年)》和《"十四五"国家知识产权保护和运用规划》实施的关键一年,以知识产权司法保护守护科技创新、优化营商环境、激发经营主体活力和创造力,是中央的要求,也是首都"四个中心"建设的重要内容。作为全国首家知识产权审判专门法院,北京知识产权法院坚持以习近平新时代中国特色社会主义思想为指导,坚持把政治建设摆在首位,创新党建工作模式,有效连接党建要素与审判业务资源,以高质量党建引领模范机关建设,为以高质效审判助力高质量发展蓄势赋能。

【做法成效】

"三个抓实"筑牢政治忠诚根基

一是抓实党的创新理论武装。坚持不懈用习近平新时代中国特色社会主义思想凝心铸魂,深入开展主题教育,举办全院政治轮训,组织学习贯彻党的二十大精神、"习近平新时代中国特色社会主义思想在北京知识产权法院的生动实践"、市第十三次党代会精神等研讨交流会,全面开展党组织书记讲党课。创建"青知"青年理论学习小组,落实支部政治理论学习日制度,引导干警坚定拥护"两个确立",坚决做到"两个维护"。每月举办"京知大讲堂",与北京大学、中国政法大学联合举办两期知识产权司法保护培训班,有效促进"讲政治、顾大局"与提高专业素质、综合能力相结合。成立习近平法治思想研究专班,将理论学习与知识产权审判工作实际相结合,起草《在习近平法治思想指导下充分履行知识产权审判职能——新时代知识产权审判的生动实践和创新完善》,获得全市法院"习近平法治思想研究专项奖"。

二是抓实党中央决策部署和市委要求贯彻落实。对标中央《知识产权强国建设纲要(2021—2035年)》《关于加强知识产权审判领域改革创新若干问题的意见》和北京市实施意见等文件要求，创新开展"法护创新"巡回审判工作行动，选派80后党员法官主责对接，建设形成"三城一区"巡回审判和司法服务全覆盖格局；设立"重点案件绿色通道"，配强骨干法官队伍，实现高价值知识产权案件的快办和精审；通过支部联建共建，加强与国家知识产权局、市知识产权局、市市场监管局等部门协同，促进司法、行政和产业保护协同合作。

三是抓实意识形态工作责任制落实。坚持新时代意识形态工作"两个巩固"的根本任务，坚定不移贯彻总体国家安全观，全面落实意识形态工作责任制，把意识形态工作纳入全院政治轮训、支部政治理论学习的重要内容。发扬斗争精神，建立意识形态审查机制，严格外事纪律，把意识形态工作纳入业绩考核范围，坚定维护知识产权司法领域意识形态安全。

"三个引领"持续加强新时代机关基层党组织建设

一是强化组织引领，构建特色鲜明、执行有力的基层体系。深化模范机关创建，持续落实"支部月总结、机关党委季督导通报、党组季度听取汇报"机制，开展支部书记述职评议考核，严格"三会一课"和组织生活制度，持续提升支部政治功能和组织功能。坚持支部书记任职培训、党务干部"以干代训"、退休党员与普通党员一体培训，落实干警思想动态分析、谈心谈话等制度，强化常态化培训培养。协助中央港澳办、市台办完成在京法学类香港、台湾学生实习工作，加强统战群团工作，志愿服务队获第十四届中国青年志愿者优秀组织奖。2023年，党建队建做法两次被最高人民法院《队伍建设动态》刊发，支部5次、党员37人次获国家、北京市表彰奖励。

二是注重文化引领，形成强大的文化凝聚力和精神推动力。坚持以"学知研习"机关党建品牌为牵引，深入推进"一支部一品牌"建设，"学知研习"党建品牌获首都法院"示范党建创新案例"，支部"竞分享"党建品牌获评"首都法院党建工作优秀创新案例"，党建实训室首批挂牌"首都法院党建实训阵地"。编印《"学知研习"系列专刊》60余期，与《人民法院报》

合作开展"百年百场人物采访"活动，与《中国妇女报》策划优秀知识产权审判女法官专题报道，用体现专业审判特点的文化产品、公正严谨的法院文化环境，锤炼忠诚干净担当的知识产权审判队伍。

三是聚焦典型引领，锻造敢于担当、攻坚克难的党员队伍。组织本院"两优一先"表彰，持续开展"榜样在身边""人民在我心中"系列宣讲，在立案大厅设立党员先锋岗，组织优秀党员代表参加人民英雄纪念碑敬献花篮仪式，推荐参加市委党的二十大精神宣讲团、市直机关党代表宣讲团、市委政法委党建实务讲师团等，砥砺奋进的信心决心持续高涨。

"三个强化"持续深化正风肃纪

一是强化从严管党治警责任落实。院党组专题听取支部党建和党风廉政建设分析研判，组织召开党风廉政建设大会、警示教育大会，支部召开专题组织生活会，组织参观政法队伍教育整顿主题展，围绕"三个规定""十个严禁"等铁规禁令，组织全院"学、教、考"系列活动。

二是强化政治纪律政治规矩。出台本院《关于规范业务交流确保廉洁司法若干规定》《关于规范干警参加授课、研讨、论坛等对外业务交流活动的意见》等制度，规范信访举报和问题线索处理，梳理不同岗位的廉政风险点并制定防控措施，狠抓中央八项规定精神落实和司法作风突出问题集中整治。

三是强化监督执纪问责。选优配强机关纪委书记，加强对机关纪委工作的领导。狠抓检视整改、建章立制，系统梳理近三年市委巡视和全面从严治党检查、审计监督反馈问题整改情况并逐一核实销账。选聘党风廉政监督员、亲情廉政监督员，举办亲情廉政监督员座谈活动，有效整合亲属廉政资源，强化八小时内外监督管理。

"三个体现"提升法治服务创新强国和首都高质量发展水平

一是把党建成效体现在服务保障国家战略和新时代首都发展的有力举措

建设模范机关　服务保障新时代首都发展

2023年9月11日—14日，深度参与第三十届中国北京种业大会

上。认真贯彻落实党的二十大部署，紧扣推动高质量发展主题，聚焦世界主要科学中心和创新高地建设，建立"院长领衔、80后党员法官主责对接、庭室支撑、全院协同"的常态化巡回审判和对口服务机制，形成"法护创新"国际科创主平台全覆盖的知识产权司法服务格局。为园区及企业量身定制《"一带一路"倡议下我国企业自主知识产权保护及风险应对手册》等17份调研报告及维权指引，服务覆盖企业达百余家。聚焦北京市"两区"建设、数字经济标杆城市建设和国际消费中心城市建设，开展数据登记制度研究，在中关村知识产权论坛、全球数字经济大会发布典型案例及发表主题演讲，高水平参与服贸会、种业大会，阐明裁判规则和司法导向，为各类经营主体投资创业营造良好环境，更好维护国家政治安全。聚焦推进京津冀司法保护一体化和首都社会治理，联合天津三中院、河北雄安新区中院举办第一届知识产权司法保护研讨会，在此基础上，建立向市委市政府信息专报工作机制，与市经信局等行政机关形成立法支持、司法转化、领导互访的协同机制，积极参与社会治理。5篇信息专报得到北京市、最高法院相关领导批示肯定。

二是把党建成效体现在知识产权审判高质量发展上。打造专家型法官工作室，带教青年法官参与重点课题、疑难案件、学术交流等，以专业裁判引领树立行业规则。聚焦"公正与效率"工作主题，2023年新收案件26294件，同比下降5.1%，诉源治理成效初显；审结30311件，同比上升27.6%，一年以上长期未结案积案清理率达到92.2%，清理积案数量居全市法院第一。多个案例、文书入选《最高人民法院公报》案例、最高法院典型案例、北京法院知识产权司法保护十大案例等。

三是把党建成效体现在司法为民生动实践中。紧紧围绕人民群众对严格公正司法提出的新要求、围绕创新主体对知识产权司法保护提出的新期待，进一步推动党建工作重心下移，各党支部一年内32次走进科创企业、相关单位征求意见建议，发放2000余份调查问卷，帮助百余个创新主体解决痛点难点法律问题。完成《数据登记制度研究》等10项调研课题，并实现100%成果转化，4篇专报信息获上级领导批示，1篇专报信息入选新华社内参，向国家知识产权局、"饿了么"餐饮外卖平台发送司法建议，得到相关单位及公司的积极回应。

（执笔人：庞婧华）

"首互未来":法治之光育网络素养

北京互联网法院综合审判三庭(少年法庭)党支部

【专家点评】

本案例展现了北京互联网法院综合审判三庭(少年法庭)党支部结合做好青少年保护工作创建模范机关的相关做法,该院注重党建成果转化,发挥北京数字产业聚集优势,创新工作体制机制,以法治之光坚定守护未成年人成长的网络环境。

北京互联网法院综合审判三庭(少年法庭)党支部创建模范机关的主要做法有:一是强化宗旨意识,把未成年人放在首要位置,筑牢做好本职工作思想根基;二是坚持首善标准,促进未成年人工作融合发展;三是突出首都特色,打开未成年人网络保护新局面;四是强化互联互动,推动未成年人网络空间权益全面综合保护。实践表明,上述举措取得了积极成效,提升了未成年人网络保护工作水平,该院以此打造的"首互未来"家庭教育指导平台、融合审判工作机制也成功入选北京法院典型案例。

本案例启示意义在于:创建模范机关的核心要义就是更好地服务人民群众。未成年人是国家的未来、民族的希望,要将党建与业务融合点聚焦于此并真抓实做。特别是在数字化、网络化、智能化深入发展的时代,网络空间已经成为未成年人成长过程中极为重要的新环境,党建工作也要主动适应新形势新挑战新业态。关注未成年人网络空间保护,要以党建带队建促审判,切实形成未成年人网络保护新局面。

(吕学军)

【背景介绍】

未成年人是国家的未来、民族的希望。2023年我国未成年网民规模已达1.9亿，面对未成年人几乎"无人不网"的新形势，面对未成年人触网年龄低龄化、安全教育浅表化等问题，未成年人网络保护势在必行。党的二十大报告将加强和改进未成年人思想道德建设作为"推进文化自信自强，铸就社会主义文化新辉煌"的重要内容，《未成年人保护法》专章规定网络保护内容，《未成年人网络保护条例》明确提出，要做好未成年人网络保护工作，网络保护已成为未成年人保护领域的重要课题。

2021年5月，北京互联网法院挂牌全国法院首个互联网未成年人法庭，将未成年人网络保护工作放在新时代为党和国家培养接班人的高度，坚持党建引领促进业务提升，打造"首互未来"工作机制，把未成年人放在首要位置，坚持首善标准，突出首都特色，强化互联互助，保护未成年人网络空间合法权益。"首互未来"工作机制，是通过党建引领，强化组织建设和人才培养，提升党员干部业务能力，全面履行人民法院保护未成年人的职责使命的工作机制。自该机制建立以来，综合审判三庭（少年法庭）获评2017—2022年北京市未成年人保护先进集体，"'首互未来'育网络素养"项目获首都未成年人思想道德建设创新案例提名奖，"首互未来"党建品牌获评首都法院党建与业务融合创新示范案例、2022年度中国网络治理创新案例，相关工作受到中央电视台、《法治日报》、《北京日报》、《中国青年报》、《中国妇女报》等多家权威媒体报道。

【做法成效】

强化宗旨意识，把未成年人放在首要位置，筑牢做好本职工作思想根基

党支部坚持以党中央对少年儿童保护工作的指示批示精神为根本遵循，强化思想根基。原原本本学。坚持把学习习近平总书记关于少年儿童、青年工作的讲话和论述作为支部学习"第一内容",用好"三会一课"、理论学习日、主题党日等载体,逐字逐句学习党的二十大报告、总书记在庆祝中国共产主义青年团成立100周年大会上的讲话等重要内容,与团中央维护青少年权益部开展主题教育联学活动,全面提高未成年人保护工作的思想认识。契合特点学。在全院"习语关情"线上理论学习平台开辟"首互未来"专题,线上共读讲话精神;建立"首互未来"共享平台作为未成年人审判工作综合学习平台,坚持党建与业务同学习、同讨论、同调研,政策理论水平及专业能力同步提升。志愿服务促学。成立"首互未来"志愿团,一方面在全员范围内招募志愿者,通过中国盲文图书馆为视障儿童送上普法有声读物;另一方面从未成年当事人和学校中招募"法治小种子",共促未成年人网络保护。延续与山村小学对口援助传统,赴河北省张家口市宣化区外口泉小学开展助学和普法驿站活动,组织爱心募捐活动,邀请大山里的孩子走进北京,参观北京名胜古迹,加强爱国主义教育。通过深入开展志愿服务,促进未成年人优先保护理念入脑入心。

坚持首善标准,促进未成年人工作融合发展

人才培养融入审判工作。发挥支部党员全国法院办案标兵、北京法院模范法官、北京法院为民榜样等先进典型引领作用,选优配强审判团队,由具有10年以上审判经验的法官带头办理涉未成年人案件,将未成年人保护工作成效作为单独考核加分项指标,将培养既懂法律又懂未成年人保护政策,既能办好案子又能做好延伸保护的人才作为支部星级人才计划重点内容,培养了一批未成年人审判专业人才。机制创新融入解纷全程。建立涉未成年人案件"案件提示、优先送达、全程调解、延伸保护"四大机制,全部涉未成年人案件在立案时予以提示,优先送达,引入中国互联网协会调解委员会专业调解员参与诉前、诉中调解及家庭教育指导。自互联网法院成立以来,共受理未成年人网络民事纠纷338件,案件调撤率超过75%,无发回改判案件,涉案标的超500万元,高效优质的审理工作切实保障了未成年人的合法权益。2023年9月通过开展涉未成年人充值退款群体性诉讼诉源治理专项工作,推进某游戏平台仅 4 个月诉前化解近 4000 件退款纠纷。核心价值观融入裁判规则。在裁判中强化最有利于未成年人原则，审理"女童绑树视频案"明确了网络内容发布过程中的优先保护未成年人的价值导向，为涉未成年人热点事件的舆论监督划定了界限。强化网络文化产品内容治理，审理"软色情漫画充值案"，认定可能影响未成年人身心健康违背社会公序良俗，该案入选人民法院弘扬社会主义核心价值观典型民事案例。审理"短视频平台封禁恋童账号案"，坚定支持网络平台落实未成年人保护职责。审理"就医视频侵害未成年人格权案"，依法规范短视频账号涉未成年人内容的发布行为。

突出首都特色，打开未成年人网络保护新局面

立足北京数字产业聚集优势。赴多家互联网企业深入调研未成年人保护工作开展情况，深入了解网络保护重点难点。在赴某大型短视频平台调研中，发现其未成年人身份识别问题，当场提出、当场解决。立足北京研究资源聚集优势，深入开展调查研究，形成《未成年人网络司法保护白皮书》《"粉丝文化"与青少年网络言论失范问题研究报告》，相关报道浏览量超 1500 万次；与北京师范大学签署合作协议，联合举办"青少年互联网大会"；与中国青少年研究中心联合中标共青团中央未成年人保护重点调研课题；参加中美未成年人司法保护研讨会。立足北京普法宣传平台聚集优势。与共青团中央维护青少年权益部、中国少年儿童新闻出版总社、人民法院报等合作开展直播活动，播放量累计超百万次。自主创作"首互未来"微课堂、微剧场、微漫画系列形成品牌效应，总观看量达 250 万次，受到共青团中央维护青少年权益部官微转发。在中国互联网法治大会上通过短视频形式宣传未成年人网络保护典型案例。

强化互联互动，推动未成年人网络空间权益全面综合保护

强化"与家共治"，以习近平总书记关于家庭家教家风建设的讲话精神为引领，建设全国法院首个线上家庭教育指导平台，向案件中发现的未正确

建设模范机关　服务保障新时代首都发展

上线全国法院首个线上家庭教育指导平台

履行监护职责的家长发出指导令 10 余份，开展家庭教育指导，定期跟进反馈。多个家庭为法官送来锦旗和感谢信，一名曾经沉迷网络游戏的未成年当事人主动加入"首互未来"志愿团。突出"与校共治"，选派优秀法官、法官助理深入北京 16 区送上网络素养课程，实现北京市 16 个区"全覆盖"，并逐步辐射至云南、四川等地区。进一步与北京师范大学合作定制网络素养"课程包"，为学校提供体系化的课程，在广渠门中学挂牌全市首个"网络法治素养教育基地校"。发布《未成年人网络司法保护白皮书》《"粉丝文化"与青少年网络言论失范问题研究报告》等专业化报告，受到主流媒体、社会高度好评，30 多位市人大代表关注点赞。发挥法院作为北京市首批法治宣传教育示范基地的作用，邀请数百名师生走进互联网法院，感受司法前沿；突出"社会共治"，对接立法，参加中央网信办未成年人网络保护条例征求意见会、北京市未成年人保护条例修订征求意见会；对接检察院，建立涉未成年人案件刑事及公益诉讼线索移送机制，力争实现"办理一案，治理一片"效果；对接各互联网平台，累计发出 5 份司法建议，推动短视频平台、电子商务平台、社交平台、网络漫画平台切实改进未成年人保护机制，拟定《未成年人用户账号管理指引》《涉侵害未成年人权益投诉处理指引》，为网络平台加强未成年人保护提供具体指引。

（执笔人：孙铭溪　颜君　张亚光）

充分利用红色档案资源服务群众
以服务型机关建设不断推进模范机关创建

市档案馆

【专家点评】

本案例展现了市档案馆依托红色档案特色优势,以加强机关党建为引领,大力推进党建与业务融合发展的经验启示,以加强服务型机关建设为切入点,较好地体现了创建模范机关的特色与成效。

市档案馆创建模范机关的最大特色是主动服务,积极发挥红色档案资政作用,通过深挖红色档案文化价值,铸牢文化自信之魂,统筹提升全市红色档案资源开发利用,建立红色档案资源保护利用的长效机制,提升红色档案保护利用的精细化管理水平。其实践表明,用好红色档案资源,继承好、发扬好档案工作的光荣传统和优良作风,在资政育人、为民服务和树立党的光辉形象等方面都有独特作用。

本案例启示意义在于:党的建设不是无根之木,而是扎根于伟大实践之中,红色档案是我们党的历史的重要组成部分,是创建模范机关的重要抓手和依托。不断挖掘和用好红色档案资源,扩大开发利用服务范围,结合当前国内外形势加大宣传教育力度,对于发展壮大主流价值、主流文化,持续深化理论武装工作,扎实推动模范机关建设,具有不可替代的作用。

(吕学军)

建设模范机关　服务保障新时代首都发展

【背景介绍】

市档案馆高度重视模范机关创建工作，坚持以习近平新时代中国特色社会主义思想为指导，深入贯彻落实习近平总书记对档案工作的重要批示精神，牢记"为党管档、为国守史、为民服务"的神圣职责，强化党建引领，不断加强政治建设，全力在服务首都工作大局中践行"四个好""两个服务"目标任务，对市档案馆馆藏资源的重要组成部分——红色档案进行深度挖掘、开发利用，积极发挥档案在资政育人、为民服务和红色档案传播等方面作用，不断推动服务型机关建设，努力打造让党中央和市委放心、让人民群众满意的模范机关。

【做法成效】

服务大局，积极挖掘保护红色档案资源

习近平总书记指出："要把蕴含党的初心使命的红色档案保管好、利用好，把新时代党领导人民推进实现中华民族伟大复兴的奋斗历史记录好、留存好，更好地服务党和国家工作大局、服务人民群众！"这为做好新时代深化红色档案资源保护利用开发工作提供了基本遵循和方向指引。市档案馆持续开展馆藏档案挖掘整理工作，先后编研出版《北平解放》《北平的和平接管》《"七七"事变前后北京地区抗日活动》《北平抗战图史》等书籍，编辑发行了《档案中的北京五四》《档案中的北京党史与党建》等以红色档案为主题的史料专辑；影印出版了《五四运动档案史料选编》《北平地区抗日活动档案汇编》《中国共产党北京（平）党组织活动纪实》等图书。2020年7月，聚焦北京历史文化、红色文化和首都城市发展，策划创办了为市领导提供决策参考的档案文化内刊——《档案参阅》。该刊物得到国家档案局和市委主要领导的充分肯定，蔡奇同志先后三次做出批示，并称赞"《档案参阅》办得好"。庆祝中国共产党成立100周年之际，《档案参阅》刊发

6期党史系列专题稿件，毛泽东同志诞辰130周年之际，刊发《青年毛泽东在北京的红色足迹》，充分发挥了红色档案的独特作用。研究制定《北京市档案馆红色档案管理办法》，建立起红色档案保护工作机制。积极整合馆内外智力人才和档案资源，组建了红色文化、奥运文化、古都文化档案研究团队，开展"北京市档案馆红色档案资源挖掘探索"等课题研究，编辑出版国家重点档案保护与开发项目《北京市档案馆红色档案图录》；建立北京市档案馆红色档案专题数据库，以带动市区两级档案馆红色档案资源的整合共享，更好彰显档案工作价值。

立体开发，积极弘扬传承红色基因

近年来，市档案馆为适应信息化时代社会公众的需求，创新服务形式，坚持从贴合主题举办展览、系列拍摄短视频展播、深度研究编研丛书等方面做好红色档案资源的立体开发。2019年，为全力配合全市"不忘初心、牢记使命"主题教育，策划推出"不忘初心使命 传承红色基因——中共北平党组织活动"展览，成为党员干部开展主题教育的重要基地；为进一步深化展览效果，策展人还先后赴市委组织部、市委研究室等单位举行专题讲座，以丰富的史料和生动的语言讲述红色故事。建党百年之际，依托馆藏档案资源，主动作为，精心策划系列活动，在全市率先推出"播火——李大钊革命活动档案史料展"和"破晓——中共北平早期党组织活动"展览，在社会上引起了强烈反响；举办"李大钊革命活动"学术论坛，再现李大钊同志的光辉一生和那段艰辛探索的峥嵘岁月；与北京出版集团联合主办"阅启，红色北京"主题系列活动，营造充满红色书香的全民阅读氛围；拍摄"北京红色档案"系列短视频和专题片，推出"喜迎建党百年 传承红色基因——京津冀档案馆红色视频联播"活动，每日推送党史视频，得到高点击率，一时成为红色文化现象传播热点。市档案馆入选"2021北京网红打卡地"，荣获北京日报客户端"北京号最具成长力奖"。党的二十大召开前夕，以"喜迎二十大 档案颂辉煌"为主题举办网上答题、主题征

建设模范机关　服务保障新时代首都发展

文等活动，推出"首都城市建设十年映像"主题展览，以档案视角，生动展现党和国家事业的新变化新面貌新气象。2023年，推出"立心铸魂——中国共产党人精神谱系中的北京篇章"展览，成为主题教育"打卡点"，接待参观学习者近4万人次，依托展览制作的《走进北京市档案馆 追寻共产党人的精神谱系》纪录片，荣获北京市党员教育电视片观摩交流活动一等奖，入选中央组织部举办的第十七届全国党员教育电视片观摩交流活动作品。

创新思路，积极发挥档案资政育人作用

市档案馆1996年被市政府确定为北京市爱国主义教育基地，2011年被国家档案局和教育部确定为全国中小学生档案教育社会实践基地，2012年被北京市教委确定为"北京市中小学生社会大课堂第三批市级资源单位"。多年来，市档案馆持续打造教育基地文化品牌，依托现有展览和优质场地资源，积极拓宽工作思路，有效挖掘展览内容，创新互动模式，与中国人民大学、北京联合大学等院校合作，开展"数字人文""走读北京"等项目；着力加强以中小学生为对象的档案文化传播工作，做大做强"游学堂"教育品牌，积极参与朝阳区中小学生社会大课堂课后服务工作，开展"红色印记——走进北京市档案馆"等社会大课堂活动，为西单小学组织"品读京城档案 探寻城市记忆"活动，走进海淀区培星小学为千余名师生授课，利用档案讲述北京历史、红色故事，成为优质课外教育资源，受到学校师生、家长的高度认可。2023年，市档案馆被确定为"红领巾爱首都"北京市少先队校外实践教育基地（市级）。同时，还为武警北京总队七支队的近千名官兵解读红色档案的精神力量；开展"与档同行"志愿者服务活动，吸引近百名志愿者参与服务工作，极大丰富了爱国主义教育基地职能。

市档案馆将在推进档案基础业务提质升档、提升档案服务全市大局工作的质量和效益、加快推动档案工作战略转型的变革中积极发挥作用，继承好、发扬好档案工作的光荣传统和优良作风，充分利用好红色档案资源，强化区域统筹协调，整合市档案馆和16区档案馆的红色档案资源，加强馆际间的联动互享，在如何更好地服务中心工作、服务百姓群众的道路上积极探索，以高质量机关党建引领模范机关建设，以模范机关创建促进机关党建高质量发展。

（执笔人：梅佳）

扎根沃土　情系"三农"
党建引领乡村振兴路

市农林科学院

【专家点评】

本案例展现了市农林科学院以党建引领乡村振兴，持续推动青年科技工作者接地气、长才干，着眼"三农"工作，依托新技术，推动新发展的有益探索。

该案例的主要亮点表现为：创新体制机制，打造项目创新生态链；优化学科布局，构建全方位产业服务链；坚持问题导向，强化联农助农技术链；践行"两山"理念，深化三产融合价值链。其中，蕴含着相应的工作方法，例如，党建引领，全面压实科技书记责任；搭建平台，联动农业中关村与峪口各村；深化对接，不断探索积累人才振兴经验。相关举措不但锻炼了党员队伍，发挥了农业科技人才的重要作用，而且将更多技术及科技成果惠及于民，有力促进了现代农业高质量发展。

本案例启示意义在于：创建模范机关的出发点和落脚点，就是围绕中心大局推动高质量发展。实现乡村振兴需要以党的政治建设为统领，运用党的新理念新思想新战略指导工作，发挥好自身的资源优势，扎实推进青年科技人才队伍建设，着力打造科技兴农的体制机制，紧紧围绕"三农"工作这个中心，更好地服务群众、建强队伍、作出贡献。

（吕学军）

【背景介绍】

民族要复兴、乡村必振兴。北京市农林科学院（以下简称市农科院）在模范机关创建工作中始终坚持党建引领，主动服务和融入乡村振兴发展大局，聚焦农业中关村建设，持续推动科技工作者扎根京郊广袤沃土，将论文写在大地上，争当乡村振兴先锋，促进新技术落地应用，助力农业产业更新、品质提升，走出了一条党建引领乡村振兴的新路。

2021年1月《中共中央 国务院关于全面推进乡村振兴加快农业农村现代化的意见》明确提出，举全党全社会之力加快农业农村现代化。2021年4月平谷区人民政府与市农科院签署战略合作框架协议，深化平谷全国农业科技现代化先行县共建工作。为支撑平谷农业中关村核心区村级产业发展，2021年12月，市农科院党组印发《科技书记挂职活动的工作方案》，从各研究所（中心）选派党员科技人员到峪口镇有科技需求的村驻村挂职科技书记，配合村支部书记、驻村"第一书记"开展科技帮扶工作。2022年3月，市农科院精心选派11名专家带资金、带技术、带项目到平谷区峪口镇11个村担任科技书记，推动"中国·农业中关村""全国农业科技现代化先行县"和平谷农业科技创新示范区建设，助力乡村振兴。

【做法成效】

党建引领，全面压实科技书记责任

市农科院党组积极对接平谷农业产业需求，和平谷区共同制定工作方案，自上而下进行制度设计和动员部署，让科技书记明确到村干什么、怎么干。村镇区三级自下而上进行工作对接，让各级各部门知道怎么支持科技书记开展工作，以快一步、先一步的工作思维将科技书记锚定在各村产业战线上。打造坚强有力的科技干部队伍，在产业发展上科技书记与村书记、驻村"第一书记"同谋划、同部署、同推进、同落实，形成工作合力。

深化对接，不断探索积累人才振兴经验

深化对接合作，围绕乡村振兴和农业农村现代化走在前列的工作目标，推动"良种""良法"的突破与应用、科技与产业有效衔接，充分发挥农业科技人才作用，在双方合作共建的基础上夯实基层基础、紧密科研院所与农村关系，为建设科技强村提供助推力量，将更多技术及科技成果惠及于民，带动现代农业高质量发展，实现农村集体经济壮大和乡村振兴同频共振。在平谷区峪口镇建立"科技书记小院"，定期举办"我的农业中关村"人才沙龙系列活动，打造沟通联系、驻村调研、项目合作、展示交流平台，提供优质生活环境和完善政策环境。同时，充分利用镇域内空间，于各村设立科技工作者驿站、电商直播间等，为科技人才开展工作创造条件，为村民百姓农业生产找好领路人。

创新体制机制，打造项目创新生态链

市农科院与平谷区峪口镇建立政、产、学、研、用合作机制，创新体制机制，厚植科技人才发展沃土。市农科院重点安排了"科技书记专项资金"，每人20万元，用以保障科技书记驻村工作落到实处。峪口镇重点安排专项资金200万元，以建设项目形式促进院村合作、强化构建集体经济。通过调查研究、人才论坛、专题研讨、项目赛马、成果转化等方式，形成"人才+项目+资金"的发展模式，打通人才支撑、创新研究、成果转化、项目储备等全过程创新生态链，提升人才干事创业热情。

优化学科布局，构建全方位产业服务链

科技书记围绕农业产业需求和发展情况，通过"硬件打造+软件赋能"的形式开展服务，内容从顶层设计的乡村规划、产业设计，到高度专业的土壤监测、渔菜生态种养，涵盖农林渔的多学科和多方向，由一产业向二、三

产业拓展，向社会治理、城乡建设等其他领域拓展，构建了科技书记全方位、全产业链服务的新格局。截至目前，已开展各类项目 13 项，建设各类示范展示基地面积 500 亩、养殖水面超过 200 亩，推广示范果树、玉米、花卉等优新品种 8 个，推广良种良法配套技术 7 项，打造了以大宗淡水鱼鲤鱼和草鱼、观赏鱼龙睛金鱼和锦鲤、特色养殖品种鲈鱼和黄颡鱼为主的 3 个相对独立的养殖区域。开展线上专题培训 20 余次，受众人群超过 2000 人次。搭建"农科驿站"电商平台和微信小程序，制作"书记讲党课""北京平谷桃棚村""桃棚印象""乐享果园"等多种 IP 形象，应用于情景设计以及 AR 数字宣传展示，有效衔接产业化链条，拓展新零售渠道。

北京市农林科学院科技书记送种子送技术

坚持问题导向，强化联农助农技术链

平谷素有"中国桃乡"之称，大桃面积、产量、品种居全国区县级首位。近年来，受桃细菌性病害（细菌性黑斑病、穿孔病）、土地过劳退化、极端低温天气等影响较为严重，亟须开展病虫害防治、土壤质量提升、稳定果品品质，引导大桃产业健康发展。科技书记带来市农科院自主研发的新技术新成果，采用基因组学筛选技术、功能性微生物制剂、生物防治生产技术、防冻制剂、基质化栽培及快速育苗成园等技术，开展桃种质资源创新利用及桃园提质增效技术示范、联农带农，有效解决了长期困扰平谷大桃品质提升和土壤改良的技术难题，实现集体经济效益提升。

践行"两山"理念，深化三产融合价值链

通过夯实林果产业、激活水产养殖，突出"农林渔"文化娱乐体验，形成差异优势，协助平谷发展乡村生态旅游，提升公共服务供给能力，充实生态产品，打造一二三产融合的农业综合项目，以休闲、观光、生态旅游为抓手，以产业链、价值链、利益链三链同构为目标建设农村产业融合发展范例。全院对接帮扶平谷区35个市级集体经济薄弱村，在2022年全部"脱薄"（村集体经济年收入达到10万元以上）的基础上，持续从组织层面加强统筹，从项目层级加强支撑，从专家层面加强服务对接，多渠道巩固和增加村集体经济收入尤其是经营性收入，助力村强民富。

（执笔人：杨春　黄正　王植）

擦亮服务品牌　创建模范机关

市投资促进服务中心企业服务处党支部

【专家点评】

本案例展现了市投资促进服务中心企业服务处党支部以学习创新理论提升政治能力，坚持"围绕中心、建设队伍、服务群众"的职责定位，深化党建与业务深度融合，以打造服务品牌推动首都高质量发展的经验做法。

该党支部的主要做法有，深入落实"服务包"工作机制，让每一位"服务管家"贴心为重点企业赋能添力，做好后台支持，增强"12345"企业服务热线服务效能，用一条热线 7×24 小时呵护企业发展；服务外资企业全球高管拜会市领导，架起一座政企高层沟通聚力之桥，打造移动的"投资北京会客厅"品牌，用一个"会客厅"扩大投资北京朋友圈；探索编制"招商引资政策服务包"，用一套政策"组合拳"为企业发展助力加油。通过深入开展模范机关创建活动，提振了党员干部干事创业的精气神，激发了党员干部的参与感、荣誉感和责任感，进而擦亮了有自身特色的服务"名片"。

本案例启示意义在于：找准模范机关创建和中心工作的结合点、着力点，才能实现党建和业务的双提升。以党建引领党员干部担当作为，在打造高质量的专业人才队伍上下功夫，不断创新服务手段、提升服务效能，才能使模范机关创建工作取得实实在在的成效。不断深化和拓展主题教育成果，才能确保模范机关创建活动行稳致远。

（吕学军）

建设模范机关　服务保障新时代首都发展

【背景介绍】

市投资促进服务中心企业服务处主要职责是依托"服务包""服务管家"工作机制及"12345"企业服务热线服务机制开展为企服务工作，并为境内外投资人提供投资政策和投资环境等咨询服务。市投资促进服务中心企业服务处党支部积极贯彻市直机关工委《关于在市直机关创建模范机关的意见》及《北京市投资促进服务中心创建模范机关工作方案》要求，深入学习习近平新时代中国特色社会主义思想，牢牢把握"学思想、强党性、重实践、建新功"的总要求，紧扣"围绕中心、建设队伍、服务企业"的职责定位，旗帜鲜明讲政治，用党的创新理论凝心聚魂；以创新激发党建活力，坚持深入调研，锻造求真务实的工作作风；深化党建与业务深度融合，坚持党建工作与业务工作一体谋划、一体部署、一体落实，把市委市政府工作部署和市投资促进服务中心党组工作要求转化为为企业服务的工作思路、具体举措和实际行动，推动模范机关创建取得实实在在的成效。

【做法成效】

强化思想建设，提升服务企业主动性

提高政治站位，始终在思想上政治上行动上同以习近平同志为核心的党中央保持高度一致。常态化开展强化政治意识教育，大力推进政治机关意识教育和对党忠诚教育，引导党员干部深刻领悟"两个确立"的决定性意义，切实增强"四个意识"、坚定"四个自信"、做到"两个维护"。持之以恒抓学习，以党的二十大报告、《习近平谈治国理政》和《中国共产党章程》为重点，把学习贯彻落实党的二十大精神作为当前和今后一个时期重要政治任务，纳入支部学习计划和重要内容，教育引导党员干部学深悟透、主动作为。2023年年初，疫情防控转段之后，企业服务处党支部紧紧把握外资企业全球高管集中访华的契机，主动通过问卷调查、电话沟通等方式，了解了

160余家外资企业全球高管2023年上半年来京计划,以及拜会市领导的意向,将相关情况上报市政府并为有意向拜会市领导的外资企业做好沟通联络,与市外办做好对接,协助安排波士顿科学、飞利浦等10余家外资企业的全球高管拜会市领导,推动了飞利浦研发中心项目在京落地,促进了外企对北京整体营商环境的全面了解,进一步坚定外企在京投资信心。

强化组织建设,提升服务企业规范性

完善组织体系,规范和创新党建工作制度与工作流程,明确党建任务清单,建立工作台账,认真贯彻落实"三会一课"、组织生活会、谈心谈话等工作制度,持续提升支部建设标准化规范化水平。增强组织功能,支部书记严格落实"第一责任人"责任,不断提升抓党建促发展履职能力;加强党员培训和实践锻炼,引导党员干部在急难险重任务中打头阵、当先锋;推动党员干部经常深入一线,深入企业,帮企业解难题、促发展,注重党性锤炼与业务锻炼相结合,加强支部组织建设,提高服务企业规范化水平,贴心为企

北京市投资促进服务中心企业服务处党支部联合中机检测军品民航事业部
党支部开展"学思践悟党的二十大精神、党建共建互学互鉴互促"主题党日活动

业排忧解难。为做好市级"服务包"企业的"服务管家"工作，企业服务处从完善工作机制入手，制定了《北京市投资促进服务中心市级"服务包"企业服务管家工作调整方案》《2023年市领导走访服务企业工作落实方案》。协调中心选派37名业务骨干担任500余家企业的服务专员，通过组织培训与业务交流，进一步规范服务流程、标准，密切联系企业，及时处理诉求，以高水平服务提高企业满意度，引导企业将更多更好的项目在京布局。2023年，共协调推进2537条企业诉求办理，深入挖掘"服务包"企业项目线索77条，涉及投资额1100余亿元。

强化作风建设，切实解决企业发展难题

开展"政德教育"，自觉做到清正为民。切实发挥党支部战斗堡垒作用，组织业务工作学习研讨，抓好分类指导，提高教育实效。坚持线下与线上相结合、集中研讨学与分散自主学相补充，不断提高党员干部做好新形势下服务企业的能力。充分发挥"头雁效应"，激发优秀党员干部的示范引领作用。把讲政治体现在坚决贯彻党中央各项决策部署、市委工作要求和中心重点任务的行动上，体现在履职尽责、做好本职工作的实效上，体现在服务企业的实际举措上。作为"12345"企业服务热线"后台"，企业服务处2023年共受理并指导推动办结疑难工单257件；编制字体侵权、出境游业务申请及注销、"企安安"系统操作不便捷等突出问题工单处理指引；梳理企业反映的高频、共性问题，更新完善企业常见问题"一问一答"300余条，便利企业专席人员直接答复；开展业务培训38场次；向市政府报送12期《市民热线反映（企业专刊）》，集中反映企业遇到的共性、难点问题，助力北京市营商环境进一步优化提升。

强化纪律建设，营造良好为企服务生态

严格纪律规矩，打造风清气正的良好政治生态，做作风优良的模范党支部。严格落实中央八项规定及其实施细则,规范服务企业过程中与企业的交往行为。严格执行中心党组制定的《关于规范政商行为的正负面清单》,摆正"亲清"政商关系,常态化开展廉政警示教育,筑牢拒腐防变的思想防线。以严明纪律规范党员干部履职行为,抓早抓小、防微杜渐,精准运用"四种形态",让党员干部切身感受到党的严管和厚爱。在日常服务企业工作中,企业服务处党支部党员干部互相提醒、互相监督,在走访调研企业中保持两人以上同行,在召开的组织生活会中积极对照、查摆自身,始终坚守纪律红线。

强化党建引领,以高水平服务推动高质量发展

围绕学习宣传贯彻党的二十大精神这一主线,坚持党建引领,聚焦主责主业,将党建工作与业务工作同谋划、同部署、同推进,齐抓并举,齐头并进。着力在创新服务手段、提升服务效能上下功夫,对内强素质、聚人心、夯基础,对外树品牌、展风貌、促发展,不断擦亮企业服务"金名片",让模范机关建设的成效不断彰显。2022年9月,企业服务处在"服贸会"上首次设立"投资北京会客厅",搭建新型市区协同招商引资宣传平台,以线上直播、线下洽谈方式,全面展示北京市营商环境及产业政策优势,活动期间在线直播观看量高达296.9万人次,取得了显著的宣传成效。2023年,企业服务处继续扩大"投资北京会客厅"品牌效应,创新推出移动的"投资北京会客厅",于2023年4月首次进驻第三届中国国际消费品博览会,重点展示北京国际消费中心城市建设新机遇,吸引数百家优质品牌企业前来现场咨询相关政策或洽谈项目。在2023年的"服贸会"上,企业服务处继续打造"投资北京会客厅",吸引了310余万人次在线观看活动直播,84家企业负责人与市区两级领导进行现场洽谈,其中,30余家企业负责人表示了明确的投资意向,意向投资额超200亿元。截至2023年年底,5个项目已在京落地。

(执笔人:李玲 陈雷 侯金辉)

首善国调　服务民生
以模范机关创建
力推统计调查事业高质量发展

国家统计局北京调查总队

【专家点评】

国家统计局北京调查总队聚焦"目标标准明确、创建过程扎实、党建工作有力、业务工作一流、作风形象良好、先进典型示范"推动模范机关创建，坚持以理论学习"立志"，以党建引领"立行"，以履职尽责"立业"，开创了统计调查新局面。特别是创建了"首善国调 服务民生"党建品牌，聚焦监测评价民生改善和保障，在服务中心工作中彰显统计调查力量。这一案例启示我们，模范机关创建必须紧扣高质量发展这个主题，坚持目标引领和问题导向相结合，把党建品牌融入中心工作，在围绕中心、建设队伍、服务群众上持续发力，才能取得实实在在的成效。

（何忠国）

【背景介绍】

国家统计局北京调查总队（以下简称北京调查总队）以习近平新时代中国特色社会主义思想为指引，深入贯彻落实习近平总书记关于统计工作和北京工作的重要讲话和重要指示批示精神，认真贯彻落实党中央重大决策部署，紧紧围绕讲政治、守纪律、负责任、有效率的总要求，立足统计调查职能职责，于2020年开展模范机关创建工作，以机关党建高质量发展引领模范机关建设和统计调查各项任务落实，以模范机关创建为抓手全面推动机关党的建设和统计调查事业高质量发展。围绕"目标标准明确、创建过程扎实、党建工作有力、业务工作一流、作风形象良好、先进典型示范"的创建目标，先后制发了《北京国调系统创建"让党中央放心、让人民群众满意的模范机关"实施方案》《北京国调系统关于以机关党建高质量发展引领模范机关建设的意见》，明确了创建模范机关的总体要求、主要任务、推进措施和工作要求等。紧扣高质量发展这个主题，重点聚焦"四个提高"确定创建工作的目标任务，主动对标"一个清单"，明确年度重点工作任务，把创建模范机关工作纳入总队年度党建工作要点，作为全面从严治党"两个责任"检查、区队党组书记抓基层党建述职评议考核、机关党支部书记述职评议考核的重要内容，持续深化创建工作。

【做法成效】

以理论学习"立志"，使政治建设"强"起来

北京调查总队把政治建设作为机关党建的根本性建设，牢记"看北京首先要从政治上看"的要求，把党的建设贯穿于统计调查工作全过程各方面。贯彻落实党中央决策部署，高质量开展学习贯彻习近平新时代中国特色社会主义思想主题教育，相关工作得到国家统计局和相关部门肯定，《北京机关党建》《中国信息报》刊发主题教育宣传稿件12篇。深入学习贯彻习近平新时代中国特色社会主义思想，学习贯彻市委十三届三次、四次全会精神，举办党的二十大精神集中学习班、主题教育专题读书班、党员领导干部交流研讨会、青年干部大学习大讨论、党的二十大精神知识竞赛等，全年组织开展党组理论学习中心组学习23次，围绕习近平经济思想等主题学习篇目94篇（册）；党组会"第一议题"学习38次，传达学习习近平总书记重要讲

建设模范机关 服务保障新时代首都发展

话文章精神等95篇。紧紧围绕统计调查职责职能，制定《北京总队贯彻落实党的二十大战略部署任务书》和任务表，结合本职工作确定了16项具体任务，完成落实措施153条，确保党的二十大精神在北京统计调查工作中落在实处、取得实效。

举办知识竞赛

以党建引领"立行"，使党的旗帜"扬"起来

在"一支部一品牌"的基础上，北京调查总队创建了"首善国调 服务民生"党建品牌，突出首都国家调查队的标准，将服务民生作为工作的根本落脚点，聚焦监测评价民生改善和保障，有效发挥"轻骑兵"优势，在服务推进中国式现代化建设和首都高质量发展中彰显统计调查力量。在"首善国调 服务民生"党建品牌的引领下，北京调查总队加强"四强"党支部建设，设立党员先锋岗和党员突击队，与基层党支部结对共建49次，开展志愿服务56次。各党支部深挖党建与业务的结合点、切入点和融合点，推动构建较为成熟的"党建＋业务"模式，聚焦共同富裕、构建新发展格局等新论断、新要求，紧紧围绕北京建设国际消费中心城市工作目标，细化研究领域，调研夜间经济,加强对微观消费数据的挖掘,及时发现拉动居民消费中的痛点和堵点,为推动首都经济和民生发展提供坚强统计保障。开展群众安全感调查和全面从严治党调查,为首都精神文明建设作出了积极贡献。

以履职尽责"立业",使干部职工"干"起来

北京调查总队认真贯彻落实习近平总书记关于统计工作的重要讲话精神,深入落实党中央关于统计工作的相关文件,按照国家统计局党组和市委市政府工作要求,围绕"七有""五性"等,圆满完成价格应急监测、住户大样本轮换、农业遥感测量、月度劳动力调查等工作。坚持依法统计依法治统,扎实开展防惩统计数据造假相关工作,2023 年,对 4 个区队、18 个街乡村统计所站、49 位辅助调查员、285 个调查对象进行实地督导核查,对 122 家企业开展执法检查,坚决防范和惩治统计造假、弄虚作假。认真落实市领导关于加强经济运行监测调度的指示精神,向市经济运行监测调度平台提供数据 6000 余笔。持续开展不间断价格监测,全年累计向市领导上报监测报告 80 余篇。与《北京晚报》联合开展"京城养老大调研",推动近 20 个社区养老助餐问题得到有效解决,调研成果获评北京日报集团年度好新闻一等奖。严格落实国家调查制度,扎实推动统计数据分析提质增效,2023 年共印发调查分析 127 篇,多次获市领导批示,分析成果获国家及市级各类刊物刊发近 90 次,北京调查总队获评北京市委办公厅信息工作优秀单位。

以创建成果"立本",使统计调查"亮"起来

北京调查总队坚定不移坚持党的全面领导,扬优势、强弱项、补短板,系统、深入、持续推进模范机关建设,为统计调查事业高质量发展提供坚实保障,切实把党的政治优势有效转化为发展动能。一是持续厚植党建优势,汇聚发展动能,实现了党的建设更好、支部工作更优、发展质量更高的目标,北京调查总队连续三年在国家统计局党建工作考核中获优秀等次,连续三年

建设模范机关　服务保障新时代首都发展

获评国家统计局创建模范机关先进单位，2021年获评"书香北京评选优秀机关"。二是党员、干部的大局意识、责任意识、服务意识明显增强，精神更加振奋、作风更加扎实、干劲更加充足，比担当、比奉献、比业绩的氛围更加浓厚。北京调查总队连续三次获得"首都文明单位"称号；相关处室2020年荣获"北京市三八红旗集体"称号，2021年荣获"全国巾帼文明岗"称号；相关党支部被共青团北京市委员会授予"2020—2021年度青年文明号"称号。三是进一步创新工作思路、丰富工作载体、提高工作水平、凝聚工作合力，各项工作均取得较好成绩。北京调查总队连续多年在国家统计局工作考核中获优秀等次；在全国统计系统先进表彰中，1个单位获"全国统计系统先进集体"，3名同志获"全国统计系统先进个人"。与北京市统计局联合开展北京政府统计机构成立70周年主题展览暨2023年北京政府统计开放日活动，活动直播共吸引3.7万人次在线观看，进一步彰显了统计调查的影响力，提升了统计调查的公信力。

在不断深化创建的过程中，北京调查总队紧盯目标任务，压紧压实责任，精心谋划组织，扎实有序推进，带领机关党员、干部探索工作思路、梳理办法举措、总结经验做法，持续推动让党放心、让人民群众满意的模范机关创建工作走在前、作表率。经过不懈努力，北京调查总队2021—2023连续三年获评国家统计局创建模范机关先进单位，实现了从规范到示范、从示范到模范的飞跃，切实把创建工作新成效转化成为坚定拥护"两个确立"、坚决做到"两个维护"的高度自觉和实际行动。

（执笔人：苏柏佳）

服务干部职工
做关心关爱的模范

坚持从实际出发　抓好青年党员教育

市委办公厅

【专家点评】

市委办公厅立足青年党员实际,坚持目标导向和问题导向相统一,坚持从青年中来,到青年中去,创建"青年微党课""青年学习小组""青春诗会"等党建品牌,以轻松、生动的方式,带动青年党员学习党的创新理论,用党的创新理论武装青年党员,帮助青年党员"扣好第一粒扣子",拧紧世界观、人生观、价值观的总开关。市委办公厅机关党委的成功之处在于,注重激发青年的内生动力,探索形成机关党委统筹协调、群团组织轮流承办、青年党员积极参与的"多元合一"工作机制,通过生动活泼、洋溢着青年人风采的学习教育形式,增强了党组织的凝聚力,激发了青年党员们干事创业的精气神,为建设模范机关和团结高效战斗团队注入了源头活水。

(何忠国)

【背景介绍】

习近平总书记指出:"青年处于人生积累阶段,需要像海绵吸水一样汲取知识。"党的科学理论在青年党员成长中起着"定盘星"作用,在新的时代背景下,更需要用适配新时代的新形式,高效有力武装青年党员。市委办公厅是政治机关,是落实市委各项要求的"第一方阵",对党员干部的理论素养要求很高。近年来,通过公开招考、定向选调等方式择优选拔了相当数量的年轻同志，35岁以下的青年党员占比已超过全厅党员总数的三分之一，抓好青年党员的理论学习成为机关党建的一项重要工作。为提升青年党员理论学习效果，积极争做政治坚定的模范，市委办公厅培育打造出"青年微党课""青年学习小组""青春诗会"等系列党建品牌，让理论学习更生动、青年学习更主动、教育效果更显著。

【做法成效】

从实际出发搭建青年党员学习平台

"青年微党课"让理论学习更生动。以"90后"党员为主体，自愿报名主讲、自愿报名聆听，每期遴选3—5名主讲人、1名主持人，突出"短实新"特点。一是短时长。办公厅工作节奏快、临时任务多，"青年微党课"力求紧凑精练，每月1期、每期1小时、每人10分钟左右，在有限的时间里为同志们呈现更多"干货"。二是实内容。将学习贯彻习近平新时代中国特色社会主义思想作为常设主题，结合建党百年、疫情防控等重要时间节点设置专场专题。主题教育期间，围绕党中央指定书目逐月确定《习近平著作选读》《习近平关于调查研究论述摘编》等专题。三是新形式。活动场地多元，除了会议室，还把党课开在池塘边、花园中、书店里、展厅内，让青年党员切身体验理论学习的"情"与"景"；学习素材多样，将《周恩来的四个昼夜》等影视经典和中央党校等单位的专家学者的理论教学视频作为每期学习"片头"，让大家更有"代入感"；宣传载体多维，通过打造厅内网和《厅内动态》"前期预告预热＋后期专刊报道"长效机制，将党课的覆盖面从现场几十人扩大到全厅几百人。

"青年学习小组"让学习成为一种习惯。党委办公厅（室）业务工作重、人员分散、时间不集中，青年党员普遍反映平时交流机会太少。厅机关党委帮助搭建"青年学习小组"平台，提供活动场地等必要支持，在帮助学习小组平稳起步后，适时放手，让青年党员做自己学习的"主人翁"。聚焦正面引导。青年学习小组以夯实业务能力、促进全面发展为核心目的，打破处室壁垒，合理利用"八小时之外"，在青年群体中培养勤于"充电"的好习惯，形成比学赶超的良好学风。形式灵活机动。仿照大学社团组织模式，充分尊重青年党员自由度，不限定时间地点，不预设人员规模，自主确定学习频次，"见缝插针"式机动安排。坚持"干什么学什么、缺什么补什么"。根据青年自身需求小切口选择学习主题，自由交流研讨、碰撞思维火花，让好的经验做法及时得以共享，让耳目一新的思想观点及时得到升华。

"青春诗会"凝聚奋进力量。北京城市副中心水城交融、蓝绿交织、远离喧嚣。市委办公厅充分利用得天独厚的自然环境，在千年守望林滨水绿地持续举办"青春诗会"，组织青年党员共抒爱党志、报国情。党性教育涵养情怀。2021年庆祝中国共产党成立100周年之际，结合党史学习教育举办了"青春诗会"首场活动；2023年主题教育期间，在五四青年节当天举办了"青春诗会第二季"。青年党员们通过诵读经典，与历史上的仁人志士产生情感共鸣，进一步激发了坚定不移跟党走的思想自觉和行动自觉。沉浸式学习陶冶情操。大运河边、滨水绿地，青年党员在水畔以诗咏志、以文抒情，学习氛围与美学氛围相得益彰、令人沉醉；主题教育期间，市委第一巡回指导组莅临指导，厅领导及管理单位主要负责同志到场指导，北京电视台全程跟拍报道，共同见证青年党员的高光时刻。

"青春诗会"活动现场

建设模范机关　服务保障新时代首都发展

以高质量机关党建引领模范机关建设

紧密结合中心工作和党员干部队伍实际，打造"青年微党课""青年学习小组""青春诗会"等系列党建品牌，是市委办公厅以党建品牌建设推动模范机关创建的积极探索。通过生动活泼、洋溢着青年人风采的学习教育形式，增强了党组织的凝聚力，激发了青年党员们干事创业的精气神，为建设模范机关和团结高效战斗团队提供了内生动力。

理论武装成体系。"青年微党课""青年学习小组""青春诗会"等学习平台成为党员日常教育与党内集中教育的重要载体。各学习平台将学习贯彻习近平新时代中国特色社会主义思想作为常设主题，组织青年党员条块结合、系统学习党的创新理论，有效避免了理论学习"碎片化、片面化""只见树木，不见森林"等问题，青年党员理论素养在循序学习中渐进提高。

"以学会友"聚合力。市委办公厅及管理单位内设处室数量多、业务领域跨度大、办公地点和工作节奏各有不同，各处室各单位之间的沟通需求更为强烈。各学习平台打破时间空间限制，不同处室的青年党员因为热爱学习走到一起，以学会友、取长补短，组织凝聚力在交流学习过程中持续增强。

身心健康"双保险"。青年群体思维活跃、精力充沛，但世界观、人生观、价值观还存在一定的不稳定性，潜在风险隐患不容忽视。每月一主题，月月有活动，月月要准备，准备的过程是厘清思路的过程，更是深度学习的过程。"青年微党课""青年学习小组""青春诗会"等学习平台间接引导青年党员合理利用"八小时之外"，积极参加各种形式的学习活动，把时间花在理论学习上，把精力放在能力提升上，将苗头性倾向性问题和易发风险化解于无形之中、微末之时，给青年党员的心理健康和身体健康上"双保险"。

用党的创新理论武装青年党员，帮助青年党员扣好"第一粒扣子"，解决好世界观、人生观、价值观这个总开关问题，是我们开展青年党员教育工作的目标。青年理论学习平台为提升青年党员理论素养和业务能力而设，因青年党员们积极参与、互助协作而兴。厅机关党委充分激发青年的内生动力，广泛征求采纳青年党员意见建议，充分发挥机关团委、读书学会、文体学会的积极性、主动性和创造性，探索形成机关党委统筹协调、群团组织轮流承办、青年党员积极参与的"多元合一"工作机制。青年党员既是组织者，又是参与者，在主讲、主持、策划、组织等环节中多角色切换、多维度历练，理论水平与综合素质得到充分提升。每期活动必邀请厅领导班子成员到场指导，邀请主讲人和主持人所在的党支部书记和党员代表现场聆听，共同见证优秀青年的"高光时刻"。当青年党员得到正向反馈，带着满腔热情回到工作岗位后，他们做好业务工作的干劲更足了，活动本身也被注入了新的源头活水。

政治上的坚定源于理论上的清醒。市委办公厅将持续建设模范机关和团结高效战斗团队，加强对青年党员的关心关爱，顺应青年成长规律，巩固提升已有经验做法，为青年党员提供更多更好的锻炼机会，更好服务青年成长成才，更好服务市委科学决策和高效运转，为推动新时代首都发展作出新的更大贡献。

（执笔人：葛利娜　范霖霖　姚迪）

着力打造"上讲台"品牌
推进一流模范机关建设

市发展改革委

【专家点评】

市发展改革委通过有效开展领导干部"上讲台"活动，充分发挥委领导带头示范作用，推动全委党员干部从习近平新时代中国特色社会主义思想中汲取奋发进取的智慧和力量。"上讲台"活动突出高位推动，以学增智"碰撞"思路；突出系统谋划，热点前瞻"赋能"发展；突出闭环落实，锻造干部"硬核"能力；突出党建引领，融合发展"迸发"活力。实践证明，"上讲台"活动是激发人才活力的重要方式，是提升干部队伍综合能力的有效途径。在推进模范机关创建工作中，要不断探索党建和业务融合新路径，发挥品牌活动的引领带动作用，真正把党的政治优势、组织优势转化为推动高质量发展的制胜优势。

（何忠国）

【背景介绍】

市发展改革委坚持以习近平新时代中国特色社会主义思想为指导，深入贯彻落实习近平总书记关于建设模范机关的重要指示精神和市委工作要求，认真落实市直机关工委《关于在市直机关创建模范机关的意见》，围绕全委开展学习贯彻习近平新时代中国特色社会主义思想主题教育安排，坚持学思用贯通、知信行统一，扎实开展领导干部"上讲台"活动，突出前瞻视野、强化创新思维，形成了"以学增智、学用结合、讲评一体、学干互促"的闭环实践体系。主题教育开展以来，共开展领导干部"上讲台"活动46期，委领导带头示范、处室和单位主要负责同志踊跃参与、精益求精，推动学习成果转化运用，坚持从党的创新理论中找思路、找方法、找举措，努力研究破解发展改革各领域难点问题的创新办法，促进全委主题教育走深走实，努力打造让党中央和市委放心、让全市人民满意的政治机关、首善机关、模范机关。

【做法成效】

突出高位推动，以学增智"碰撞"思路

一是高起点筹划。2023年4月6日，市委书记尹力调研市改革发展委时，对加强统筹协调、解放思想、改革创新，在新时代首都发展中发挥更大作用提出了明确要求。市发展改革委结合主题教育开展和模范机关建设，以"走在前、当标杆"的政治自觉高起点谋划、高标准推进"上讲台"活动，搭建深化业务交流、碰撞思想火花、谋划思路举措、提高工作质量的平台，增强党员干部从全局、长远、大势上作出判断和谋划的能力和水平，不断提高工作的科学性、预见性、主动性。二是严要求部署。作为推进一流模范机关建设和推动发展改革工作创新发展的重要举措，委主要领导亲自部署、高位推动环节步骤，亲自"点题"、逐一把关授课提纲，并提出具体要求和路径方法。首期"上讲台"活动由委领导班子成员带头，以"坚持稳中求进 全力推进本市经济高质量发展"为主题，对如何推进本市经济高质量发展进行了深入讲解，以实际行动为全委"上讲台"活动树立标杆和示范。三是实举措推动。"上讲台"每期主讲都由委内处室和单位主要负责同志担任，内容紧密结合理论学习和调查研究内容，就本领域重点业务

建设模范机关　服务保障新时代首都发展

工作和发展形势进行深度思考和讲解，委党组成员，二级巡视员，机关各处室、设在机构副处长以上领导干部和直属（归口）单位班子成员现场参加，其他党员干部观看线上直播，做到授课内容实、覆盖范围广、学习氛围浓。

突出系统谋划，热点前瞻"赋能"发展

一是坚持全局思维。落实习近平总书记"强化战略思维，保持战略定力，把谋事和谋势、谋当下和谋未来统一起来"的要求，着眼推动新时代首都发展大局，统筹谋划"上讲台"活动、制定工作方案，广泛征求意见建议、征集授课内容，聚焦京津冀协同发展、现代化产业体系建设、优化营商环境打造"北京服务"品牌、"十四五"规划中期评估、经济运行分析调度、全国统一大市场建设、促进民营经济发展壮大等首都发展改革重点工作，分领域、分阶段安排"解渴"课程，不断提高党员干部的全局思维能力，深化拓展系统观念。二是坚持与时俱进。"上讲台"活动把开展主题教育与贯彻落实党的二十大精神相结合、与做好当前发展改革中心工作相结合，重点在落实党中央决策部署和市委市政府工作要求上重前瞻、小切口、深思考，力求出实招、出硬招。2023年7月4日，第二期"上讲台"活动结合学习贯彻习近平总书记关于深入推进京津冀协同发展重要讲话精神的最新要求，对贯彻落实京津冀协同发展战略的思考和举措进行了细致讲解，进一步凝聚了携手打造中国式现代化建设先行区、示范区的思想共识，增强党员干部从京津冀协同发展的大战略、大视野、大格局出发，谋划发展改革工作的自觉性主动性。三是坚持学用结合。"上讲台"活动明确要求，授课内容不是常规工作介绍，而是注重结合理论学习思考目前业务工作面临的形势、全市的工作重点和下一步该干什么、怎么干，深入研究交流各自领域创新发展思路，坚持在真解决问题、解决真问题上下功夫，实打实、硬碰硬破解群众反映强烈的热点难点问题。

服务干部职工 做关心关爱的模范

"上讲台"第二期讲解——"乘势而上 奋力前行 推动京津冀协同发展不断迈上新台阶"

突出闭环落实，锻造干部"硬核"能力

一是注重强化责任担当。坚持把"上讲台"活动作为激发"人才池"活力的重要方式、锻造忠诚干净担当的高素质干部队伍的具体措施，搭建干部交流展示平台，促进业务融合发展，强化全委干部"想在其他单位之上、干在其他单位之前、乐在其他单位之后"的意识，发扬勇于挑重担子、啃硬骨头、接烫手山芋的优良传统，以强化理论学习指导发展实践，以深化研究思考推动解决发展难题。二是注重讲评一体推进。为提高"上讲台"活动质效，营造比学赶帮的浓厚学习氛围，安排现场听众从五个不同维度对每期授课进行打分评定，最终在内网公开综合评分情况，激励大家精益求精、推陈出新。三是注重结果综合运用。持续深化"上讲台"活动效果，将"上讲台"视频素材收集整理，推出精品优秀课程，作为全委党员干部继续深化学习的重要资料。参与情况和评分结果作为年终综合考评、支部书记述职评议等重要组成部分，促进广大干部学得主动、讲得积极、备得充分。

突出党建引领，融合发展"迸发"活力

一是探索党建和业务融合新路径。坚持把模范机关创建作为提高机关党

建设模范机关　服务保障新时代首都发展

建质量的重要抓手、检验机关党建成效的重要标尺，聚焦"讲政治、守纪律、负责任、有效率"，立足首都城市战略定位和服务首都高质量发展，通过深化开展"上讲台"等党建品牌创建活动，帮助党员干部拓宽思路视野、更新思想观念、增强能力本领，将党建品牌建设融入政策落地、项目落实、产业发展、服务优化、民生保障、目标实现等方面，推动机关党建和业务工作紧密结合、深度融合。二是用好锤炼过硬作风本领新平台。各处室和单位主要负责同志坚持把"上讲台"作为研究谋划工作、提升能力本领的重要平台，精心准备授课内容，针对工作中的难点问题，坚持把深入一线开展调查研究作为获得真知灼见的源头活水、掌握真实情况的重要途径、推动真抓实干的重要方法，从习近平新时代中国特色社会主义思想中汲取奋发进取的智慧和力量，在"以学增智"中下功夫见实效，着力提升政治能力、思维能力、实践能力。三是推动高质量发展取得新成效。通过有效开展领导干部"上讲台"活动，以模范机关创建推动中心工作，把党的政治优势、组织优势转化为推动新时代首都发展的制胜优势，加强"四个中心"功能建设，提高"四个服务"水平，深化"五子"联动服务和融入新发展格局，统筹发展和安全，着力提振发展信心、增强经济活力，系统开展经济运行分析调度，2023年全年GDP同比增长5.2%，经济持续回升向好，发展质量稳步提升，人民群众的获得感、幸福感、安全感更加充实，以过硬业绩推动新时代首都发展取得新成效。

（执笔人：周展　穆肖飞）

打造"远航计划"特色党建品牌 锻造高素质科技创新研究型人才队伍

北京科技创新研究中心党支部

【专家点评】

北京科技创新研究中心的案例介绍了打造并实施"远航计划"的做法经验。该计划以"科创学苑""日新讲堂""思享沙龙""躬行实践"四大板块为依托,以全面加强党员干部的思想淬炼、政治历练、实践锻炼和专业训练为宗旨,注重培养出一支信仰坚定、业务过硬、能力突出的高素质科技创新研究人才队伍。实践证明,"远航计划"的顺利实施推动了党建工作与业务工作的深度融合,促进了北京科技创新研究中心各项工作的高质量发展,为加强党的组织力建设提供了样本。

(储著武)

【背景介绍】

北京科技创新研究中心(以下简称研究中心)成立于2019年11月,现有干部43名,其中党员30名,占比近70%,主要承担国际科技创新中心、中关村国家自主创新示范区的战略、规划、政策研究,科技统计分析和指标监测,"三城一区"联系服务等工作。

科技创新中心是北京城市战略定位"四个中心"之一。北京国际科技创

建设模范机关　服务保障新时代首都发展

新中心建设关乎"国之大者",是北京融入新发展格局"五子"联动的关键一子。市科委中关村管委会高度重视新时代干部队伍建设,亮明"讲政治、能扛活、敢担当、愿作为、守底线、正为人、顾集体"21字具体要求,加快锻造一支"懂科技、敢创新、爱奋斗"的"创新发展战斗队"。近年来,研究中心党支部认真贯彻落实党中央、市委市政府决策部署及市科委、中关村管委会工作安排,着眼党员干部党性修养与核心履职能力"双提升",着力打造"远航计划"党建品牌,通过"科创学苑""日新讲堂""思享沙龙""躬行实践"四大板块,全面加强党员干部的思想淬炼、政治历练、实践锻炼和专业训练,努力锻造一支信仰坚定、能力过硬、堪当重任的高素质研究型人才队伍,在北京国际科技创新中心建设中展现风采、奉献建功。

【做法成效】

特色做法

一是举办"科创学苑",专家授课拓宽视野。"科创学苑"每月组织1次专题讲座,邀请相关专家解读前沿技术发展动态、科技创新发展趋势等内容,帮助干部增智解惑,持续拓展知识视野,强化干部对党的二十大精神和习近平总书记关于科技创新重要论述的理解与把握,在理论学习中扎牢信仰之根。目前已举办"中国'国之重器'技术赶超模式""新一代信息技术前沿趋势""北京率先实现高水平科技自立自强的逻辑思考"等17期讲座,共计2000余人次参加。

二是设立"日新讲堂",心得分享互学共鉴。"日新讲堂"每周由1名干部围绕党建知识、业务工作、读书心得、调研成果等方面,在研究中心"学习驿站"群,以视频形式进行时长约20分钟的交流分享,并由1名干部进行点评。"日新讲堂"平台改变了"被动听"的传统学习模式,通过"大家讲""分享学""互相评"的创新互动模式,显著提高干部展示自我、积极学习、热情参与的主动性、自觉性,形成了互学共进、比学赶超的良好氛围。

目前已开展98期,内容分享包括:党章百年史、家乡红色文化;元宇宙、新冠疫苗研发和新能源汽车技术等高精尖产业;中关村改革创新发展历程;对职称申报、人事档案管理等工作的研究与思考;对《卓有成效的管理者》《中国工程科技2035发展战略》等书籍的学习思考;等等。

三是搞活"思享沙龙",研讨交流集智攻关。"思享沙龙"由研究经验丰富的干部牵头组建团队,紧密结合国际科技创新中心建设,聚焦研究中心主责主业,邀请相关领域专家集思广益,不定期组织研讨座谈,汇聚"金点子",提出有针对性的政策建议,为创新主体出谋划策。"思享沙龙"搭建了政府机构与创新主体资源需求对接的服务平台,通过碰撞思想火花,以所学所获为研究工作赋能,促进党建与业务工作深度融合、提质增效。目前已开展8期研讨,主题包括"强化教育、科技、人才支撑,加快建设国际科技创新中心""打造硬核科技独角兽企业全周期创新培育体系""新时期深化中关村改革创新的探索""我市大中型企业创新投入的驱动因素分析及激励措施研究""招贤育才 打造对标国际水平的人才高地"等。

四是用好"躬行实践",力学笃行真抓实干。"躬行实践"结合习近平新时代中国特色社会主义思想主题教育,大兴调查研究之风,由干部深入基层一线,把调查研究和服务解难结合起来,把惠民生、暖民心、顺民意的工作做到群众心坎上。"躬行实践"进一步转变了干部的工作作风,密切联系

躬行实践主题调研——赴清华大学技术创新研究中心调研

群众，强化责任担当，扑下身子、沉到一线，切实将调查研究的成果转化为干事创业、服务群众的强大动力。目前已累计开展100余次调研，包括以"问卷调查＋谈心谈话"的方式开展干部思想状况和队伍建设调研，绘制干部成长"画像"，通过"点亮微心愿"活动为干部解决"关键小事"13件；深入创新主体"解剖麻雀"，积极参与市科委、中关村管委会"我为创新献一计"活动，以提案形式献计献策，形成最佳提案3个、优秀提案7个，荣获优胜单位；围绕模范机关创建、国际科技组织发展情况、《北京国际科技创新中心建设条例》立法、大中型重点企业研发促进等工作形成11篇调研报告，其中8篇获局级及以上领导批示，对策建议为相关部门提供重要决策参考。

工作成效

"远航计划"党建品牌重在积极探索党建和业务深度融合的新路径，把党员干部的教育管理、能力培养和作用发挥一体推进，激发了党员干部干事创业的精气神，以党建引领实现研究中心各项工作高质量发展，积极为北京国际科技创新中心建设贡献智慧力量。

一是实现政治素养与核心履职能力"融合提升"。品牌活动将党建课堂与科技课堂、政治培训与业务培训、学习党的创新理论与学习专业知识技能结合起来，通过"专家帮学、干部互学、交流促学、调研践学"交叉为用，创新培养举措，丰富培训内容，既坚定了党员干部理想信念，又提升了核心履职能力。品牌活动开展以来，研究中心干部职称拥有率由67%增长到100%，副高级职称拥有率由16%增长到42%。累计形成各类成果90余项，获局级及以上领导批示80余次，信息报送采纳数量一直稳居市科委、中关村管委会前列。

二是实现干事创业动力与团队凝聚力"同步强化"。党员干部在品牌活动中尝到了"甜头"、看到了"奔头"、增添了"干头"，从"要我学"向"我要学"转变，参与学习的积极性、主动性显著增强，在自觉学习党的创新理论中不断汲取智慧营养，并将之转化为干事创业的强大动力，收到"入脑、入心、入行"的效果。通过组建研究团队、组织走访调研、开展讨论交流等方式促进理论知识共学、专项课题共研、资源成果共享，营造了开放包容和谐共赢的文化氛围。大家心往一处想、劲往一处使、事往一处干，展现出强大的凝聚力。思想状况调研显示，91%的干部职工对研究中心怀有强烈认同感和归属感。

三是实现完成重大任务与推进自身建设"相互促进"。把服务保障重大任务作为检验党支部组织力的"试金石"和锻炼提升党员干部能力的"磨刀石"。推荐30余人次参与先行先试改革、国际科技创新中心立法，战略咨询委、中关村论坛等重大任务专班和挂职援建任务，引导党员干部在艰苦环境和火热一线中担当重任、历练成长。通过搭建实践平台提供"练兵场"、创新培养举措提供"加油站"、营造成才氛围提供"大熔炉"，深入打造学习型、研究型、攻坚型组织，彰显了党支部战斗力和党员干部先锋模范作用，单位全面建设呈现出协调发展、整体过硬的好势头。

"远航计划"党建品牌经验做法被新华社、《新华每日电讯》、《北京日报》、《北京机关党建》、《北京支部生活》等中央及市级媒体宣传报道9次。研究中心党支部在市直机关工委赴市科委、中关村管委会调研指导座谈会，市科委、中关村管委会基层党组织书记培训会及党建工作宣传片中分享党建品牌经验。研究中心党支部在2021、2022年度市科委、中关村管委会全面从严治党（党建）检查考核中连续两年获评优秀，被评为"先进基层党组织"。《书记谈党建》宣传片在"北京机关党建"公众平台展示。7名同志荣获"首都精神文明建设奖""北京市办理人大代表建议、政协提案工作先进个人""北京市科普工作先进个人"，市科委、中关村管委会"优秀共产党员""优秀党务工作者"等荣誉称号。

（执笔人：冯婷婷　苏丹　吴锋）

创建模范机关　打造亮点品牌
高质量培树司法审判中坚力量

市一中院清河法庭党支部

【专家点评】

市一中院清河法庭党支部以特色亮点党建品牌为载体，将审判业务工作与党建工作深度融合，创建"清法讲堂"，打造"调研阵地"，发挥综合审判庭优势，不断雕琢青年党员的匠心。在创建模范机关过程中，着力打造"清青铸心"党建品牌，注重对党员干警的关心关爱，加大审判人才培养力度，锻炼出一支勠力同心、忠诚为民、素质过硬的党员队伍。这一案例启示我们，创建模范机关只要以特色亮点党建品牌为载体，将业务工作与党建工作深度融合，将厚植人民情怀与加强人才培养相结合，就能实现相互促进、相互提升、相得益彰的良好效果。

（何忠国）

【背景介绍】

市一中院清河法庭地处天津的清河农场，距北京 150 公里，是全市唯一一个由中级人民法院派驻到京外的"飞地法庭"。近年来，法庭被院党组定位为"青年人才培养基地"，负责审理刑事、民事、商事、执行异议之诉等多类案件及全市大部分减刑假释案件，同时还肩负着维护清河地区安全稳定，保障京津冀协同发展的重要职责。作为院"青年人才培养基地"，支部党员思想活跃，工作热情饱满，但在远离北京、远离家人的"飞地"工作，更需要在理想信念、为民情怀、业务素养、廉洁自律等方面给予关爱、加强打磨。清河法庭党支部以创建让党中央和市委放心、让人民群众满意的模范机关为总目标，以"清青铸心"党建品牌为载体，创新探索司法审判人才培养路径，从政治上关心、对工作上关注、在生活上关爱，在锻造历练干警过程中努力创建模范机关。

【做法成效】

建设让党中央和市委放心、让人民群众满意的模范机关是落实中央部署和市委要求的重要举措，也是机关党建工作的重点任务。清河法庭党支部坚持以习近平新时代中国特色社会主义思想为指导，聚焦"讲政治、守纪律、负责任、有效率"的总要求，深入推进模范机关创建，积极打造"清青铸心"党建品牌，加大青年审判人才培养力度，努力为京津冀协同发展战略部署提供优质高效的司法服务与保障。

理论铸魂炼红心，建设政治坚定的模范机关

党支部坚持以习近平总书记关于机关党的建设重要论述和对北京一系列重要讲话精神为根本遵循和工作指引，一方面驰而不息狠抓政治理论学习，坚持落实"三会一课"制度，把深入开展学习贯彻习近平新时代中国特色社会主义思想主题教育作为重大政治任务，结合"飞地办公"特点，开启"清河夜校"，设立"周五理论读书日"，打造党建实训阵地，录制"两个确立"专题党课视频；通过书记领学、集体研学、党员自学、京津通勤学等方式引导党员读原著、学原文、悟原理，确保政治理论教育在党支部走深走实，确保支部党员坚定拥护"两个确立"、坚决做到"两个维护"。另一方面创新形式开展主题党日活动。组织党员参观双清别墅、大沽口炮台等红色遗址，

建设模范机关　服务保障新时代首都发展

回溯历史、筑牢政治忠诚；观摩北京市宪法宣传教育基地，重温宪法发展历程，牢记司法为民宗旨；与怀柔区怀北镇政府结对共建、送法下乡，解决群众急难愁盼的法律问题；与市监狱管理局团河教育矫治所携手打造普法驿站，努力提升减刑假释案件审理质效；通过重温入党誓词、过政治生日等活动，教育党员牢记共产党人初心使命。

法卫首善聚民心，建设为民解忧的模范机关

习近平总书记在党的二十大报告中强调，要"加快建设公正高效权威的社会主义司法制度，努力让人民群众在每一个司法案件中感受到公平正义"。清河法庭党支部厚植为民情怀，用实际行动践行全心全意为人民服务的宗旨，努力让人民群众在每一个司法案件中感受到公平正义。推广"马锡五审判方式"，组织法官深入田间地头勘查现场、了解案情，到当事人家中开展文书送达、释法说理等为民活动，使司法审判工作更有温度；牢固树立"如我在诉"审判理念，对事关群众切身利益的案件和严重影响社会治安的刑事案件快审快结，确保案件审理"质""效""量"同步推进。不断提升减刑假释案件审理质效，在全市率先开创监狱长、公职律师、检察长出庭履行职务制

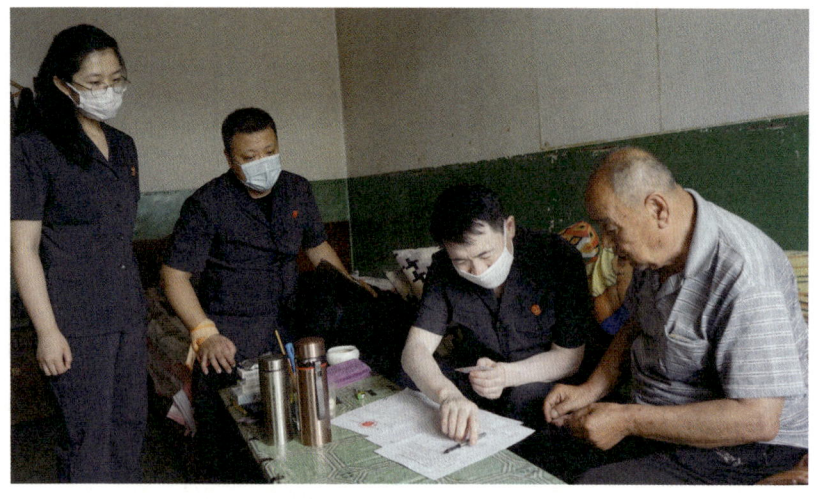

深入群众家庭开展法律服务

度，特邀心理专家对服刑人员进行心理评估，积极探索减刑假释案件实质化审理路径。努力解决人民群众急难愁盼的法律问题，法官定期进农村、进社区、进企业，开展普法宣传，面对面为群众提供法律咨询和法律帮助，受到了广泛好评。

强基固本琢匠心，建设业务过硬的模范机关

清河法庭党支部以特色亮点党建品牌为载体，将审判业务工作与党建工作深度融合，创建"清法讲堂"，打造"调研阵地"，发挥综合审判庭优势，不断雕琢青年党员的匠心。"清法讲堂"作为"解疑释惑、启迪思考"的学习交流平台，紧扣裁判方法与审判技能，通过"走出去"和"请进来"的方式，与清华大学、中国人民大学、中国政法大学、北京高院等单位开展学术研讨交流，目前已成功举办28期。"调研阵地"以服务首都高质量发展为出发点，组织干警在案件审理和人民法庭建设等多领域开展调研，形成的调研报告成果显著，先后在全国法院学术讨论会、全国法院系统优秀案例分析评选等活动中获得奖项，并在《法律适用》《北京审判》等刊物发表，为完善制度建设、指导司法实践提供了有力的理论支持。

警钟长鸣守廉心，建设清正廉洁的模范机关

党的二十大报告指出，只要存在腐败问题产生的土壤和条件，反腐败斗争就一刻不能停，必须永远吹冲锋号。坚持不敢腐、不能腐、不想腐一体推进，同时发力、同向发力、综合发力。清河法庭党支部始终把党风廉政建设工作摆在首位，三措并举，强化监督。打好"预防针"，支部将警示教育融入日常、抓在经常，以"三会一课"的形式，组织党员深入学习习近平总书记关于党风廉政建设和反腐败斗争的重要论述，夯实廉洁堤坝，做好防范工作。算好"廉洁账"，以监狱"高墙"内外世界的反差为警示，教育党员时刻牢记法规法纪是底线红线，一旦触碰将会"一失万无"。筑牢"防火墙"，

建设模范机关　服务保障新时代首都发展

创新性开展家属填写廉政监督卡活动，邀请干警家属参与到廉洁家风建设中来，家与庭联合，确保干警"八小时"外的廉洁自律。

"飞地"为家筑同心，建设关爱干警的模范机关

清河法庭党支部坚持以心换心，关爱干警，落实"三必访、四必问、五必谈"工作机制，向结婚、生育、生病干警表达组织关心。组织特色党建活动：每名党员在院区种下一棵"扎根树"，表达"扎根飞地"的意志与决心；开垦法庭"同心果蔬园"，共享劳动成果；春节前夕大家一起写春联、贴福字、挂灯笼、包饺子，营造"家庭"氛围；积极开展春节联欢、气排球、同心鼓、立足岗位学雷锋等活动，增强集体凝聚力。创建"清青俱乐部"，建立图书阅览室，打造法庭文化长廊，丰富运动器械种类，干警利用业余时间积极锻炼身体，连续多次参加清河地区羽毛球比赛、清河地区职工运动会等活动并屡获佳绩，开展法律电影品鉴与法学经典荐读，让远离家人的时光不再寂寞枯燥。

清河法庭党支部在创建模范机关过程中，着力打造"清青铸心"党建品牌，注重对党员干警的关心关爱，加大审判人才培养力度，锻炼出一支勠力同心、忠诚为民、素质过硬的党员队伍，形成了"清法讲堂"与"清青俱乐部"两个特色文化品牌，实现了理想信念、优良作风、综合素能、审执质效的"四提升"。具体成效如下：一是支部规范化建设水平得到显著提升，"清青铸心"党建品牌2021年获评北京法院党建创新孵化项目奖、2023年获评首都法院优秀党建创新案例，2022年、2023年清河法庭党支部连续两年获评一中院"先进党组织"；二是司法为民水平不断提升，近5年来清河法庭共结案3400多件，法官人均结案150余件，为服务"飞地"区域建设、守护首都稳定安宁提供有力司法保障；三是铸牢干警政治忠诚，锤炼出过硬党员队伍，各类人才争相涌现，2人获评北京法院审判业务专家、信息技术专家，2人获评北京市先进法官和先进工作者，20余篇案例、文书、论文在全国各类比赛中斩获奖项。近年来，先后有9名干警走上中层领导岗位。

（执笔人：李国强　张鹏）

打造"一室三站"党建实训阵地
锻造让党放心、让人民群众满意的法院队伍

市二中院

【专家点评】

市二中院立足"围绕中心、建设队伍、服务群众"职责定位,创建"党代表工作室"身边党校,引导全院干警树牢"红墙意识",筑牢政治忠诚思想根基。同时,着力打造"源头活水站""乡村振兴站""薪火相传站"特色党员实践教育基地,带党员进社区、进农村,"点单式"对接需求精准服务;实施"联动式"共建共享,统筹院内外党建和业务资源,依托首都资源优势,搭建党建共建平台。以锻造一支让党放心、让人民群众满意的首都法院铁军为着力点,真正推动高质量党建引领和保障业务工作。

(李俊伟)

【背景介绍】

市二中院管辖东城、西城、丰台、大兴、房山5个区的重大一审案件和上诉案件,同时承担最高法院指定管辖的大要案审理工作。立足"围绕中心、建设队伍、服务群众"职责定位,市二中院创建"党代表工作室"身边党校,引导全院干警树牢"红墙意识",筑牢政治忠诚思想根基。同时,着力打造"源头活水站""乡村振兴站""薪火相传站"三个特色党员实践教育基地,

带党员进社区、进农村，用群众满意度检验模范机关创建实效。"一室"和"三站"双向发力，共同组成市二中院"一室三站"党建实训阵地，为锻造一支让党放心、让人民群众满意的首都法院铁军发挥了重要作用。阵地挂牌首批"首都法院党建实训阵地"，获评"首都最佳志愿服务项目""首都法院示范党建创新案例"，在"北京机关党建"平台、北京市直机关党支部书记集中轮训示范班上进行经验介绍。

【做法成效】

突出政治引领，"全方位"拓宽课堂锤炼铁军

市二中院积极拓宽党员教育阵地，依托"党代表工作室"平台充分发挥"身边党校"作用，着力打造理论课堂、线上课堂、青年课堂、实景课堂，不断强化思想旗帜引领和科学理论武装。一是注重强化理论学习机制保障，打造"理论充电站"。建立周五政治理论学习日制度，用好"第一议题"机制，每周制订"集中学习+个人自学"计划，由"党代表工作室"专人编发学习专刊和应知应会要点，利用"三会一课"、支部微党课等载体推动理论学习全覆盖。二是注重拓展线上学习路径，打造"指尖微课堂"。"党代表工作室"吸收各党支部优秀青年党员组成四个推送小组，突出选题准、切口小、内容活、形式新的特点，每天早、中、晚分时段推送一篇理论文章、一段珍贵史料、一首诗篇品读、一部红色影片的短视频，已累计推送5000余期。带动各党支部采用"云阅读""直播领学""云游博物馆"等方式掀起"云课堂"热潮，推动理论学习由传统的"说教式"向"共享式"转变。三是注重筑牢青年思想根基，打造"青年大学堂"。以青年理论学习提升工程为着力点，成立全院青年理论学习小组和党支部青年理论学习小组，"党代表工作室"每季度用青年喜闻乐见的形式组织学习，推出"永远跟党走"圆桌会、"共读一本好书"分享会、百年党史青年说等系列青年活动，让青年理论学习"活"起来。四是注重用好红色资源，延伸"实景式课堂"。充分发挥红

服务干部职工 做关心关爱的模范

组织青年理论学习小组开展"共读一本好书"读书会

色教育基地"党史教室""第二课堂"的作用,先后走进北大红楼等地参观见学400余场次。定期开展为党员过政治生日、举行重温入党誓词仪式,强化党员身份意识。拍摄"致敬平凡与不平凡的你""党建同心圆"等党员教育宣传片,推出"破译红色密码,传送红色电波"电台故事100期,让党员在沉浸式的红色教育中加强党性锤炼,筑牢信仰之基。

突出深入基层,"靶向式"聚焦主题助力发展

经过深入实地调研和综合研判,市二中院系统整合"双报到"对接社区、老法官志愿服务队、驻村第一书记等既有优势资源,差异化定位"三站"重点服务方向,确定了"融入基层治理""赓续法院传统""助力乡村振兴"三大主题,在丰台区紫芳园社区、朝阳区潘家园南里社区、通州区西集镇车屯村挂牌党员实践教育基地,形成布局合理、深入基层的党建实训矩阵,带领党员在服务首都经济发展和基层治理中发挥作用。一是搭建"源头活水站"。丰台区紫芳园社区是市二中院办公所在地的主要社区,也是党支部和党员"双报到"的对接社区。市二中院在紫芳园社区搭建"源头活水站",坚持"主动治理、未诉先办"理念,设置"社区法律服务先锋岗",推出"社区问需箱""法律服务窗""法律连心桥""民情中转站"等举措,为群众提供常态化法律服务,并根据社区治理需要协助开展诉前定分止争工作,动员党员干警深度融入基层社会治理,引导力量向纠纷引导段和疏导段用力,能动司法、多元协同化解基层前沿矛盾。二是搭建"薪火相传站"。市二中院老法官志愿服务队是由退休老法官组成的法律公益团队,他们扎根朝阳区潘家园南里社区20余年,定期为群众提供法律咨询,是市二中院普法的亮丽名片。在潘家园南里社区挂牌党员实践教育基地,搭建"薪火相传站",侧重于搭建年轻党员干警深度参与老法官志愿服务活动的实践平台,通过以老带新结对子,组成法律服务"小单元",为咨询群众答疑解惑,老法官们随案现场指导、亲身示范,传理念、传经验、带思想、带作风。三是搭建"乡村振兴站"。车屯村位于通州区西集镇,曾是通州三个低收入村之一。市二中院向车屯村输送"驻村第一书记",挂牌党建实训基地,定位"法护乡村",把党建实训的"触角"延伸到田间地头和产业一线。"乡村振兴站"侧重于让党员干警参与乡村经济、社会、法治的各方面建设,在一个个实际问题的解决中锤炼本领,帮助他们见世面、接地气、壮筋骨、长才干。

突出服务群众,"点单式"对接需求精准服务

坚持问需于民、精准服务,与党员实践教育基地合作方签协议、订计划,主动对接实践基地的干部群众,"线上+线下"常态化问需,动态掌握基层需求,建立个性化清单,充分调动不同党支部和党员的专业特长优势,不断优化为民服务和党员实践方式。一是"点单式"普法宣传。根据三个教育基地的不同特点和需求,分别从邻里家事、乡村产业振兴、房屋物业等不同内容着手,以发放普法手册、案例宣讲、情景模拟等方式,开展防养老诈骗宣讲、青少年普法讲堂等"法律课堂",及时回应基层群众关注的热点法律问题。二是"点单式"法律咨询。定期梳理群众反映问题,选派刑事、民商事等不同专业背景的党员法官,有针对性地为群众答疑解惑,让法律走到群众身边。如及时掌握社区矛盾动态,进行诉前解纷指导;开展"送法进车屯村 助力法治乡村建设"系列活动,解答车屯村村民在大棚建设施工、农业保险、农产品买卖、农地权益等方面遇到的法律问题。三是"点单式"创新活动。突出多样性,按需开展特色活动,如协调市委农工委邀请资深专家围绕农村基础设施建设、民宿招商引资、学生实践课堂等方面把脉会诊、出谋划策;举办老法官"故事汇",邀请老法官与新入职青年干警交流对话,赓续初心血脉;广泛参与创建全国文明城市、创建卫生城市,环境保护,网格化管理服务等工作,帮助更新打造社区党建活动室,在为民办实事中传递服务温情。

突出统筹资源,"联动式"共建共享汇聚合力

树牢融合理念,系统整合资源,统筹院内外党建和业务资源,依托首都资源优势,找准职能切口,搭建党建共建平台,充分发挥党建引领作用。一是深化共建能动司法。发挥"一室三站"辐射带动作用,深挖党建需求和资源"两清单",定位"服务首都经济高质量发展""服务人才培养""关心关爱干警"不同目标,分别与北京经开区、市法学会、中国医师协会合作共建,带动各党支部与北京大学等高校、企事业单位学习交流,进一步延伸司法审判职能,做实诉源治理、能动司法。二是开展党小组"结对子"。采用前后端庭室联合、审判执行庭室联合、服务保障庭室联合等共建模式,激发党组织活力,带领党员"亮身份、见行动",开展"传播法治声音"联合普法、"学雷锋·践行动"联合志愿服务等活动,收获群众好评。三是典型引路互学互促。举办"书记访谈"、党建引领诉源治理展示会等系列现场会,开设"模范机关晒典型""党旗飘扬·星光闪亮"宣传专栏,指导"一支部一品牌、一小组一特色"提档升级,推动模范机关创建走深走实。

(执笔人:黄赛玉)

"12351"工作法：深入推进模范机关创建以党建工作高质量发展擦亮首都"工"字品牌

市总工会机关党委

【专家点评】

本案例总结了市总工会以模范机关建设为抓手，以高质量机关党建全面引领工会工作的经验做法，特别是提炼总结的"12351"工作法很有新意，值得推广。

所谓的"12351"工作法，即始终坚持以党的政治建设为主线，着力做政治坚定的模范机关；严明从严治党纪律和规矩、严实作风建设，着力做作风优良的模范机关；突出党员干部"有担当"、工会干部有"有作为"、重点工作"有实效"，着力做业绩过硬的模范机关；狠抓关键点、着力点、结合点、薄弱点、切入点，着力做提升组织力的模范机关；服务职工群众秉持"真心、暖心、贴心"，着力做关心关爱的模范机关。实践证明，"12351"工作法科学有效，不断擦亮了首都"工"字品牌，极大推进新时代首都工会工作和工运事业迈上新台阶。

本案例启示意义在于：对于工会这样的群众组织，建设模范机关必须把牢工会政治属性，加强纠"四风"树新风，以党建引领担当作为，推动基层强基固本，当好职工"娘家人"，不断增强工会组织的政治性、先进性、群众性。

（戴立兴）

【背景介绍】

为贯彻落实市直机关工委《关于在市直机关创建模范机关的意见》要求，市总工会机关党委制定具体实施方案，明确5个方面20条创建任务，在机关系统全面部署开展模范机关建设工作，以模范机关建设为抓手推动机关党的建设高质量发展，以高质量机关党建引领工会工作，逐渐探索出"12351"工作法，进一步增强机关党建工作合力，推动党建工作和业务工作一起谋划、一起部署、一起落实、一起检查，不断擦亮"工"字品牌，奋力推进新时代首都工会工作和工运事业迈上新台阶。

【做法成效】

坚持"一条主线"，把牢工会政治属性，着力做政治坚定的模范机关

始终坚持以党的政治建设为主线。严格落实"看北京首先要从政治上看"的要求，牢记工会组织首先是政治组织，工会工作首要是政治工作，深刻领悟"两个确立"的决定性意义，增强"四个意识"、坚定"四个自信"、做到"两个维护"，带头走好"第一方阵"，不断增强工会组织的政治性、先进性、群众性。持续强化理论武装，引导广大党员干部读原著学原文、悟原理知原义，加强研讨交流和学习成果转化。党组书记牵头推动深化"第一议题"制度，及时跟进学习习近平总书记重要讲话、重要指示批示精神，做到第一时间传达学习，第一时间研究部署，第一时间贯彻落实。扎实开展好主题教育，将理论学习、调查研究、推动发展、检视整改贯通起来，持续推动习近平新时代中国特色社会主义思想在首都工会系统落地生根，形成生动实践。持续巩固深化主题教育成果，抓好《中共北京市委关于深化学习贯彻习近平新时代中国特色社会主义思想常态化制度建设的意见》落实。广泛开展党员过政治生日、重温入党誓词等活动，引导党员干部进一步回顾初心、牢记初心、践行初心。发挥"工青学愿"青年理论学习小组作用，开展"机关

建设模范机关　服务保障新时代首都发展

开展2023年市总工会机关系统党员培训班，
组织党员参观中国人民抗日战争纪念馆并重温入党誓词

大讲堂""学习二十大　青春建新功"团建、"叩问初心"主题党日团日等系列活动，加强青年干部思想淬炼、政治历练、实践锻炼、专业训练。

落实"两个严"，加强纠"四风"树新风，着力做作风优良的模范机关

一是严明纪律和规矩，强化监督执纪问责。持续深化全面从严治党内部督导工作，对直属单位党组织分批开展内部督导，对被督导单位"一把手"和领导班子履行职责情况进行全面政治体检。开展党章党规党纪学习教育，落实廉政谈话制度，定期排查廉政风险点，教育引导党员干部做到忠诚干净担当。集中开展廉政专题学习和"以案为鉴、以案促改"警示教育，以通报的典型案例和身边人身边事为镜鉴，举一反三，检身正己。综合运用"四种形态"处置问题线索，用好"第一种形态"，抓早抓小、防微杜渐。二是严实作风建设，践行新时代群众路线。持之以恒落实中央八项规定及其实施细则精神，严防"四风"问题反弹。连续三年开展"机关干部走基层蹲点"活动，通过开展专题调研、社会调查等，引导党员干部听民情、访民意、解民忧。深化"我为职工办实事"实践活动机制，建立"沟通日"、领导干部接访下访等制度，努力推动职工群众"心事双解"。坚持机关处级以上党员领导干部带头落实联系困难职工制度，将党和政府的温暖送到职工身边。

突出"三个有"，以党建引领担当作为，着力做业绩过硬的模范机关

一是围绕重大活动服务保障，党员干部"有担当"。在新中国成立70周年重大活动、建党100周年重大活动，北京冬奥冬残奥火炬接力保障组活动景观组专班、中国工会十八大北京代表团等一线成立临时党支部，以最坚决的态度、最周密的筹划和最高的标准高质量完成任务。大力弘扬劳模精神、劳动精神、工匠精神，以高度负责的态度成功举办第二届大国工匠创新交流大会暨大国工匠论坛，充分展现首都高质量发展成果。二是围绕全市中心工作，工会干部"有作为"。全力服务保障首都大事要事，在加强"四个中心"功能建设、提高"四个服务"水平、深化"五子"联动服务和融入新发展格局中积极作为。落实中轴线申遗三年行动计划，加强太庙环境整治和文物修缮；工人体育场改造复建项目圆满收官，"新工体"整体亮相，焕发新活力。聚焦京津冀协同发展战略，牵头建立三地工会工作联席会议机制。筹集专项资金7228万元助力"23·7"极端强降雨抢险救灾和灾后恢复重建工作，建立健全工会参与重大自然灾害救助帮扶、参与处置重大安全生产事故等工作机制。三是围绕工运事业创新发展，重点工作"有实效"。深入推进产业工人队伍建设改革，总结第一批23家单位试点经验，启动产业工人队伍建设改革第二批试点，研究制定发挥企业主体作用、评价督促、专题培训等制度文件。充分发挥工人阶级主力军作用，在京津冀协同发展、建设国际科技创新中心等重大战略、重大工程、重大项目、重点产业中，开展形式多样的劳动和技能竞赛，团结动员广大职工立足岗位、建功立业。制定《深入推进新就业形态劳动者工会工作三年行动实施方案（2023—2025年）》，巩固拓展"双沟通"平台，开展"十百千"建会专项行动。高标准完成公共区域职工之家、暖心驿站建设等北京市重点民生实事任务。

建设模范机关　服务保障新时代首都发展

狠抓"五个点",推动基层强基固本,着力做提升组织力的模范机关

一是狠抓关键点,压紧压实党建主体责任。坚持党建"四张清单"抓到底,完善年初部署、月度提醒、季度检查、年终考核、日常指导监督的工作机制,推动层层传导压力、责任环环相扣。逐级确定党建工作年度重点任务,签订全面从严治党责任书。深化党建工作"月提醒、季检查"机制,建立"书记台账"制度,推进机关党建工作落实落细。二是狠抓着力点,推动"四强"党支部建设。坚持大抓基层的鲜明导向,用好市直机关"两指引一手册",指导督促基层党组织严格规范落实"三会一课"、组织生活会、主题党日等制度,不断提高党内政治生活质量。规范换届程序,指导基层党组织按期完成换届选举工作,配齐配强党务干部。三是狠抓结合点,推进党建与业务深度融合。深化"百年工运 时代先锋"党建品牌创建,推动各级党组织结合工作实际创建子品牌30余个,力争实现"一支部一特色"、党建子品牌"百花齐放",促进党建工作与中心工作融合发展。四是抓好薄弱点,做好整改落实。不断优化全面从严治党(党建)工作考核指标体系和内容,党组成员带队开展现场考评,对37家党组织逐一反馈问题并限时督促抓好整改。坚持书记抓、抓书记,逐级开展基层党组织书记抓党建述职评议工作,实现党支部"过筛子"。五是抓好切入点,发挥党员模范先锋作用。通过开展"双报到"、结对共建等方式,广泛开展垃圾分类、"文明驾车礼让行人"等活动,引导党员干部积极参与社会基层治理。发挥"连心桥"机关党员志愿服务队作用,开展弘扬"雷锋精神"、支持驻村"第一书记"、文明创建、社区便民服务等系列主题党员志愿服务活动,累计参加志愿服务600余人次,时长达4000余小时。

秉持"一颗心",当好职工"娘家人",着力做关心关爱的模范机关

服务职工群众秉持"真心、暖心、贴心"。深化接诉即办工作,用好12351职工服务热线机制,12351平台运行服务项目1.28万个,服务职工

3400万人次。常态化开展送温暖、送清凉等活动，累计投入资金近14亿元，慰问帮扶职工1600万人次。扎实开展新就业形态劳动者温暖行动，服务慰问新就业形态劳动者39.2万人次，为近1.8万名快递员、外卖员、网约车司机等新就业形态劳动者提供免费健康体检，将暖心服务送到广大职工的心坎上。认真做好机关群团工作，机关工会深化"送温暖、送文化、送健康"服务，常态化开展各类文体活动，做好生活帮扶、干部体检、节日慰问、保险理赔等关心关爱干部职工工作，用心用情打造贴心暖心的"职工之家"；推进机关系统"青春建功十四五 砥砺奋进新征程"岗位建功三年行动计划（2023—2025年），推动青年干部开口能讲、提笔能写、遇事能干，提升干事创业能力本领；统筹做好机关统战、老干部工作，凝聚各方力量作出首都工会贡献。

（执笔人：张雪梅　邵宇）

建强"青年讲堂"品牌
让理论学习"活起来"

团市委

【专家点评】

　　团市委机关党委、机关团委自2021年创办"青年讲堂"活动以来，始终将"青年讲堂"作为推进党的创新理论青年化阐释的有力抓手，鼓励干部走上讲台带头学习政治理论、分享学习感悟、交流工作经验。在具体工作举措上，树立"每年一主题"的鲜明导向，聚焦理想信念教育，补足精神之钙；运用党的创新理论分析解决问题，增强团干部推动团青事业发展的本领；强化了团员青年坚定不移听党话、跟党走的政治自觉、思想自觉、行动自觉。经过多年的创新实践，"青年讲堂"活动已成为年轻干部提高思想政治素养、政治业务水平、青年工作能力的重要平台。

（李俊伟）

【背景介绍】

　　为落实习近平总书记对年轻干部和团干部的重要要求，教育引导年轻干部从党的科学理论中汲取真理力量，持续强化理论武装，提升"团干部上讲台"能力，团市委机关党委、机关团委2021年创办"青年讲堂"活动，将"青年讲堂"作为推进党的创新理论青年化阐释的有力抓手，鼓励干部走上讲台带头学习政治理论、分享学习感悟、交流工作经验。2022年8月以来，团市委以创建模范机关为契机，加大"青年讲堂"品牌建设力度，将"青年讲堂"发展为开展忠诚教育，锻造对党忠诚、思想过硬、政治坚定的模范机关的特色品牌项目，为年轻干部提高思想政治素养、政治业务水平、青年工作能力搭建平台。

【做法成效】

聚焦主题，强化导向，不断补足"精神之钙"

习近平总书记指出："政治上的坚定、党性上的坚定都离不开理论上的坚定。干部要成长起来，必须加强马克思主义理论武装。"习近平总书记对团干部第一位的要求就是坚定理想信念，坚持用科学理论武装头脑、指导实践、推进工作。"青年讲堂"自创建开始，就树立了"每年一主题"的鲜明导向，机关干部围绕主题、结合自身工作实际或者学习感悟走上讲台，开展约45分钟的专题讲授。比如，2021年以党史学习教育为主题；2022年结合建团100周年，以党领导下的青年运动史为主题；2023年以学习习近平新时代中国特色社会主义思想和党的二十大精神为主题。这些主题既紧密围绕新时代党的创新理论，又聚焦共青团工作实际，有助于推动年轻干部深入思考共青团应该"建设什么样的青年组织"和"怎样建设青年组织"，切实把学习成果转化为推动工作的成效。特别是，团市委领导班子高度重视，坚持以上率下，班子成员主动参与"青年讲堂"，为机关年轻干部讲述思想深刻、内涵丰富、生动活泼的课程。

通过"青年讲堂"，机关团员青年在一次次聆听中感悟思想、启发观点、升华境界，增强了对党的创新理论的政治认同、思想认同、理论认同、情感认同。大家更加深刻地认识到，作为首都共青团的一名团干部，处在离党中央最近的地方，一定要带头深入学习贯彻习近平总书记重要讲话和指示批示精神，始终牢记习近平总书记教导，始终听从党中央号召，进一步铸牢对党

建设模范机关　服务保障新时代首都发展

忠诚的政治品格，自觉践行群众路线，努力展现忠诚坚定、清澈纯粹、担当作为、务实创新的良好风貌，把青春播撒在民族复兴的征程上，不辜负党和人民厚望。

聚焦内容，鲜活生动，不断提高大局贡献度

习近平总书记在庆祝中国共产主义青年团成立100周年大会上强调，"共青团要团结带领广大团员青年勇做新时代的弄潮儿，自觉听从党和人民召唤，胸怀'国之大者'，担当使命任务，到新时代新天地中去施展抱负、建功立业"。团干部胸怀"国之大者"，就是要抓好"围绕中心、服务大局"这条工作主线，明确"党需要什么样的共青团"和"青年需要什么样的共青团"，进而找准党政所需、青年所盼、共青团所能的工作视角，切实在新时代首都发展中发挥共青团组织应有的作用。"青年讲堂"立足北京共青团"专家讲理论、团干部讲团课、青年榜样讲事迹、少先队员讲故事"的"四维"宣讲工作格局，根据宣讲活动的主体是团干部这一实际，从主讲人和受众都是团干部这一身份出发，将"青年讲堂"作为"讲团课"的一次练兵，要求讲授内容避免学术化、空洞化，通过"以小见大"的方式讲透理论、讲好案例、讲明道理、讲活故事。"青年讲堂"坚持"每月一讲"，目前累计开展40期，已有60名年轻干部走进课堂，聚焦对党的创新理论的思考，讲出了真收获、真感受、真情感，直接覆盖机关和事业单位青年2000余人次。

经过探索完善，"青年讲堂"已经成为团市委年轻干部连接理论和实际的有效路径。活动充分结合年轻干部成长特点，采用灵活多样的模式，把习近平新时代中国特色社会主义思想、党的二十大精神、习近平总书记关于青年工作的重要思想和对北京一系列重要讲话精神、市第十三次党代会精神等贯穿到讲堂之中，既有理论层面的解读阐释，又有实践层面的案例分析，引导年轻干部立足自身岗位、职责、业务进行深入思考，有效提升了年轻干部运用党的创新理论分析解决问题、推动团青事业发展的本领，真正将学习成效转化为干事创业的生动实践。

聚焦成效，创新形式，不断扩大宣讲效果

习近平总书记指出，帮助广大青年确立正确的理想、坚定的信念，应该成为团组织的首要任务。只有抓好这项工作，才真正抓到了根本上。思想政治引领是贯穿共青团全部工作的灵魂，也是团干部的本职。作为新时代的团干部，要实现对青少年的思想政治引领，就要"以真心换真心"，"将心比心"才能更有说服力地引导青年，才能真正做一个合格的"解经人"、热心的"布道者"。"青年讲堂"活动开展以来，在学习内容、组织形式、现场氛围、教育效果等方面不断进行探索尝试，有红色音乐鉴赏，也有党史团史知识竞猜，台上台下互动，气氛热烈。2023年，为深入开展学习贯彻习近平新时代中国特色社会主义思想主题教育，结合"感悟思想伟力 彰显青春担当"首都机关战线学习宣讲活动，"青年讲堂"开展了主题教育特别活动，即面向团市委机关和事业单位广大团员青年开展宣讲比赛。通过备课—培训—比赛—展示等环节，评选出3名"学习先锋"、4名"思辨先锋"、6名"笃行先锋"，进一步强化了团员青年坚定不移听党话、跟党走的政治自觉、思想自觉、行动自觉，该项目获北京市机关第六届青年技能大赛一等奖。

"青年讲堂"还发挥着实践育人的作用，近年来从活动中涌现出很多能

"感悟思想伟力 彰显青春担当"青年宣讲暨青年讲堂主题教育特别活动

力突出、表现优秀的团干部讲师。其中，2名同志和课件成功入选市直机关优秀基层教员和优质课件资源共享师资库（典型事迹和经验），走上全市团干部培训大讲台，《致敬垦荒峥嵘岁月，传承践行垦荒精神》《青春在突击》等内容深受基层团员青年喜爱；2名同志在北京市机关第五届青年技能大赛"青春心向党——红色教育基地代言人"宣讲能力竞赛中分别获得一等奖和三等奖。"真实的才是最直击心灵的"，大家通过最务实、最接地气的分享，达到与更多青年的"共情"，实现更有情感的引领凝聚。

团市委将持续深化"青年讲堂"品牌，不断创新方式方法，发挥铸魂育人作用，在学习交流中引导年轻干部提高运用习近平新时代中国特色社会主义思想分析解决实际问题的能力，以"党有号召、团有行动"的政治自觉和"深学细悟、挺膺担当"的思想自觉，全力推动新时代首都共青团和青少年工作高质量发展。

（执笔人：张腾　梁瑜　赵楠）

做优做强党员大讲堂 全面创建模范机关

市妇联

【专家点评】

市妇联机关党委连续三年深入开展"党员大讲堂"系列活动,特色主题活动年年深化、内容出新、人人参与,形成了党组领导、机关党委统筹、支部互动、党员展示的整体格局。充分利用大讲堂搭建起来的交流平台,在加强学习、推动发展的同时,关心关爱干部职工。注重整合资源,结合干部职工实际需求、思想状况等力所能及为党员干部办实事、做好事、解难事,真正把党的关怀、组织的温暖传递出去,把干部职工牢牢凝聚在党的周围。紧紧围绕"党员大讲堂"做文章,充分发挥大讲堂的辐射带动作用,加强对干部职工的关心关爱,提高了机关党的建设质量,提升了党员干部的理论水平和综合素养,提高了党组织的凝聚力、战斗力和创造力。

(何忠国)

【背景介绍】

市妇联高位推动、全面启动模范机关创建工作,党组牵头研究制定工作方案,机关党委统筹推进,各党支部狠抓落实,共同开展模范机关创建的实践探索。以品牌建设为抓手,积极推动党建与妇建深度融合,打造了一系列党建特色品牌,形成了"机关大品牌 支部小品牌 一支部一品牌"的工作格局。"党员大讲堂"作为市妇联机关党委特色品牌活动自2021年开始举办,已连续开展三年，活动以提升党员素质能力、增强干事创业热情与本领为目标，结合学习贯彻党的二十大精神、扎实开展主题教育，邀请专家授课、党员先进模范宣讲、普通党员上讲台，成为加强关心关爱、开展思想政治工作、做好党员教育管理的有力抓手。

【做法成效】

坚持多样式、沉浸式学习，突出思想政治引领，做政治坚定的模范

2021年，以党史学习教育为契机，开展灵活多样、富有感染力的学习讲堂，让思想政治教育"走新"更"走心"。邀请2020年北京青年榜样年榜人物和2020年北京榜样十大年榜人物通过舞蹈形式演绎残疾人自强不息、勇于向生命极限挑战的精神风貌；邀请首批进藏女兵后代和老山前线战斗英雄为党员讲述革命前辈保家卫国的英勇事迹；组织党员干部观看扶贫纪录片《落地生根》，聆听栏目导演讲述纪录片背后的感人故事，体会不忘初心、实事求是、全心全意为人民服务的扶贫精神。通过丰富的观感体验和真实的情感体验，让党史学习既能"活"在眼前，又能"沉"进心里，进一步增强了学习效果，引导党员干部不断增强政治判断力、政治领悟力、政治执行力。

坚持学以致用、用以促学，突出党建引领高质量发展，做业绩过硬的模范

2022年，注重加强学习成果转化，由"专家讲"转为"大家讲"，充分挖掘机关党员队伍中在重大任务和中心工作中，发挥示范带头和先锋模范作用的党员代表，分享心得体会和宝贵经验，以身边典型激励身边人，引导党员干部以更强决心、更足干劲，投入到首都妇女事业高质量发展的新征程中。大力弘扬北京冬奥精神，邀请党员代表分享在服务保障冬奥会、冬残奥会工作中的感人故事，展现"功成不必在我，功成必定有我"的使命感与自豪感。结合八一建军节纪念活动，观看《让党旗在抗疫一线高高飘扬》宣传

服务干部职工　做关心关爱的模范

以"因冬奥而精彩"为主题，召开 2022 年北京冬奥冬残奥服务保障工作总结会暨第一季度党员大讲堂

片，展现军转干部在下沉工作中的飒爽英姿与感人瞬间，弘扬特别能吃苦、特别能战斗、特别能奉献的革命精神，引导党员干部胸怀"国之大者"，增强宗旨意识，用心用情用力为妇女群众服务好、办实事。

坚持固本强基、提质增效，突出增强党组织政治功能和组织功能，做组织力强的模范

2023 年，进一步推广和深化品牌建设，将"党员大讲堂"列为全年党建工作重点，以"信仰的力量""思想的力量""组织的力量""榜样的力量"为主题，结合每季度工作实际举办四期党员大讲堂，宣讲人覆盖所有党支部，实现以点带面、遍地开花，营造创建模范机关的整体氛围。结合学习贯彻党的二十大精神，组织年轻党员干部谈参与政协工作、组织人事工作、巡视工作的体会；围绕扎实开展学习贯彻习近平新时代中国特色社会主义思想主题教育，组织机关党委委员、支部书记、党务工作者代表就支部建设工作开展交流分享；组织先进党支部、优秀党员和优秀党务工作者走上讲台，交流如何在贯彻落实中强化党建责任，不断建强基层党组织。

坚持真心关爱、润物无声，突出严管厚爱相结合，做关心关爱的模范

充分利用大讲堂搭建起来的交流平台，在加强学习、推动发展的同时，关心关爱干部职工。注重整合资源，结合干部职工实际需求、思想状况等力所能及为党员干部办实事、做好事、解难事，真正把党的关怀、组织的温暖传递出去，把干部职工牢牢凝聚在党的周围。在疫情期间，及时为下沉干部、核酸督导专班人员配备防疫物资，全力保障一线工作；及时关爱慰问生病住院的党员干部及家属，以慰问金、慰问品、互助保险等形式帮助解决实际困难，消除后顾之忧；广泛开展丰富多样的文体活动，成立羽毛球、瑜伽、舞蹈等12个兴趣小组，丰富干部职工文体生活，以更好的状态投入到工作中。

通过开展"党员大讲堂"系列活动，市妇联党员干部党员意识持续增强，工作作风持续转变，机关党建工作质量持续提升，取得了良好效果。在各项重大政治任务中，市妇联党员干部主动作为、争当表率，推动了庆祝中华人民共和国成立70周年、庆祝中国共产党成立100周年、保障北京冬奥会冬残奥会、疫情防控、筹备中关村女性科技论坛等重大政治任务的圆满完成。对标首善，妇联工作水平进一步提升。市妇联党员干部坚持首善标准，围绕服务"四个中心"功能建设、提高"四个服务"水平，深化巾帼建功系列活动；围绕科技自立自强，高标准推进科技创新巾帼行动；围绕培育和践行社会主义核心价值观，深化家庭家教家风建设，在基层社会治理中发挥独特作用；围绕守牢妇女儿童领域安全底线，强化风险意识，将维护妇女儿童合法权益落到实处。转变作风，干事创业劲头进一步鼓足。党建强则队伍强，"党员大讲堂"促进了党员干部队伍建设，党员干部情绪饱满，特别是年轻党员干事创业的积极性得到了极大的鼓舞。在大事硬仗中，大家都能够靠前一步、主动担当，关键时刻冲得上去、危难关头豁得出来，展现出过硬政治素质、务实工作作风和良好精神风貌。2023年，市委常委会专题听取市妇联工作汇报，市委书记尹力充分肯定妇联工作，要求"推动我市妇女工作再上新台阶"。2023年，全国妇联领导3次来京调研参加互动，8次作出指示批示，对北京市妇联工作给予充分肯定。

（执笔人：茹楠　李昂）

深化模范机关创建
当好科技工作者"后勤部长"

市科研院

【专家点评】

市科研院党组在开展深化模范机关创建中,坚持把关心关爱作为创建模范机关的重要内容,牢牢抓住科技工作者追求良好科研创新环境、追求学术事业发展、追求相应工作生活保障等方面需求,为科技工作者排忧解难、松绑减负、加油鼓劲,当好科技工作者的"后勤部长"。坚持问需于民、问情于民、问难于民,真正做到在政治上关怀、工作上支持、生活上关心,把党坚持全心全意为人民服务的根本宗旨落实到一点一滴的为民办实事中。这启示我们,做好机关党建工作要始终聚焦事业发展的突出问题和群众最关心最直接最现实的利益问题,统筹谋划、有的放矢,才能找准机关党建的科学定位,才能取得实实在在的成效。

(何忠国)

【背景介绍】

习近平总书记在党的二十大报告中强调,"必须坚持科技是第一生产力、人才是第一资源、创新是第一动力",为科技工作者排忧解难、松绑减负、加油鼓劲与"三个第一"密切相关。自模范机关创建工作开展以来,市科研院党组针对职工数总量大，高层次人员多，党员比例高，科学研究、科普场馆和科技型企业并存等特点，牢牢抓住科技工作者追求良好科研创新环境、追求学术事业发展、追求相应工作生活保障等方面需求，自觉践行以人民为中心的发展思想，坚持把关心关爱作为创建模范机关的重要内容之一，问需于民、问情于民、问难于民，把党坚持全心全意为人民服务的根本宗旨落实到一点一滴的为民办实事中，做好对全院科技工作者在政治上的关怀、工作上的支持、生活上的关心，用心用情用力解决好他们最关心最直接最现实的利益问题，不断提高科技工作者的获得感幸福感安全感，切实当好"后勤部长"，建设温暖和谐的模范机关。

【做法成效】

问需于民，把惠民生的事办实，提高科技工作者的获得感

当好科技工作者"后勤部长"，要坚持以"实"为先，发扬务实为民作风，全面梳理领导干部基层调研中遇到的、主题教育工作过程中发现的、帮助指导支部联系点时提出的、群众反映急难愁盼的来自不同渠道的新需要，及时满足科技工作者最迫切需求，推动各项需求落地见效。

一是充分满足科技工作者成就事业需求，以提升政治能力和业务素质为重点，分层分类"量身定制"能力提升计划。举办党组织书记、委员和党务干部培训，院管领导干部、院属企业负责人培训，引导科技工作者把旗帜鲜明讲政治摆在首位、落到实处，强化一岗双责意识，提高领导能力和科技创新能力。举办科技带头人创新团队建设与管理培训、科技骨干团建拓展、新入职员工培训，围绕不同成长阶段的科研人员需求进行分层培训。组织竞争性项目申报培训、竞争性青年人才计划交流会、科研项目凝练与竞争策略前沿沙龙等培训，开展"北科沙龙""北科讲堂"系列活动，搭建学术交流和创新互动平台，营造浓郁学术氛围，提升科研能力，激发创造活力。举办北京科普工作者能力提升培训班、

建设模范机关　服务保障新时代首都发展

科普基地高级研修班、科普讲解大赛，推动科技创新和科学普及"两翼齐飞"。市科研院代表队在2022年京津冀公民科学素质大赛决赛中荣获冠军。

二是深化科技体制改革，建立健全以人为本的培养评价激励机制，营造有利于人才成长的创新生态。依托北科学者、北科青年学者、北科萌芽、高水平创新团队等人才培养计划，健全分工协作的人才工作机制和全链条培养体系，加大对青年带头人聘请导师、组建梯队、承担重大任务的支持培养和资源配置。推动科技人才参与国内外高水平研究计划、访学交流、在重要学术组织任职等合作交流，拓宽国际视野，融入全球创新网络。深入落实代表作职称评审制度，对科研人员开展分类评价，构建符合科技工作者需求的薪酬制度和奖励体系，充分体现知识、技术、管理等创新要素价值。建立科研项目经费"包干制"，赋予科研人员更大经费使用自主权。深入开展国家赋予科研人员职务科技成果所有权或长期使用权改革试点工作，强化知识产权保护，调动科技人员积极性，产出更多创新成果。

三是厚植沃土助力青年科技人才脱颖而出，科技赋能助推离退休干部智慧养老。聚焦青年成长成才、婚恋交友、子女教育等方面难题，开展岗位建功等群众性创新活动，激励引导青年科技人才"挑大梁、当主角"。举办"青春建功新时代"学术演讲比赛，为青年科技工作者搭建展示交流平台。开展年轻干部和科研骨干教育管理监督系列活动，为科研事业把握正确政治方向。联合30余家在京企事业单位共同打造"北科青年交友平台"，服务青年婚恋交友。积极开展优秀人才、优秀团体、优秀建议推荐，充分发挥科技人才多领域多学科多专业优势，引导青年积极参与到创建模范机关工作中来。针对离退休干部职工智慧养老需求，提供"有温度、有态度"的专业化服务，院智慧养老研究所入选主题教育第一批现场教学点，向全市干部职工宣传积极、主动、健康养老的理念，展示智慧养老产品与技术、打造"老年膳食"互动体验沙龙、提供防跌倒平衡能力试验，为加强老龄工作统筹协调和提升老龄工作科学决策水平提供信息化支撑。

问情于民,把暖民心的事办细,提高科技工作者的幸福感

当好科技工作者"后勤部长",要坚持从"细"入手,深入一线体察实情,紧盯"急难愁盼"问题,用深入细致的关心爱护将科技工作者的"烦心事""忧心事"变为"暖心事""欢心事"。

一是深入推进"激励北科人、凝聚北科人、温暖北科人"三大工程,做好"送温暖、送文化、送健康"工作。组织"初心·奋斗·追梦"庆祝新中国成立70周年、"永远跟党走 奋进新时代"庆祝建党100周年主题文艺展演,以情景式诗朗诵、表演唱、快板等形式,弘扬新时代科学家精神,宣传全院先进典型科技工作者。组织"两优一先"(优秀党员、优秀党务工作者、先进党组织)、抗击疫情先进典型、科研工作骨干拍摄"向党说句心里话""同心筑梦跟党走"短视频,凝聚干事创业合力。承担好市女科技工作者协会工作任务,举办女性科技创新先锋论坛、巾帼科技论坛,团结带领全院女科技工作者在推动首都高质量发展中发挥"半边天"作用,1家单位荣获"全国三八红旗集体"。将"我为群众办实事"实践活动与推进中心工作任务紧密

院职工子女暑期科学素质提升研学活动

建设模范机关　服务保障新时代首都发展

结合，发挥科技资源优势和科普场馆特色，连续三年举办院职工子女科学素质提升研学活动，帮助解决暑期孩子"无人看管"问题，逐步培养下一代的科学兴趣。

二是院所两级领导班子成员定期走访慰问困难党员、困难群众、离退休干部职工，把情况掌握于心。加大精准帮扶和互助力度，协助申请市级生活困难党员、市级帮扶金，设立院级生活困难党员、职工帮扶金，切实帮助解决实际困难和问题，把党组织的关怀和温暖及时送到，取得"慰问一人、温暖一户、带动一片"的良好效果。高度重视和支持离退休专家发挥优势作用，组织退休科普老专家加入"北京市老党员先锋队科技科普服务团"，积极参加各项活动。持续壮大"院科技科普老专家团队"，精心培育创建5支老党员先锋队，鼓励和引导离退休老专家在全民科学素质提升活动中走在前作表率，科普活动事迹先后在"北京老干部"微信公众号、北京电视台等媒体报道。

三是积极倡导科学健康理念和文明生活方式，加强精神文明建设和公共文明引导。成立院体育兴趣小组，每年定期举办"谁羽争锋"羽毛球比赛、"乒然心动"乒乓球比赛、"飞跃蔚蓝"篮球联赛、广播操比赛、健步走活动，持续开展"科学健身方法进机关"活动，丰富职工文体生活，在市直机关工间操展示比赛获二等奖。开展心理健康大讲堂、新冠"阳康"后健康管理讲座，引导干部职工树立健康生活和快乐工作理念，在首都职工体质测试活动中荣获优秀组织奖。积极参与"垃圾分类""文明驾车礼让行人""光盘行动""好书伴成长"等活动，多家单位和职工荣获首都文明单位、书香机关提名、首都最美家庭等称号。

问难于民，把顺民意的事办好，提高科技工作者的安全感

当好科技工作者"后勤部长"，要坚持以"好"为准，将服务对象方不方便、满不满意作为检验工作的唯一标准，聚焦看得见、摸得着的小事、急事、难事，让科技工作者真切感受到变化、成效。

一是坚持"科研人员少跑路、数据多跑路"的目标，提升信息化管理服

务效能。本着需求导向、目标导向、问题导向、应用导向的原则，瞄准信息化建设中涉及面广的问题，以小见大、切中要害，推进全院信息技术网络"一张网"建设，构建了安全可靠的科研信息化环境。全力打造"北科党建"平台，迭代优化院协同办公系统、档案管理系统，建设一卡通系统，推进利用信息管理平台开展支部规范化建设、党员管理、组织管理、党费收缴等，实现平台建设与党建、中心工作有效统一和信息化全覆盖，压实基层党建主体责任，提高基层党建工作效率，基本实现管理、科研、服务流程全部上线，极大提升科技工作者的归属感和工作生活的便捷性，强化党建、科研、行政信息化赋能。

二是常态化开展党员干部职工思想动态调研，定期开展思想动态分析。采取谈心谈话、座谈调研、问卷调查、走访慰问以及日常了解等方式，充分发挥思想政治工作政治引领、理顺情绪、化解矛盾、解疑释惑的作用。定期看望院援疆干部、调研驻村第一书记，深入基层、深入一线了解挂职干部开展帮扶工作的情况和成效。利用院科普资源和科普优势为对口支援地科技发展"把脉"，在科学普及、成果转化、技术支持、人才培训等方面加大援助力度。定期将"共产党员献爱心捐款"作为帮扶资金捐赠第一书记帮扶村，成立"院青年科技志愿者服务队"面向村内中小学生开展云端助学活动，推进与任职村党组织结对共建，助力抓党建促乡村振兴。

三是努力做好基建工作，优化改善科研环境。完成北科大厦交流区和物业人员生活区、西直门就餐区、智能装备所卫生间和院区修缮、院机关食堂修缮、北科创业大厦楼顶防水修缮、8套院博士后周转房装修改造、自然馆屋顶修缮、自然馆水族馆修缮、天文馆消防系统改造、麋鹿中心北面改造、北科大厦室外路面改造等项目，推进智慧展示中心建设项目，为科技工作者打造更加舒适的办公环境，助力科研生产各项工作有序开展。多措并举保障和改善各办公区职工用餐，使用电子问卷形式开展满意度调查，不断提高职工就餐质量。

（执笔人：胡丹丹　费羽佳）

立足"四个坚持" 创建模范支部

市国家安全局某总队某支队党支部

【专家点评】

市国家安全局某总队某支队按照"四个坚持"的要求,聚焦"坚定纯洁、让党放心、甘于奉献、能拼善赢"要求,全力打造政治坚定、作风优良、业绩过硬、关心关爱的模范机关,为支队高质量发展提供了坚实的政治保障、思想保障和人才保障。

"四个坚持"即:坚持政治建警,筑牢忠诚警魂,用好"三会一课",把握思想方向,强化领导带学、党员互学和个人自学"三学联动",提高工作深度,做到线上与线下、学习与研讨、"请进来"与"走出去"相结合,丰富教育形式;坚持人才强警,提升攻坚本领,树导向全面做精职能部门、做强基层、做实基础,立标杆使大家学有榜样、赶有目标,定标准不断增强干部队伍的创造力、凝聚力、战斗力,抓细节积极助力每个人的成长成才;坚持文化育警,增强队伍活力,深化"以干警为中心"理念,突出青年群体的全面进步,打造支队文化品牌;坚持从严治警,锤炼过硬作风,推动广大干警养成依照三定履职、依照制度办事、依照责任落实的好习惯,严格落实党风廉政建设责任制和主要领导"一岗双责"制,加强日常监督,抓好重点环节。

本案例启示意义在于:做到"四个坚持",政治建警是前提,人才强警是基础,文化育警是保证,从严治警是关键。

(戴立兴)

服务干部职工　做关心关爱的模范

【背景介绍】

市国家安全局某总队某支队党支部以习近平新时代中国特色社会主义思想为指导，以全面贯彻落实党的二十大精神为主线，深入学习贯彻习近平总书记对国家安全机关的重要指示批示精神，坚决执行上级党委的各项决策部署，紧紧抓好职能任务，深入践行总体国家安全观，坚持思想政治工作与业务工作同部署、互促进，立足"四个坚持"，全力打造政治坚定、作风优良、业绩过硬、关心关爱的模范机关，为支队高质量发展提供了坚实的政治思想和组织纪律保证。

【做法成效】

坚持政治建警，筑牢忠诚警魂

一是用好"三会一课"，把握思想方向。从"严"、从"新"、从"实"落实"三会一课"。实施月初"工作提醒"、月中"工作督办"，不图形式、不走过场，切实将上级规定的"三会一课"内容落细落实。及时准确掌握党员干警思想、工作和作风情况，在采取"及时传达""重点引领""专题研讨"等方式开展学习的基础上，结合新时代特色创新载体和内容形式，融会贯通、扎实推进，有力提升"三会一课"的吸引力。将"三会一课"与支队的业务中心工作有机结合，着力解决实际问题，达到预期目的，使"三会一课"成为提升党员凝聚力和支部组织力的"发动机"。二是聚焦"三学联动"，提高工作深度。注重发挥领导干部"领头雁"、党支部"主心骨"和青年骨干"生力军"作用，聚焦学理论、学党史、学业务。常态化开展政治理论学习和思想道德建设，把学习贯彻习近平新时代中国特色社会主义思想和最新讲话精神作为"第一议题"、各级领导班子集中学习"第一课题"、主题党日"第一主题"，坚持一级带一级，实现理论武装"全覆盖"，学习教育"无盲区"。创新学习模式，通过领导带头学、集中系统学、个人自主学、互相

建设模范机关　服务保障新时代首都发展

交流学、线上日日学、测试促进学等形式,大力提升全体干警政治理论水平。针对青年干警占支队总人数52.9%等实际,突出"青年学、青年讲",全力打造青年学习"四个一"模式。要求每名青年干警紧密围绕实战,专研一项课题、撰写一篇调研、完善一个流程、讲好一课内容,着力提升干警履职基本功。三是强化"三个结合",丰富教育形式。坚持线上与线下、学习与研讨、"请进来"与"走出去"相结合,搭建三个平台。充分利用支部宣传阵地,设置学习教育专栏,下发《理论知识应知必会》手册,依托内网设立支队空间"理论学习""规章制度"等板块,号召广大党员干警积极运用"学习强国"等线上学习平台进行补充学习,搭建知识共享平台。通过"青年论坛""讲述身边的故事"等活动形式,每次理论学习后及时跟进集中研讨,谈学习体会、讲学习心得,搭建思想交流平台。加大集中学习、行动学习、移动学习等多种方式的规范与整合,组织"红色电影进支部""专家上讲台""党史知识竞赛",以及外出参观见学等内容丰富、形式多样的活动,搭建党性提升平台。

坚持人才强警,提升攻坚本领

一是树导向。设置业务工作"英雄榜",围绕支队核心职能,明确高端成果标准,定期张榜公布,树立"主业主责、提质增效"工作导向,全面做精职能部门、做强基层、做实基础。有计划地安排有潜力的后备人选承担急难险重工作任务,在实战中锤炼摔打,丰富工作经验,增强工作才干,提高分析解决实际问题的能力。同时,把素质好、有能力的干警放到重要岗位上,不断提高干警工作的积极性。二是立标杆。通过开展各类比武竞技和业务能手选拔活动,培树学习标兵,使大家学有榜样、赶有目标。建立后备干部库,切实做到优中选优、优中选强,全力培养素质过硬、能力突出的"实干型、服务型、攻坚型、创新型"年轻干部。三是定标准。定期开展培训需求调研,从工作规范标准、岗位技能需求、职业道德教育、个人文化修养等多方面出发,制订翔实的培训计划,通过开设"书记讲堂""模范讲堂""青年讲堂",

按照"需什么、学什么,缺什么、补什么"的原则有针对性地强化培训教育,不断增强干部队伍的创造力、凝聚力、战斗力。四是抓细节。建立工作资料库,规范各项工作处置流程,通过"早会10分钟"分享业务知识,发现工作中易出现问题的薄弱环节,促进支队干警单兵实战能力提升。对于高端成果产出相对较少的干警,通过结对子、团支部青年学习小组等形式,逐一分析原因、加强指导,有针对性地交任务、压担子,有效调动干警工作的主动性和进取心,助力每名党员立足本职快速成长成才。

坚持文化育警,增强队伍活力

一是深化"以干警为中心"理念。坚持以人为本,在干警的差异化需求上下功夫。工作中,针对青年人、老同志、外地单身同志等不同群体,通过"青年说""老党员忆初心"、利用家属探亲之机开展家访慰问,满足大家的思想需求、发展需求和情感需求,提升干警的参与度和幸福感,强化干警对组织的思想认同,激发工作源动力。二是突出青年群体重点。严格落实团支部"三会两制一课"制度常态化,依托《团支部工作手册》,规范基层团组织建设,切实提升团支部建设能力和水平。深入开展团支部"红墙下立学立行""每天学习一小时"等各项活动,加强对青年干警的教育引导,不断加强青年队伍的思想政治建设。坚持以党建带团建,指导团支部设立"扬帆社"和"青年讲堂"两大阵地,营造了人人要学、处处可学的浓厚氛围,促进了支队广大团员青年的全面进步。三是打造支队文化品牌。探索创建业务工作"月度英雄榜",设立"基础技能月考"制度,坚持问题导向,致力精准导学,给每名干警提供了展现自我的小舞台,提升了他们的组织协调能力、语言表达能力、文字撰写能力。推树支队"扬帆社"特色品牌活动,注重文化培养,通过互动式的"微学习",强化学习与思考的结合,切实增强解决实际问题的能力。支队的团员青年充分利用所学知识,结合工作实际,积极撰写心得体会、调研文章、业务研究等,真正达到了以学促研、学用结合,促进个人发展与支队发展共同实现。

建设模范机关　服务保障新时代首都发展

坚持从严治警，锤炼过硬作风

一是认真落实"责任到人"。按照细化、量化、科学化的要求，科学制定岗位职责书，合理编制年度目标任务书，细化工作目标，将年度重点任务逐层分解到人，确保职责清晰、权责明确、责任到人。二是压实管理责任。严格落实党风廉政建设责任制和"一岗双责"，将党风廉政建设与业务工作同部署、同落实、同检查、同考核，不断增强党员干警拒腐防变能力。强化日常教育和监督管理，组织干警常态化学习党内制度法规，结合典型案例开展警示教育，持续深化落实中央八项规定精神，营造良好政治生态。三是加强日常监督。以督查工作制度为抓手，注重结果运用，加大对重点工作的跟踪推进和问题的查处问责力度，及时发现问题，制定措施，堵塞漏洞。加强对干部教育管理监管，通过处务会会议督察、专项督察、日常督察等多种形式，对重点岗位、重点环节开展常态化检查，加强风险防控及有效管理。四是抓好重点环节。坚持每半年召开干部队伍思想状况分析会和意识形态分析研判会，每月排查干警思想动态情况，深入开展谈话谈心和家庭走访工作，实现支队领导对分管方向干警全覆盖家访，及时准确掌握干警的思想动态和实际困难。同时发动家属助查，通过向干警家属宣讲《树清廉家风，创廉洁家庭》倡议书，动员家属与干警经常谈心聊天，帮助打开心结，激发自查决心，做好家风助廉。

（执笔人：沈思思　乔阳）

附 录

附录 1

关于在市直机关创建模范机关的意见

（2022年8月15日印发）

为贯彻落实习近平总书记关于建设模范机关的重要指示精神，全面提高机关党的建设质量，以高质量机关党建引领模范机关建设，以模范机关创建促进机关党建高质量发展，结合市直机关实际，就创建模范机关，落实好市第十三次党代会部署的各项工作任务，提出如下意见。

一、总体要求

习近平总书记指出，"机关党的建设是机关建设的根本保证"。提高机关党的建设质量，是推进全面从严治党在机关向纵深发展的内在要求，是永葆党的先进性和纯洁性的必然选择，是推动经济社会高质量发展的重要保证，是建设模范机关的前提和基础。要牢牢把握全面提高机关党的建设质量的根本要求，坚定不移推进全面从严治党，为建设模范机关提供政治、思想、组织、作风、纪律和制度保证。要发挥党建引领作用，以机关党建高质量发展引领模范机关建设和机关各项任务落实，以模范机关创建为抓手全面推动机关党的建设高质量发展。

市直机关是承上启下的重要枢纽，是贯彻落实党中央各项决策部署和市委工作要求的"第一方阵"，要强化带头意识，时时处处严要求、作表率。机关党组织要带领广大党员干部带头落实"看北京首先要从政治上看"的要求，在深入学习贯彻习近平新时代中国特色社会主义思想上作表率，在始终同以习近平同志为核心的党中央保持高度一致上作表率，在坚决贯彻落实党中央各项决策部署和市委工作要求上作表率，在推动新时代首都发展上作表率，在加强"四个中心"功能建设、提高"四个服务"水平，坚持"五子"联动融入新发展格局，深入推进城市总规实施等方面担当作为，做到对上负责和对下负责相统一、让党中央放心和让人民群众满意相统一、为了群众和依靠群众相统一，落实"讲政治、守纪律、负责任、有效率"要求，努力打造让党中央和市委放心、让全市人民满意的政治机关、首善机关、模范机关。

二、重点任务

机关党组织和广大党员干部，要在巩固党的十八大以来全面从严治党成果基础上，坚持目标引领和问题导向相结合，以党的政治建设为统领，着力深化理论武装，着力夯实基层基础，着力推进正风肃纪，全面提高机关党的建设质量，引领模范机关创建。

（一）提高机关党的政治建设质量，保证模范机关建设和机关各项工作的正确方向

机关建设和机关各项工作，都要以党的政治建设为统领。将坚持党的全面领导、加强党中央集中统一领导贯彻到机关工作各个领域、各个环节。要在做到"两个维护"上重行重效，大力开展政治机关意识教育和对党忠诚教育，引导党员干部带头坚持和捍卫"两个确立"，切实增强"四个意识"、坚定"四个自信"、做到"两个维护"，把讲政治体现在坚决贯彻党中央各项决策部署和市委工作要求的行动上，体现在履职尽责、做好本职工作的实效上，体现在党员干部的日常言行上，做旗帜鲜明讲政治的模范。要不断强化机关党组织的政治属性和政治功能，严肃党内政治生活，坚决做到中央和市委有部署，市直机关工委有声音、见行动，机关党组织和党员干部贯彻坚决、落实迅速。要引导党员干部善于从政治上看问题，发扬斗争精神，砥砺党性修养，注重在完成急难险重任务中提高政治能力。要完善和落实部门党组（党委）、机关党委、党支部及党务干部抓机关党建工作责任清单，提高

机关各级党组织书记述职评议考核质量,层层压实机关党建主体责任。

(二)提高机关党的思想建设质量,为模范机关建设夯实思想基础

建设模范机关、推动各项事业高质量发展,都离不开科学理论的指导。要把思想建设作为党的基础性建设,坚持不懈用党的创新理论最新成果武装头脑、指导实践、推动工作。要学懂弄通做实习近平新时代中国特色社会主义思想,坚持"第一议题"制度,深入贯彻落实习近平总书记对北京一系列重要讲话精神和对本领域本系统的重要指示批示精神,胸怀"两个大局",牢记首都工作关乎"国之大者"。要巩固拓展党史学习教育成果,赓续党的红色血脉,弘扬党的优良传统,推进党史学习教育常态化、长效化。要大力弘扬北京冬奥精神,把北京冬奥会和冬残奥会的精神财富转化为推动新时代首都发展的强大动力。要严格落实意识形态工作责任制,积极稳妥做好重大突发事件和热点敏感问题的舆论引导。加强机关青年对党忠诚教育。引领离退休干部为新时代首都发展贡献力量。持之以恒抓好机关精神文明建设,积极培育和践行社会主义核心价值观。

(三)提高机关党的组织建设质量,为模范机关建设打牢组织根基

机关基层党组织,是党在机关全部工作和战斗力的基础。要贯彻新时代党的组织路线,推动基层党组织全面进步、全面过硬。要找准机关党建和业务工作的结合点,坚持围绕中心、建设队伍、服务群众,推动机关党建与业务工作深度融合。要以落实党支部工作条例为抓手,突出机关特点,扎实推进党支部标准化规范化建设。要加强党员教育管理监督,强化党员教育培训和实践锻炼,着力打造高素质党员队伍。要加强党务干部队伍建设,落实机关党委和机关纪委书记、副书记任免审批办法,选优配强机关党务干部,把党务干部培养成为政治上的明白人、党建工作的内行人、干部职工的贴心人。要加强对机关群团和统战、老干部工作的领导,充分发挥机关群团组织的桥梁纽带作用,进一步引导干部群众听党话、跟党走。

(四)提高机关作风建设和纪律建设质量,为模范机关建设营造良好政治生态

机关作风状况关系党和政府在人民群众中的形象。纪律是执行党的路线的保证。要持之以恒正风肃纪,坚决落实中央八项规定精神和市委实施意见,持续加固中央八项规定堤坝,锲而不舍纠"四风"树新风。改进文风会风,防止和纠正不作为、慢作为等机关不良风气,不断提高机关效能。要密切联系群众,完善和落实党员干部直接联系群众制度,坚持力量下沉到一线解决问题,不断提高做好新形势下群众工作的能力。要严明党的纪律,每年集中开展廉政专题学习和"以案为鉴、以案促改"警示教育;深化运用监督执纪"四种形态",坚持精准把握政策策略,实现政治效果、纪法效果和社会效果相统一。开展政德教育,自觉做到"清正为民"。加强家风建设,引导党员干部特别是党员领导干部带头树清廉家风,以好的家风支撑起好的社会风气。要推动机关纪检监察工作高质量发展,加强机关纪委建设,推动机关纪委专责监督与机关内设机构职能监督、基层党组织日常监督、党员民主监督等各类监督有机贯通、相互协调,提升监督效能。

(五)充分发挥党建引领作用,为推动新时代首都发展提供坚强保证

机关党建工作只有和业务工作深度融合,才能找准定位、发挥作用。机关各级党组织要教育引导党员干部紧紧围绕全市工作大局和重点任务带头履职尽责、带头担当作为、带头攻坚克难,在完成好大事要事中展示风采和作为,在解决难事急事中淬炼忠诚和担当。要拓展党组织和党员发挥作用的途径,立足首都城市战略定位,紧紧围绕贯彻落实党中央各项决策部署和市第十三次党代会确定的目标任务推进基层党建工作,在实施首都"十四五"规划、坚持"五子"联动融入新发展格局等重大任务中,激励党员干部创先争优,使每名党员都成为一面鲜红的旗帜,每个支部都成为党旗高高飘扬的战斗堡垒,推动习近平新时代中国特色社会主义思想在京华大地落地生根、开花结果,形成更多生动实践,更好满足人民群众对美好生活需要。

三、具体举措

将模范机关建设与机关开展的各项活动相结合,进一步激发基层党组织生机活力,激励党员干部建功新时代、争创新业绩。

(一)深化理想信念教育,做政治坚定的模范

用科学理论武装头脑,常态化开展理想信念教育,使理论认同转化为信念信仰,解决好党员干部的世界观、人生观、价值观"总开关"问题。把深入学习贯彻习近平新时代中国特色社会主义思想作为首要政治任务,将《习近平谈治国理政》第四卷与第一、二、三卷作为一个整体,引导广大党员、干部读原著学原文、悟原理知原义,真正做到虔诚而执着、至信而深厚。学深悟透《习近平关于北京工作论述摘编》,进一步提高政治站位和大局观念。提高党组(党委)理论学习中心组学习质量,发挥领导干部"领学促学"作用,深入思考"建设一个什么样的首都,怎样建设首都",把学习成果转化为有效的政策措施,切实用习近平新时代中国特色社会主义思想破解改革发展难题。用好首都红色资源,用好"学习强国"、北京干部教育网等学习平台,组织专题培训、理论宣讲、辅导报告,推进党员干部学习培训"全覆盖"。发挥青年理论学习小组作用,引导机关青年干部坚定人生航向,打牢成长根基。开展机关党员干部特别是青年干部理想信念宗旨教育,加强思想淬炼、政治历练、实践锻炼、专业训练。

积极开展深化政治机关意识教育,引导各级党组织和党员干部深刻领悟"两个确立"的决定性意义,不断增强政治判断力、政治领悟力、政治执行力。

(二)夯实基层基础,做提升组织力的模范

牢固树立大抓基层的鲜明导向,坚持以提升基层党组织组织力为重点,切实锻造坚强有力的机关党组织。用好《党支部标准化规范化建设工作指引》《党支部使用手册》,严格落实"三会一课"、领导干部参加双重组织生活等政治生活制度,坚持和完善重温入党誓词、党员过"政治生日"等政治仪式,扎实推进基层党支部标准化规范化建设。充分发挥《市直机关基层党组织建设分类指导工作指引》作用,有针对性地加强机关、事业、企业等不同类型党组织党员的教育管理。完善和推广破解"两张皮"问题的"六个引领工作法",推动机关党建与业务工作深度融合。严把机关党委书记、专职副书记、机关纪委书记任职资格,落实新任机关党组织书记任前谈话制度,分层分级开展培训,有计划地安排党务干部同行政、业务干部之间的双向交流。积极打造"一机关一品牌、一支部一特色"品牌,力争每个部门至少打造出一个叫得响、立得住的机关党建品牌,每个支部凝练出一个具有创新性、实效性、推广性的特色经验,不断增强基层党组织创造力、凝聚力、战斗力。

(三)严格纪律规矩,做作风优良的模范

严明党的政治纪律和政治规矩,严格执行重大事项请示报告制度,严肃查处违反政治纪律的行为,坚决防止"七个有之",坚决做到"三个一""四个决不允许"。将党规党纪作为机关党员干部学习教育的重要内容,遵守执行党章党规,引导党员干部特别是领导干部自觉增强政治定力、纪律定力、道德定力、抵腐定力。紧盯"四风"新表现,紧盯表态多调门高、行动少落实差等问题,加大明察暗访查处力度,定期通报曝光。不断深化"双报到""机

关接地气、干部走基层"活动,用好"我为群众办实事"实践活动形成的良好工作机制,组织机关党员干部通过广泛开展蹲点调研、专题调研、社会调查等,了解实情,倾听民意,宣传政策,推动创新,引导党员干部主动为群众办实事、解难题。直接面向基层群众的部门、单位和窗口要把群众的满意度作为衡量工作的最高标准,优化工作程序,规范服务标准,提升服务质量,不断增强人民群众的获得感、幸福感、安全感。坚持以社会主义核心价值观为引领,传承和弘扬中华传统美德,强化文明意识、践行文明行为、争当文明标兵,积极开展垃圾分类、"文明驾车礼让行人"、学雷锋志愿服务等活动,展示机关党员干部的良好形象,深化文明单位创建活动,共同营造优美、整洁、和谐、有序的办公环境,在争创全国文明典范城市中发挥示范带动作用。

(四)激励担当作为,做业绩过硬的模范

倍加珍惜伟大时代赋予的机遇,坚持以习近平总书记对北京一系列重要讲话精神为根本遵循,自觉担负起首都工作职责使命,落实好市第十三次党代会提出的目标任务,更加奋发有为推动新时代首都发展。全力做好党和国家重大任务、重大活动服务保障工作,充分发挥机关党建引领作用,在"一线"建立党组织,引导机关党员干部以最坚决的态度、最周密的筹划和最高的标准,完成好中央和市委交办的各项任务。围绕市第十三次党代会明确的奋斗目标和重点任务,紧扣本部门职责,把市委决策部署转化为推进新时代首都发展的部署安排和具体工作。大力弘扬劳模精神、劳动精神和工匠精神,开展多种形式岗位建功活动,以职工创新工作室、名师带徒和首都职工自主创新的典型经验成果推动干部职工建功立业。结合部门特点、行业特色,举办机关青年技能大赛、"我为改革献一策"等形式多样的竞赛和展示活动,激励机关干部在推动市第十三次党代会精神落实、服务保障新时代首都发展中贡献力量。坚决贯彻落实党中央"疫情要防住、经济要稳住、发展要安全"的要求,推动落实"四方责任",严格落实疫情防控各项措施,统筹疫情防控和经济社会发展。

(五)服务干部职工,做关心关爱的模范

机关各级党组织要结合干部职工实际需求、思想状况和专业特长,在思想上、工作上、生活上着力服务干部职工。定期开展机关党员干部思想状况调查,落实谈心谈话制度,做到"四必谈",采取多种方式及时了解掌握党员干部思想状况,缓解党员干部的工作压力和心理焦虑,引导党员干部保持健康向上的良好心态,使思想政治工作切实发挥"春风化雨"的作用。持续做好机关干部的引导和激励,帮助机关干部合理规划自身职业发展,组织党员干部分享理论学习、业务工作、推进发展等方面的经验做法和理性思考,提升能力,展示风采,搭建干事创业平台。做好"送温暖、送文化、送健康"工作,完善帮扶生活困难干部职工机制,力所能及解决干部职工面临的实际困难,让大家安身、安心、安业,关爱暖人心。充分发挥群团组织作用,推动市直机关全民健身活动常态化,定期组织机关文化艺术节、运动会,广泛开展工间操、健步走、摄影、书画等适合机关特点、适应普遍需求的文体活动,营造和谐向上的机关氛围。

四、组织实施

(一)落实领导责任

市直机关工委要把模范机关创建工作作为全面从严治党(党建)工作考核、党组织书记述职评议考核和基层党建重点任务督查的重要内容,加强对部门党组(党委)落实机关党建主体责任的指导督促,强化跟踪问效。各部门党组(党委)要加强组织领导,把建设模范机关作为目标,把创建模范机关作为重要手段,将模范机关建设与业务工作、党建工作一体谋划、一体推进、一体落实,全面推进模范机关创建工作。机关党委要充分发挥专责机构的职能作用,细化工作措施,制定具体方案,精心组织实施,协

助部门党组（党委）推进落实。群团组织要充分发挥联系广泛的优势，积极引导各自所联系群众参与到提高机关党建质量、建设模范机关各项工作中来。

（二）强化典型示范

充分发挥先进典型的示范引领作用，激励各部门争当先进、争做模范。定期开展优秀共产党员、优秀党务工作者、先进党组织等评选表彰和创建模范机关先进典型的推荐展示活动，通过拍摄电视专题片、开辟报纸杂志专栏、召开观摩推进会等方式，充分利用中央和市属媒体，大力宣传典型事迹，营造良好氛围，以先进典型不断带动模范机关建设整体推进。

（三）确保工作实效

要建立健全责任落实、督促检查、典型激励、考核问责等长效机制，推动模范机关建设各项任务落实。结合全面从严治党（党建）工作考核、党组织书记述职评议考核和基层党建重点任务督查，定期开展督查考评，建立问题台账，抓好整改落实，督促各部门解决制约机关党建高质量发展的重点难点问题，增强模范机关建设的实效。

附录 2

关于深化市直机关模范机关创建的若干措施

（2024 年 1 月 31 日印发）

模范机关创建是贯彻落实习近平总书记关于党的建设的重要思想、加强机关党的建设的重要任务和具体举措。近年来，市直机关工委认真贯彻落实习近平总书记关于机关党建工作以及建设模范机关的重要讲话和指示批示精神，出台《关于在市直机关创建模范机关的意见》，通过现场会、专项调研督查等方式推动创建工作。市直机关各单位认真研究部署，细化工作举措，落实创建任务，争做政治坚定、提升组织力、作风优良、业绩过硬、关心关爱的"五个模范"。为进一步深化模范机关创建，确保创建工作方向正、路数清、特色明、亮点多、效果实，结合市直机关实际，制定如下措施。

一、把准创建方向，在加强政治建设上下功夫

1.深刻把握习近平总书记关于模范机关建设重要指示精神的核心要义。深刻理解"机关党的建设是机关建设的根本保证"这一重要论述，将模范机关创建作为一项长期政治任务，聚焦"讲政治、守纪律、负责任、有效率"的要求，立足新时代首都发展，在深入学习贯彻习近平新时代中国特色社会主义思想上作表率，在始终同以习近平同志为核心的党中央保持高度一致上作表率，在坚决贯彻落实党中央各项决策部署和市委工作要求上作表率，在推动新时代首都发展上作表率，努力打造让党中央和市委放心、让全市人民满意的政治机关、首善机关、模范机关。

2. 坚持把党的政治建设摆在首位。把准政治方向，自觉在思想上政治上行动上同以习近平同志为核心的党中央保持高度一致。持续开展政治机关意识教育和政治忠诚教育，引导机关党员干部牢记"看北京首先要从政治上看"的要求，深刻领悟"两个确立"的决定性意义，切实增强"四个意识"、坚定"四个自信"、做到"两个维护"。严明政治纪律和政治规矩，坚决查处"七个有之"问题，始终保持干事创业的正确方向。

3. 持续强化党的创新理论武装。坚持不懈用习近平新时代中国特色社会主义思想凝心铸魂，落实"第一议题"制度，充分发挥领导干部"领学促学"作用，注重发挥党支部基础教育作用，推进理论学习全覆盖。开展党委（党组）理论学习中心组学习列席旁听，推动个人自学、做实集体研讨、加强调查研究，不断提高理论学习中心组学习质量。加强年轻干部教育引领，发挥青年理论学习小组作用，教育引导年轻干部做习近平新时代中国特色社会主义思想的坚定信仰者和忠实实践者。推动《中共北京市委关于深化学习贯彻习近平新时代中国特色社会主义思想常态化制度建设的意见》落地落实，结合部门实际，坚持好、运用好主题教育的有效做法和成功经验。落实"三会一课"、主题党日活动等组织生活制度，用好首都红色资源，通过生动实践感悟思想伟力。

4. 不断提高政治判断力、政治领悟力、政治执行力。加强思想淬炼，组织引导党员干部不断提高思想认识，升华思想境界，提升运用党的创新理论研究新情况、解决新问题的能力。加强政治历练，强化政治能力培养，引导党员干部敢于挑重担、啃硬骨头。加强实践锻炼，持续深化机关党组织和党员"双报到"工作，广泛开展"机关接地气、干部走基层"活动，抓好第一书记的选派育管用工作，有组织有计划地安排党员干部、年轻干部到改革发展稳定第一线、重大任务重大活动最前沿、艰苦复杂地方和关键吃劲岗位去历练，让党员干部经风雨、见世面、壮筋骨、长才干。加强专业训练，围绕事业发展需要，开展多种方式的业务技能、专业素养培训，广泛开展岗位建功活动，帮助党员干部拓宽思路视野、更新思想观念、增强能力本领。

二、拓宽创建路径，在推动党建和业务深度融合上下功夫

5. 加强统筹谋划。将创建工作与机关党建、中心工作统筹起来，做到一起谋划、一起部署、一起落实、一起检查，推广"六个引领工作法"等经验做法，有效破解机关党建和业务工作"两张皮"问题。建立一体化工作机制，把模范机关创建作为推动中心工作的有效载体。

6. 明确目标任务。结合职责任务，细化创建方案，明确创建目标和重点工作，明晰工作举措和路径。针对创建工作重点任务，细化列出工作清单，明确责任人、完成时限。从处室、直属单位抓起，不断扩大先进增量，逐步实现机关整体的全面进步、全面过硬。

7. 丰富创建载体。紧密结合本单位中心工作，结合部门特点、党员干部队伍实际推动创建工作，探索搭建针对性强、参与度高的平台载体，开展形式多样的创建活动，增强创建工作的吸引力、感召力和凝聚力。坚持"党建工作项目化，党建项目品牌化"，打造"一机关一品牌、一支部一特色"，以党建品牌建设带动提升创建工作。

8. 突出问题导向。将解决创建工作中的实际问题贯穿制订计划、组织实施及效果评估等各环节，结合部门实际加强研究谋划，举一反三，使创建过程成为提高机关党建质量、破解工作难题、转变工作作风、推动事业发展的过程。

三、提升创建实效，在推动首都高质量发展上下功夫

9. 促进机关党建高质量发展。将模范机关创建作为提高机关党建质量的重要抓手和检验机关党建成效的重要标尺，坚持以高质量机关党建引领模范机关建设，以模范机关创建促进机关党建高质量发展。通过创建工作，进一步增强基层党组织政治功能和组织功能，营造风清气正的机关政治生态，健全完善机关党建制度体系，推动基层党组织全面进步、全面过硬，建设有效实现党的领导的坚强战斗堡垒。

10. 加强对机关党员干部的关心关爱。坚持严管与厚爱相结合,政治上激励、工作上支持、待遇上保障、心理上关怀,让机关党员干部安身安心安业,更好履职奉献。坚持思想工作"四必谈",开展"向组织说说心里话"等活动,经常性开展思想状况、心理健康调查,及时了解并帮助解决党员干部思想困惑、心理健康和实际困难。持续开展"送温暖、送文化、送健康"活动,推动市直机关全民健身活动常态化,广泛开展适合机关特点、适应普遍需求的文体活动,营造和谐向上的机关氛围。

11. 锤炼机关党员干部优良作风。树牢群众观点,贯彻群众路线,深入基层调查研究,问计于民、问需于民。深入开展"我为群众办实事""首都高质量发展先锋行动"等活动,解决群众急难愁盼问题。发扬艰苦奋斗、勤俭节约的优良作风,带头形成过紧日子的习惯。落实全面从严治党责任,加强纪律建设,常态化开展警示教育,引导党员干部学纪、知纪、明纪、守纪。直接面向基层群众的部门、单位和窗口要把群众的满意度作为衡量工作的最高标准,优化工作程序,规范服务标准,提升服务质量。

12. 争创一流业绩。提振党员干部干事创业精气神,不折不扣贯彻落实习近平总书记关于本部门本领域工作重要指示批示精神,积极主动将党中央决策部署和市委工作要求转化为政策法规,转化为部署安排和工作活动,转化为领导体制、工作机制和管理方式方法创新,转化为推动新时代首都发展的实际效果。

四、突出创建特色,在强化示范引领上下功夫

13. 及时总结创建经验。通过专题调研、案例征集等方式,了解掌握各单位创建情况,梳理典型经验,提炼具有鲜明特点的创建主题、工作措施,培育、选树一批叫得响、立得住、推得开的先进典型。及时将典型做法和成功经验总结固化、提炼升华,不断完善有效推进创建工作的制度机制。

14. 开展模范机关创建示范单位(处室)认定工作。结合市直机关特点

制定认定办法,与市直机关"两优一先"评选相结合,认定模范机关创建示范单位(处室),进行通报、命名、授牌并进行宣传。各单位择优向市直机关工委推荐。

15.加强宣传推广。编发模范机关创建典型案例,经常性开展模范机关创建先进典型展示活动,用好"机关党建高质量发展"系列现场会等平台载体,通过机关刊物、微信公众号、网站等媒体扩大宣传,让基层党组织学有榜样、行有楷模、赶有目标,以先进典型不断带动模范机关建设整体推进。

五、压实创建责任,在推动履职尽责上下功夫

16.市直机关工委、部门党组(党委)、机关党委、机关党支部(处室)树立"一盘棋"思想,各负其责、密切配合,党组织书记认真履行第一责任人职责,充分调动党员干部积极性,形成协同联动、齐抓共管的工作格局。

17.市直机关工委结合年度工作重点任务对模范机关创建作出具体部署,通过专项调研等方式了解创建情况。将模范机关创建作为机关党组织书记述职评议考核的重要内容。发挥市机关党建研究会等平台作用,组织机关党组织和党员干部开展模范机关创建专题研究,分析创建工作的规律特点,探索深化创建工作的措施办法。

18.部门党组(党委)把深化模范机关创建列入重要议事日程,做好工作部署,明确目标任务,提出具体举措。及时了解进展情况,总结工作经验,研究解决创建过程中的突出问题。

19.机关党委具体牵头创建工作,结合本部门特点,认真研究谋划,加强工作指导,发挥党建引领作用,精心组织实施创建活动,确保创建任务落实。调动发挥机关党委委员作用,做好经常性组织协调、督促检查工作。结合党支部书记述职评议考核,督促推进模范机关创建,发挥好考核"指挥棒"作用。

20.机关党支部(处室)落实创建具体责任,要将创建工作融入支部工作、业务工作,精心组织实施,坚持以党的政治建设为统领,抓党建、强队伍、促业务,结合建设"四强"党支部,争创模范机关。

附录 3

市直机关模范机关创建示范单位（处室）认定办法（试行）

（2024 年 2 月 27 日印发）

第一条　为做好市直机关模范机关创建示范单位（处室）认定工作，根据《关于在市直机关创建模范机关的意见》（以下简称《意见》）和《关于深化市直机关模范机关创建的若干措施》（以下简称《若干措施》）等文件，制定本办法。

第二条　市直机关模范机关创建示范单位（处室）认定由市直机关工委负责，与市直机关"两优一先"评选相结合，每 5 年认定 2 次，每次认定不超过 50 个。

第三条　市直机关模范机关创建示范单位（处室）认定工作突出政治标准，坚持公开、公平、公正和注重实效的原则，按照本办法规定的条件、程序和要求进行。

第四条　参评范围

党的日常工作由市直机关工委管理的各部门的处级单位（含内设处室）负责。

第五条　参评条件

（一）目标措施明确。坚持把党的政治建设摆在首位，对标"让党中央放心、让人民群众满意"和"讲政治、守纪律、负责任、有效率"要求，结合职责任务，制定创建方案，明确创建目标任务、措施办法，充分调动党员干部参与模范机关创建的积极性主动性，教育引导党员干部始终牢记"看北京首先要从政治上看"的要求，深刻领悟"两个确立"的决定性意义，切实增强"四个意识"、坚定"四个自信"、做到"两个维护"。

（二）创建过程扎实。把模范机关创建作为全面提高机关党的建设质量的重要手段，将模范机关建设与业务工作、党建工作一体谋划、一体推进、一体落实，有效解决党建工作、业务工作与模范机关创建工作相脱节的问题，真正使创建过程成为提高机关党建质量、破解工作难题、转变工作作风、推动事业发展的过程。

（三）党建工作有力。党组织作用发挥充分，严格落实组织生活制度，党支部标准化规范化建设成效明显，机关党建工作和业务工作深度融合，党组织的政治功能和组织功能不断增强。严格落实机关党建工作责任制，党组织书记能够认真履行业务工作和党建工作职责，加强队伍建设，扎实开展思想政治工作，落实谈心谈话制度，做到"四必谈"。

（四）业务工作一流。认真落实习近平总书记关于本部门本领域工作重要指示批示精神，坚决贯彻党中央决策部署和市委工作要求，积极参加服务保障党和国家重大活动、全市重点工作，圆满完成各项职责任务。坚持求真务实，突出实干导向，勇于担当作为，注重工作实效，高标准完成中心工作和日常业务，得到组织肯定和干部、群众认可。

（五）作风形象良好。坚决落实中央八项规定精神和市委实施意见，开展常态化督促检查，力戒"四风"，落实党员干部直接联系群众各项制度，深入基层调查研究，推动机关各项工作提质增效，持续为基层减负。发扬艰苦奋斗、勤俭节约的优良作风，带头形成过紧日子的习惯。推进机关精神文明建设，弘扬社会主义核心价值观，传承和弘扬中华传统美德，展示机关党员干部的良好形象。

第六条　认定程序

（一）推荐报送。市直机关各部门根据《意见》《若干措施》和本办法进行评估，择优向市直机关工委推荐报送参评单位（处室）。报送名额按市直机关工委要求执行。所推荐的参评单位（处室）必须征求本单位纪检、组织人事等机构意见并进行公示，经单位党组（党委）集体研究同意。

（二）工委审定。市直机关工委成立评审组，组织对参评单位（处室）

进行综合评审，提出拟认定的建议名单。经市直机关工委会议审定，公示无异议后产生市直机关模范机关创建示范单位（处室）。

（三）命名授牌。市直机关工委对市直机关模范机关创建示范单位（处室）进行通报、命名、授牌并进行宣传。

第七条 日常管理

市直机关工委责任处室负责做好模范机关创建工作的组织、协调、监督、指导等工作，总结推广经验做法。对市直机关模范机关创建示范单位（处室）进行动态管理，对工作明显退步的及时提出批评意见、督促问题整改；对工作严重滑坡、出现重大问题的，由推荐单位查清事实、提出处理意见，经市直机关工委会议研究，取消资格并摘牌。

对往届市直机关模范机关创建示范单位（处室）实行复查认定，所在单位党组（党委）复查认定后向市直机关工委提交认定意见，经市直机关工委会议研究通过后生效。

第八条 有下列情形之一的，参评单位（处室）应当取消当届参评资格，已评为创建示范单位（处室）的应当取消资格并摘牌：

（一）贯彻落实习近平总书记关于本部门本领域工作重要指示批示精神、执行党中央决策部署、落实市委工作要求不实不力的；

（二）发生违规违纪违法问题的；

（三）形式主义、官僚主义问题突出，群众反映强烈的；

（四）在认定工作中弄虚作假的；

（五）按照有关规定应当取消参评资格或者取消资格并摘牌的其他情形。

第九条 本办法由市直机关工委负责解释。

第十条 本办法自发布之日起施行。